新・MINERVA社会福祉士養成テキストブック

6

岩崎晋也・白澤政和・和気純子 監修

ソーシャルワークの 理論と方法II

空閑浩人・白澤政和・和気純子 編著

ミネルヴァ書房

はじめに

❏ ソーシャルワークを学ぶ4科目

　2019（令和元）年6月に，社会福祉士および精神保健福祉士養成課程の新しいカリキュラムが示された。地域共生社会の実現を推進し，新たな福祉ニーズに対応できるソーシャルワーク専門職の養成をねらいとしたものである。

　社会福祉士養成課程の新カリキュラムにおいて，ソーシャルワーク機能を学ぶ科目（講義科目）としては，以下の4科目が示された。

　① 「ソーシャルワークの基盤と専門職」
　② 「ソーシャルワークの基盤と専門職（専門）」
　③ 「ソーシャルワークの理論と方法」
　④ 「ソーシャルワークの理論と方法（専門）」

　これらの科目のうち，① 「ソーシャルワークの基盤と専門職」および，③ 「ソーシャルワークの理論と方法」の2科目は，社会福祉士と精神保健福祉士の養成課程において共通して学ぶべき内容（共通科目）とされており，② 「ソーシャルワークの基盤と専門職（専門）」および，④ 「ソーシャルワークの理論と方法（専門）」は社会福祉士として専門的に学ぶべき内容とされている。なお，精神保健福祉士養成の新カリキュラムにおいては，①と③の共通科目に加えて，精神保健福祉士として専門的に学ぶべき内容としての「ソーシャルワークの理論と方法（専門）」が別途配置されている。

❏ 4科目と本シリーズの関係

　本シリーズ（新・MINERVA 社会福祉士養成テキストブック）の第4巻『ソーシャルワークの基盤と専門職』，第5巻『ソーシャルワークの理論と方法Ⅰ』，第6巻『ソーシャルワークの理論と方法Ⅱ』は，社会福祉士養成課程の新カリキュラムで示された，上の①〜④の4科目の内容に準拠しながら編集されたものである。社会福祉士のカリキュラムに対応したものではあるが，共通科目はもちろんのこと，専門とされている科目も含めて，ソーシャルワーカーになるための学びとして必要な内容であると考える。社会福祉士，精神保健福祉士の資格取得を目指す方々が，将来のソーシャルワーカーとしてその役割を果たす学びとなるよう，本テキストを活用して頂きたい。

第4巻『ソーシャルワークの基盤と専門職』では，地域における総合的かつ包括的な支援として展開するソーシャルワークの意義や内容，基盤となる考え方の理解をねらいとしている。具体的には，以下のような内容を中心に構成されている。

1）社会福祉士および精神保健福祉士の法的な位置づけと役割

2）ソーシャルワークの概念や基盤となる考え方とその形成過程

3）ソーシャルワークの価値と倫理

4）社会福祉士の職域と求められる役割

5）ソーシャルワークに係る専門職の概念と範囲および諸外国の動向

6）ミクロ・メゾ・マクロレベルにおけるソーシャルワーク

7）総合的かつ包括的な支援と多職種連携・チームワークの意義と内容

第5巻『ソーシャルワークの理論と方法Ⅰ』では，人と環境との相互作用への視点に基づくソーシャルワークの過程に関する知識と技術，および様々な実践モデルやアプローチなど，多様な分野や場所で実践されるソーシャルワークの基本構造に対する理解をねらいとしている。具体的には，以下のような内容を中心に構成されている。

1）人と環境との相互作用に関する理論とソーシャルワーク

2）ソーシャルワークの過程とそれに係る知識と技術

3）ソーシャルワークの様々な実践モデルとアプローチ

4）ケアマネジメントの意義と方法

5）グループやコミュニティに対するソーシャルワーク

6）ソーシャルワークの記録

7）スーパービジョンとコンサルテーション

第6巻『ソーシャルワークの理論と方法Ⅱ』では，多様化・複雑化する生活課題への対応を可能にするための援助関係の構築や社会資源の開発，総合的かつ包括的な支援の実際等の理解に加えて，家族支援，災害，スピリチュアリティ，多文化主義等の今日的な領域でのソーシャルワークの理解もねらいとしている。具体的には，以下のような内容を中心に構成されている。

1）ソーシャルワークの機能と役割

2）支援を必要とする人との面接や援助関係の構築

3）地域における社会資源の開発やソーシャルアクション

4）ソーシャルワークに関連する方法や技術

5）カンファレンスと事例分析およびICTの活用と個人情報

6）家族支援，災害，スピリチュアリティ，多文化主義とソーシャ

ルワーク

7）ソーシャルワークにおける総合的かつ包括的な支援の実際

☐ 3冊を通して学んでほしいこと

　読者はこれらの3冊を通して，ソーシャルワークの考え方や理論と方法の全体，および様々な領域や場面で展開されるソーシャルワークの実際，さらには，今後求められるソーシャルワークのあり方について学習することになる。その学びは，人々の社会生活に生じる様々な課題に対して，総合的（複数の課題を同時に全体的に）かつ包括的に（ひとまとめにして），そして継続的に（かかわり続ける，働きかけ続ける）支援を展開できる実践力を備えたソーシャルワーカー（社会福祉士・精神保健福祉士）になるための基礎となるものである。この3冊のテキストでの学びを，ぜひ演習や実習等での体験的，実践的な学習につなげてほしい。

　なお，ソーシャルワークでは，支援やサービスが必要なあるいはそれらを利用する個人や家族，集団やコミュニティを表す言葉として，クライエント，利用者，当事者などが用いられる。明確な区別は難しいが，「クライエント」は伝統的に使用されてきた用語で，支援の対象者を臨床的な観点から呼称する場面で用いられることが多い。そして，「利用者」は支援やサービスを利用する主体としての人々を意味する言葉として，また，「当事者」は専門職主導やパターナリズムに抗するべく，直に体験し，影響を受けてきた人を想定して用いられることが多い。

　本書では，このような用い方を共通の認識としたうえで，各章・各節の内容や文脈によって使い分けをしている。

☐ 本書の位置づけ

　本書『ソーシャルワークの理論と方法Ⅱ』は，主に社会福祉士養成課程の新カリキュラムにおける「ソーシャルワークの理論と方法（専門）」に対応したものである。多様化・複雑化する生活課題に対応するため，より実践的かつ効果的なソーシャルワークの様々な理論と方法の理解をねらいとしている。

　本書の内容は，ソーシャルワークを学ぶ人々に，ぜひ習得してほしい様々な理論や支援の方法に関する知識を盛り込んだものとなっている。まずは，ソーシャルワークの機能と役割（第1章）の学びにはじまり，ソーシャルワークにおける面接の意義や目的と方法（第2章），およびソーシャルワークにおける援助関係（第3章）について学ぶ。

そして，社会資源の開発とソーシャルアクション（第4章），ソーシャルワークの関連技術や方法（第5章），カンファレンスと事例分析（第6章），およびICTの活用と個人情報（第7章）について学ぶ。

　次に，家族支援のソーシャルワーク（第8章），さらには災害（第9章）やスピリチュアリティ（第10章），多文化主義（第11章）と関連したソーシャルワークについても学ぶ。

　以上の内容をふまえつつ，ソーシャルワークにおける総合的・包括的支援の実際（第12章）を学ぶとともに，本書の最後では，ソーシャルワークの動向と課題（終章）について検討する。

　読者の皆さんが，本書で社会福祉士および精神保健福祉士として必要な知識を学び，将来はその知識を実際に駆使し，実践力のあるソーシャルワーカーとして活躍されることを願ってやまない。

2021年12月

編著者

目　次

■第1章■

ソーシャルワークの機能と
ソーシャルワーカーの役割

本章では，ソーシャルワークが果たす機能とそのためにソーシャルワーカーが遂行するべき役割について学ぶ。ソーシャルワークは，人々の安定した生活の支援や住みよい地域づくりを目的とした営みである。そして，その目的のために，ソーシャルワーカーが多様な役割を担いながら実践を展開するのであるが，それはすなわち，ソーシャルワークがその様々な機能を具体的，現実的に果たしていく過程となる。

「機能」とは，言い換えれば「はたらき」である。ソーシャルワークの機能を考えることは，ソーシャルワークが人々のために，あるいは人々とともに，社会のなかであるいは社会に対して，どのような「はたらき」をするのかを考えるということである。

社会福祉士や精神保健福祉士は，ソーシャルワークの実践を担う専門職である。ソーシャルワーク専門職である限り，今日の社会状況のなかでソーシャルワークにどのような機能が求められているのか，そして自分たちはソーシャルワーカーとしてどのような役割の遂行が期待されているのかを知らなければならない。このことは，ソーシャルワーカーとして備えるべき実践力の理解とその向上にもつながる重要なことである。

① 個人や家族，地域を支えるソーシャルワークの機能

❑ 人々の生活を総合的・包括的に支援するソーシャルワーク

人間はこの世に生まれ，自分の人生を生きていく過程で，進学，就職，子育てや親の介護，また自らの病気や心身の不調など，様々な生活課題に直面する。そして，そのような生活課題が自らの力で，また家族の力だけでは解決できないとき，それは生活を営む上での問題，すなわち生活問題となる。

たとえば，地域に相談できる相手がいないまま孤立した育児や介護を強いられている親や家族，パートタイマーの仕事にしか就けずに不安定な収入状態で暮らしている母親と幼い子ども，職場でのいじめがきっかけで仕事に復帰できないまま長期間のひきこもり状態にある中年男性，軽度の認知症のためゴミ出しのルールがわからず地域から孤立している一人暮らしの高齢者，障害や精神疾患に対する周囲の偏見や差別により就労やその他の社会参加の機会が与えられない人など，地域には様々な生活問題を抱える人々がいる。

　ソーシャルワークは，何らかの生活問題を抱える人々に関わり，その生活全体の建て直しや安定を支援する営みである。その実践は，当事者や家族に関わりながら，人々が暮らす地域や人々を取り巻く社会環境にも働きかけることになる。なぜなら，先に挙げたような生活問題の背景には，環境的あるいは社会構造的な要因が存在するからである。たとえば子育てや親の介護で悩んでいても，サービスが整備されていないあるいは情報が得られないままでは，必要なサービスの利用には結びつかない。何かの障害をもつ人々に対する職場の理解が得られないままでは，たとえ就労してもその職場で働き続けることは難しい。認知症に対する地域住民の理解がなければ，住み慣れた地域の一員として，地域に参加して生活し続けるのは難しいのである。

　人間の心理的あるいは身体的な側面だけでなく，むしろそれ以上に，その人が暮らす地域の状況やその人を取り巻く社会的，環境的な状況から，その人の地域における社会生活の全体を見据えて，総合的・包括的な支援の展開を図るのが，ソーシャルワークに求められる機能なのである。

☐ 地域との連携・協働を大切にするソーシャルワーク

　地域における総合的・包括的な支援としてのソーシャルワークにおいては，たとえば地域で暮らす人々が必要なサービスを必要なときに利用できるように，情報提供やサービスの調整等のしくみを開発すること，また住み慣れた場所で誰もが孤立することなく，安心して暮らしていける地域づくりのために，地域住民と協働することなどが，その役割として求められる。

　また，今日の複雑化，多様化そして複合化する生活問題に対しては，地域における福祉や医療，介護その他の多様な職種や関連機関や施設，行政や様々な民間団体，また様々な業種が互いに連携，協働して取り組むことが必要である。そのような地域の多職種，多機関，多業種のネットワークを形成することも，ソーシャルワークに求められる役割である。

　当事者や家族が抱える生活問題を，あくまでも個人や家族の責任とするのではなく，その人々が暮らす地域や環境，すなわち人々を取り巻く社会的状況との関係のなかで把握すること。そして，当事者とその世帯や家族全体を支援するとともに，地域や環境，社会的状況の改善や変化を求めて働きかけること。そのために，その地域で暮らす主体としての住民，そして様々な職種や機関，業種と協働して取り組むこと。これらが地域における総合的・包括的な支援としてのソーシャ

ルワークの役割である。

　人々の生活状況は，その時代の社会や経済の状況，社会環境や社会構造のあり方と密接に絡んでいる。ソーシャルワークは，今日の人々が抱える生活問題に対して，その背景にある社会構造的な要因への眼差しを失ってはいけない。現代は，そのような眼差しをもったソーシャルワークの展開が，地域において強く求められる時代なのである。

　そしてそのことは，ソーシャルワーク専門職である社会福祉士や精神保健福祉士の養成や実践における課題でもある。今日の日本社会で生きる人々とその生活，そして暮らしの場としての地域に必要とされるソーシャルワークの機能とは何か，さらにその機能をいかに発揮するのかということが，あらためて今日のソーシャルワークに問われているのである。

② 求められるソーシャルワークの機能と ソーシャルワーカーの役割

❏ 今日求められるソーシャルワークの機能

　個人や家族への個別支援や地域への働きかけ，さらには社会変革を求めて，いわゆるミクロからメゾ・マクロレベルに至る活動を展開するソーシャルワークには様々な機能がある。ここでは，今日求められる，地域における総合的かつ包括的な支援としてのソーシャルワークの機能を中心に述べていくことにする。

　2018（平成30）年3月に，厚生労働省社会保障審議会福祉部会福祉人材確保専門委員会が発表した「ソーシャルワーク専門職である社会福祉士に求められる役割等について」は，これからの地域共生社会の実現に求められるソーシャルワークの機能や，社会福祉士が担うべき役割等について記されたものである。報告書では，社会福祉士は「ソーシャルワーク機能を発揮できる実践能力」を身につける必要があるとして，具体的には以下の**資料1-1**にあるような24の機能が挙げられている。そして，これらは社会福祉士に限らず，精神保健福祉士にも求められる内容であるといえる。

　報告書に挙げられた機能は，「包括的な相談支援体制の構築」のための機能と「住民が主体的に地域課題を把握して解決を試みる体制づくり」のための機能との大きく2つに分けられているが，もちろんこのすべてを，社会福祉士や精神保健福祉士が一人で担うことはできない。地域住民はもちろんのこと，多職種や多機関，そして多業種と連

資料1-1　地域共生社会の実現のために求められるソーシャルワークの機能

1．複合化・複雑化した課題を受け止める多機関の協働による包括的な相談支援体制を構築するために求められるソーシャルワークの機能
① 地域において支援が必要な個人や世帯及び表出されていないニーズの発見
② 地域全体で解決が求められている課題の発見
③ 相談者が抱える課題を包括的に理解するための社会的・心理的・身体的・経済的・文化的側面のアセスメント
④ 相談者個人，世帯並びに個人と世帯を取り巻く集団や地域のアセスメント
⑤ アセスメントを踏まえた課題解決やニーズの充足及び適切な社会資源への仲介・調整
⑥ 相談者個人への支援を中心とした分野横断的な支援体制及び地域づくり
⑦ 必要なサービスや社会資源が存在しない又は機能しない場合における新たな社会資源の開発や施策の改善の提案
⑧ 地域特性，社会資源，地域住民の意識等を把握するための地域アセスメント及び評価
⑨ 地域全体の課題を解決するための業種横断的な社会資源との関係形成及び地域づくり
⑩ 包括的な相談支援体制に求められる価値，知識，技術に関する情報や認識の共有化
⑪ 包括的な相談支援体制を構成するメンバーの組織化及びそれぞれの機能や役割の整理・調整
⑫ 相談者の権利を擁護し，意思を尊重する支援や方法等の整備
⑬ 包括的な相談支援体制を担う人材の育成に向けた意識の醸成
2．地域住民等が主体的に地域課題を把握し，解決を試みる体制を構築するために求められるソーシャルワークの機能
① 潜在的なニーズを抱える人の把握，発見
② ソーシャルワーカー自身が地域社会の一員であるということの意識化と実践化
③ 地域特性，社会資源，地域住民の意識等の把握
④ 個人，世帯，地域の福祉課題に対する関心や問題意識の醸成，理解の促進，福祉課題の普遍化
⑤ 地域住民が支え手と受け手に分かれることなく役割を担うという意識の醸成と機会の創出
⑥ 地域住民のエンパワメント（住民が自身の強みや力に気付き，発揮することへの支援）
⑦ 住民主体の地域課題解決体制の立ち上げ支援並びに立ち上げ後の運営等の助言・支援
⑧ 住民主体の地域課題解決体制を構成するメンバーとなる住民や団体等の間の連絡・調整
⑨ 地域住民や地域の公私の社会資源との関係形成
⑩ 見守りの仕組みや新たな社会資源をつくるための提案
⑪ 「包括的な相談支援体制」と「住民主体の地域課題解決体制」との関係性や役割等に関する理解の促進

出所：厚生労働省社会保障審議会福祉部会・福祉人材確保専門委員会「ソーシャルワーク専門職である社会福祉士に求められる役割等について」（平成30年3月27日）より抜粋（番号は筆者が加筆）．

携・協働して取り組んでいくこと，そしてこれらの機能をいかに果たし得るかということが，社会福祉士や精神保健福祉士，すなわちソーシャルワーカーの役割として期待されている。

☐ ソーシャルワーク機能の分類とソーシャルワーカーの役割

　報告書で挙げられている24のソーシャルワーク機能を，それぞれの機能の対象や目的に応じて，6つに分類したものが，**資料1-2**である。ソーシャルワークのそれぞれの機能について，それが何を対象に何を目的とした機能なのかという観点からの整理を試みたものである。表中の番号は，**資料1-1**の番号に該当する。たとえば，**資料1-2**で「1-①」とあるのは，**資料1-1**の「1. 複合化・複雑化した課題を受け止める多機関の協働による包括的な相談支援体制を構築するために求められるソーシャルワークの機能」のなかの，「①地域において支援が必要な個人や世帯及び表出されていないニーズの発見」のことを表している。

資料1-2　ソーシャルワーク機能の分類

Ⅰ	支援が必要な個人や世帯及び課題やニーズを発見する機能（第3節）　1-①，②，2-①
Ⅱ	相談者や世帯及び地域の現状把握のためのアセスメントの機能（第4節）　1-③，④，⑧，2-③
Ⅲ	課題解決のための支援と地域における社会資源の調整，開発の機能（第5節）　1-⑤，⑦，⑨，2-⑨，⑩
Ⅳ	分野横断的な連携・協働による包括的な支援体制を構築する機能（第6節）　1-⑥，⑩，⑪
Ⅴ	住民主体の地域課題解決体制の構築及び運営を促進する機能（第7節）　2-④，⑤，⑥，⑦，⑧
Ⅵ	包括的な相談支援や地域課題解決の実践力の向上や人材育成の機能（第8節）　1-⑫，⑬，2-②，⑪

注：（第3節）～（第8節）は本書の節に該当する。

　　そして，これらのソーシャルワークの機能を果たすために，ソーシャルワーカーが担うべき役割がある。ソーシャルワークとは，その実践を行う人であるソーシャルワーカーの働きがあってはじめて，その多様な方法や技術が目的に沿って駆使され，機能するのである。そのためにソーシャルワーカーは，実践の過程で様々な役割を担い，遂行していく。当事者や利用者の状況あるいは地域の状況に応じて，一人のソーシャルワーカーが複数の役割を同時に遂行することもあれば，複数のソーシャルワーカーがチームとなって，一つの役割を遂行することもある。ソーシャルワークが果たすべき機能とそのためにソーシャルワーカーが遂行するべき役割との両方への理解が重要である。

　　本章以下の第3節から第8節までは，**資料1-2**のⅠ～Ⅵの6つの分類に沿って，それぞれの機能について解説していく。あわせて，ソーシャルワークがその機能を果たすために，ソーシャルワーカーにはどのような役割が求められるのかについても述べることとする。

 支援が必要な個人や世帯及びニーズや課題を発見する機能

> **Ⅰ　支援が必要な個人や世帯及び課題やニーズを発見する機能**
> 1-①地域において支援が必要な個人や世帯及び表出されていないニーズの発見
> 1-②地域全体で解決が求められている課題の発見
> 2-①潜在的なニーズを抱える人の把握，発見

☐ 支援につながりにくい人々や潜在化した課題の発見

　　地域には，生活に何かの困難を抱えている状態にあっても，助けや支援を求めない，あるいは求めることができない人々がいる。なかには，生命も危ぶまれるような深刻な状況にある人々もいる。人々の生命の安全は何よりも優先すべきことであり，早くに介入することが必要である。たとえば，家庭で虐待されている児童や，一人暮らしで急

に体調を崩して食事もままならない高齢者などは，発見が遅れると生命の危険にもかかわることになる。このような状況にある人々や，そのおそれがある親子や家族を早くに把握，介入し，安全な環境で保護することは，ソーシャルワークの重要な機能である。

　また，何かのサービスを利用したくても，どこに相談したらよいかわからない，サービス利用の手続きの仕方がわからないとか，そもそも福祉の世話になるのは恥であり世間体が悪いという意識をもつ人々の存在がある。さらには，他人に家の中を見られたくないなどの理由で，支援やサービスにつながらない，あるいは支援者の訪問やサービス利用を拒否する人々の存在もある。そして，たとえばひきこもりの状態にある人は，近隣住民からもその存在が気づかれにくく，親の高齢化に伴う介護サービスの利用のために支援者が自宅訪問した際に，はじめてその存在が知られるということも起こっている。いわば，抱えているニーズが潜在化したままで，それらがなかなか表面化してこないという状態である。

　ソーシャルワークには，現行制度のもとでは対応できない生活問題，すなわち「制度の狭間」の問題を抱えて，身動きがとれないままに地域で孤立してしまう人々を発見して，支援につなげる機能の発揮が求められる。今日のソーシャルワークでは，人々が自ら行政の窓口や相談機関等に来るのを待つのではなく，支援者や機関，事業所の方から地域に出向き，支援が必要な人々を発見して関わる「アウトリーチ」の手法が重視されている。特に都市部等で指摘される，地縁によるつながりの希薄化のなかでは，支援者側が積極的に地域に出向いて，課題やニーズを抱える人々を発見して把握する機能はますます重要になる。

□ 地域全体で共有するべき課題の発見

　地域には，同じような生活課題を抱える人々が暮らしている。たとえば，幼い子どもがいる家庭や，介護が必要な高齢者とともに暮らす家庭の間では，育児のことや介護のことが共通の生活課題となる。あるいは，認知症を抱える高齢者が一人で出かけてしまい，行方不明や事故に遭うなどのことも起こっている。最近では，「8050問題」といわれる80代の親と働いていない50代の独身の子どもの世帯の問題，また中高年のひきこもりという状態も，特定の家庭だけに起こるようなことではなく，このようなことはどの家庭にも起こり得るという認識が広がっている。

　もちろん，人々が抱える生活問題は，個人によってまた家族によっ

てそれぞれに違いがあり，独自性や個別性があるがゆえに，一律に扱うことはできないという認識は，ソーシャルワークにおいて重要である。そのことを踏まえたうえで，その地域で暮らす人々に共通する課題を発見することは，同じ課題や悩みを抱える当事者同士が，互いに支え合う地域の場づくりにもつながる。

　たとえば今日では，認知症高齢者が街で徘徊することに対して，その家族だけの責任とするのではなく，地域全体で見守ることで，高齢者本人と介護する家族との両方を支えるという取り組みも，多くの地域で行われている。また，子どもの貧困に対する認識が浸透するなかで，子ども食堂や学習支援教室など，地域で子どもの育ちを支えるという活動も広がっている。地域全体に共通する課題の発見とそれらを地域住民と共有していくことは，その地域の福祉力の向上にもつながる，ソーシャルワークの重要な機能である。

❏ ニーズや課題発見のためのソーシャルワーカーの役割

　支援が必要な個人や世帯及び課題やニーズの発見というソーシャルワークの機能を果たすために，ソーシャルワーカーに求められる役割にはどのようなものがあるだろうか。

　潜在化し表出されていないニーズを発見するためには，ソーシャルワーカーが自ら地域に出向く，当事者の自宅を訪問するなどによって，アウトリーチを実践する者としての役割を遂行する必要がある。さらに，たとえば社会的にも経済的にも貧困状態にあって毎日の食事もままならない人や，親や家族からの虐待を受けている子どもや高齢者を保護する者としての役割もある。所属機関の事務室や相談室のなかにいるだけでは，当事者の存在や地域全体に共通する課題に気づくことはできない。

　その意味で，ソーシャルワーカーが自ら地域に出向いて情報を得ることも必要であるが，地域住民や関係機関から情報が入るような関係をつくっておくことも大切である。自らの存在を地域住民や関係機関に知ってもらい，日頃から地域住民との信頼関係を築いておくことは，支援が必要な人々や潜在化したニーズの早期発見にもつながる，ソーシャルワーカーとしての重要な役割である。

個人や世帯及び地域の現状把握のための アセスメントの機能

Ⅱ　相談者や世帯及び地域の現状把握のためのアセスメントの機能

1-③相談者が抱える課題を包括的に理解するための社会的・心理的・身体的・
　　経済的・文化的側面のアセスメント

1-④相談者個人，世帯並びに個人と世帯を取り巻く集団や地域のアセスメント

1-⑧地域特性，社会資源，地域住民の意識等を把握するための地域アセスメント
　　及び評価

2-③地域特性，社会資源，地域住民の意識等の把握

☐ 個人や世帯の状況を把握・理解するアセスメント

　アセスメントは，支援の対象となる人々や地域の状況について把握
し，理解する営みである。この結果に基づいて，具体的な支援の方法
や必要なサービス等を見出しながらソーシャルワークが展開されてい
くことになる。その意味で，アセスメントはソーシャルワークの実践
過程を左右するほどに重要な機能である（本シリーズ第5巻『ソーシャ
ルワークの理論と方法Ⅰ』第3章を参照）。

　生活問題を抱える個人や世帯へのアセスメントでは，本人や家族，
あるいは関係者などから，面接や訪問，ヒアリング等の手段によって
必要な情報を集め，その情報を整理・分析する作業を行う。その作業
を通して，本人や世帯全体の生活状況を把握するとともに，支援の目
標やその達成のために取り組むべき課題を見出し，具体的な支援の計
画策定につなげていくのである。

　総合的・包括的な支援を行うためには，当然のことながら，アセス
メントの作業も同様に総合的・包括的でなければならない。本人や家
族の状況を身体的・心理的・経済的・文化的な側面から多角的に把握
していくことが重要である。家族間の関係や地域との関係などについ
て，現在だけでなく，本人や家族の歴史に関する情報収集も支援の展
開に意味をもつ。そして支援を開始した後でも，新たな情報を得なが
ら，支援の目標や内容の調整を図っていく。あるいは本人の状態や家
族の状況の急な変化により，あらためてアセスメントをやり直すこと
もあり得る。アセスメントの機能は，ソーシャルワークの初期段階に
止まらず，ソーシャルワークの過程全体を通して発揮される機能なの
である。

❏ 地域特性や地域住民を知るアセスメント

　ソーシャルワークが専門職による確かな実践として地域で機能するためには，地域への視野と理解が欠かせない。地域には，それぞれに高齢化率や子どもの数，住民の所得状況，また住民同士のつながりの強さや環境的な特徴などの違いがある。また，人々が生活のなかで抱える様々な困難状況についても，地域における社会資源の有無や整備の状況が大きく影響する。たとえば地域における介護や子育てのサービスや関係機関相互のネットワークの整備，当事者同士の集いやサークル活動，自治会活動や近隣住民等によるサポート等の状況によっても，困難さの度合いは大きく異なってくる。地域における総合的・包括的な支援の展開のためには，このような地域特性や社会資源の整備状況に対するアセスメント（地域アセスメント）が求められる。

　そして，地域を知るためには，何よりそこで暮らす地域住民を知ることが大切である。地域で働くソーシャルワーカーは，地域に出向き，様々な住民と出会い，住民が集う様々な場に参加し，住民から学ばなければならない。さらに，関係職種や機関，地域住民との連携・協働による地域アセスメント機能が発揮されることで，地域における多職種・多機関・多業種，そして地域住民との連携や協働のしくみ，地域におけるネットワークの構築も可能になる。

　個人や世帯へのアセスメントとあわせて，地域特性や地域の社会資源の状況，そして地域住民の意識やニーズの把握など，地域アセスメントの機能が，今日のソーシャルワークには求められている。それはすなわち，ミクロレベルからメゾ，マクロレベルに至るアセスメントの機能を発揮しなければならないということである。

❏ 適切なアセスメントのためのソーシャルワーカーの役割

　個人や世帯および地域に対するアセスメントの機能を果たすためにソーシャルワーカーに求められる役割としては，何より支援が必要な個人や世帯，地域に関する情報収集や整理・分析を行うという役割が挙げられる。情報は，ソーシャルワーカーと当事者との面接によって得られるものだけでなく，地域住民や関係機関から提供されることもある。適切なアセスメントのためには適切な情報収集が求められ，そのためには地域住民や関係機関との信頼関係に基づくネットワークがあることも大切である。その意味で，地域でのネットワークの形成を働きかける者としての役割も重要である。

　また地域アセスメントに関連して，地域全体の課題や住民のニーズ把握のためには，関係するサービス事業所や地域住民などを対象に

様々な調査を行うことも有効である。その意味で，調査者や研究者としての役割の遂行も，これからのソーシャルワーカーに期待されるところである。

 ## 課題解決のための支援と地域における 社会資源の調整，開発の機能

Ⅲ　課題解決のための支援と地域における社会資源の調整，開発の機能

　1-⑤アセスメントを踏まえた課題解決やニーズの充足及び適切な社会資源への仲介・調整

　1-⑦必要なサービスや社会資源が存在しない又は機能しない場合における新たな社会資源の開発や施策の改善の提案

　1-⑨地域全体の課題を解決するための業種横断的な社会資源との関係形成及び地域づくり

　2-⑨地域住民や地域の公私の社会資源との関係形成

　2-⑩見守りの仕組みや新たな社会資源をつくるための提案

☐ 支援が必要な個人や世帯に対する直接的な支援

　ソーシャルワーカーは，アセスメントの結果に基づく支援計画に沿って，個人や世帯，家族への直接的な支援を展開していくことになる。その際には，人々や家族がもつストレングス（長所や強さ）を見出し，その問題解決に向けて本人や家族自身による主体的な取り組みを促進することが大切である。人々が抱える生活問題は，支援者が当事者の代わりになって解決するというものでは決してない。ソーシャルワークとは，あくまでも生活の主体である本人が，その問題の解決を通して，その人らしい安定した社会生活の維持や再建を図ることを支援する営みである。

　そしてその際には，生活問題を抱える本人や家族を，そのニーズに応じて，制度やサービスその他の適切な社会資源につなぐという機能が重要になる。人々が抱えている様々な生活問題のすべてに，ソーシャルワーカーが一人で対応することはできない。福祉や医療，就労その他の様々な制度やサービス，それらに従事している機関や事業所，そこで働く専門職，さらには地域住民やボランティア組織など，地域にある様々な社会資源を，いかに見出し，それらを活かしながら，人々への支援を展開するかがソーシャルワークの過程そのものであるといっても過言ではない。

　地域の社会資源は，公的な制度やサービス，専門職などのフォーマ

ルなものと，地域住民やボランティア，家族や親族等のインフォーマルなものとに大きく分けられる。今日の人々が抱える生活問題は多様化・複雑化し，さらに同一世帯で複数の問題を抱える複合化の状況もあるなかで，多様な社会資源を活かした支援が求められている。地域には具体的にどのような社会資源が存在するのかを把握し，人々や家族の状況に応じて必要な社会資源を有効に結びつけていくこと，すなわち適切な社会資源の仲介や調整の機能がますます必要とされている。

☐ 地域における社会資源の開発やネットワーク構築のための活動

　様々な人々とその多様な生活に関わるソーシャルワークの実践のなかでは，人々の生活問題の状況によって，既存の社会資源では解決できない，あるいは利用できる社会資源自体が存在しないというようなことも起こり得る。その際には，必要な社会資源を新たに開発するという機能が求められる。社会資源開発とは，新しい制度や施設，サービス等をつくることや，またそのために行政に働きかけることなども含まれるが，ソーシャルワークの文脈では，もっと広い意味で使われる。それは，何かの社会資源を新しくつくるだけでなく，いま地域にあるものを，人々の生活を守り，支える社会資源として活かしていくという意味である。

　地域の人々の日常生活を支えているのは，社会福祉施設や機関，市役所や区役所，また警察署なども挙げられるが，それだけではない。郵便局や銀行，電気関係や工務店など地域で営業している様々な業種の店舗，また商店街やスーパーマーケット，コンビニエンスストアなども，地域住民の大切な社会資源である。そのような場所とソーシャルワークを行う施設や事業所がつながること，すなわちそのような場所で働く人々とソーシャルワーカーとがつながることが，地域の多様な人や場所，組織や施設の資源化，すなわち社会資源の開発をもたらし，ネットワークの形成に至るという理解が大切である。

　そして，社会資源開発の機能において，忘れてはならないのは地域住民との関係である。地域の主体である住民とソーシャルワーカーとの信頼関係に基づく連携や協働による取り組みそのものが，社会資源の開発や施策の改善，地域における見守り活動などのしくみづくり，そして地域福祉の推進につながるのである。

☐ 直接的な支援や社会資源開発のためのソーシャルワーカーの役割

　個人や世帯への直接的な支援，地域の社会資源を開発する機能を果たすために，ソーシャルワーカーにどのような役割の遂行が求められ

るだろうか。

　まずは，何らかの生活問題を抱える個人や家族に対して，その状況に応じて，直接的な支援やサービスを提供する役割が挙げられる。同じような生活問題であっても，その状況は個人や家族によって個々に異なる。したがって，ソーシャルワーカーは，それぞれの状況を個別化した関わりや働きかけ，そして必要なサービスの提供をしなければならない。その過程では，個人や家族が主体的に生活問題の解決に取り組むことを側面的に支える**イネーブラー**の役割や，個々の状況に応じて複数の介護サービス等を調整する「ケアマネジャー」の役割を遂行することになる。

　そして，地域の社会資源の開発のためには，様々な社会福祉関連の制度やサービスが地域住民により利用しやすくなるように，広報や啓発活動を推進する役割もあれば，地域の事業所やそこで働く専門職と地域住民をつないで，ネットワークを構築する役割もある。いわば，ソーシャルワーカー自らが地域の社会資源となって，様々な人や場所の関係を仲介する役割を担うのである。

➡️イネーブラー (enabler)

直訳すれば「可能ならしめる人」となるが，ソーシャルワーカーの役割を表す言葉として「側面的支援者」とも訳される。当事者や利用者の意思や主体性を尊重するソーシャルワークの理念に基づく特徴的な役割である。

⑥ 分野横断的な連携・協働による包括的な支援体制を構築する機能

> **Ⅳ　分野横断的な連携・協働による包括的な支援体制を構築する機能**
>
> 1-⑥相談者個人への支援を中心とした分野横断的な支援体制及び地域づくり
>
> 1-⑩包括的な相談支援体制に求められる価値，知識，技術に関する情報や認識の共有化
>
> 1-⑪包括的な相談支援体制を構成するメンバーの組織化及びそれぞれの機能や役割の整理・調整

☐ 分野横断的，制度横断的な支援体制の構築

　日本の社会福祉は，伝統的に社会福祉六法を中心とする，分野ごとの専門的な制度設計や，その制度のもとでの支援活動の積み重ねのなかで発展してきた。そして現在は，個人あるいは世帯単位で，複数の分野や制度にまたがる課題を同時並行的に抱える状況への対応が求められる時代となっている。

　つまり，人々が直面する今日の生活問題は，非常に多様かつ複雑であるがゆえに，一つの制度や分野，制度のなかだけで解決できるものではない。人とその生活のなかの一側面を取り上げ，対象を限定しな

がら専門分化されてきた制度やそれに基づくサービスは，人が営む生活の全体（その人の心身の状態から，家族関係，学校や職場そして地域との関係などの社会関係の状態，住まいや経済的な状況などを含む全体）を視野に入れたものとはならない。人々の生活全体を総合的に把握しながら，分野や制度を横断あるいは越境しての対応と支援が必要である。

地域に存在する医療，保健，福祉，教育等各種の機関やそこで提供されるサービス，そしてそれぞれの分野で働く専門職が，相互に分野横断的，制度横断的に連携・協働して，ソーシャルサポートネットワークを形成することが，人々が安心して住み続けられる地域づくりにつながる。このような，地域における総合的かつ包括的な支援体制を築くことが，ソーシャルワークの機能として求められているのである。

❏ 総合的・包括的な相談支援体制の構築と維持

多職種や多機関によるネットワークの形成やチームワークによる支援の際には，それぞれの専門職がもつ価値観や，対象への理解やアプローチの方法などの違いから，相互に葛藤が生じることがある。その際に大切なことは，何のための連携であり協働なのかということの確認と，対象となる個人や家族あるいは地域を支えるという目標や支援の方向性の共有，そして互いの専門性を認め合うことである。

当然のことながら専門職にはそれぞれの専門性がある。多職種や多機関との連携や協働の場面では，自らの専門分野が大切にしている価値観，専門職としての知識や技術が問われ，時には批判される経験ともなる。しかし，それは言い換えれば，自らの専門分野に閉じこもってしまい視野が狭くなるといった，いわゆる「タコツボ化」に陥ることを防ぐ大切な機会でもある。そして，それぞれの専門性を互いに提供し合うことにより，総合的で包括的な支援の実現を可能にする場や機会となるのである。様々な職種のメンバーが組織化されることで，専門性の違いによる多彩な視点やアプローチが生まれる。その認識から，相互の役割分担が生まれ，チームでの支援と包括的な支援体制の維持が可能になるという理解が大切なのである。

❏ 包括的な支援体制構築のためのソーシャルワーカーの役割

分野横断的で包括的な支援体制を構築する機能を果たすためにソーシャルワーカーに求められる役割には，たとえば地域の医療・保健・福祉の関係機関や関係職種によるチームづくりなどをコーディネートする役割が挙げられる。その際には，他分野の専門職に対する**コンサルテーション**を担う「コンサルタント」としての役割を遂行すること

➡ コンサルテーション
（consultation）
異なる専門職が，それぞれの専門性を活かしつつ互いに助言すること。多職種連携の際には，メンバーには自らの専門性に基づくコンサルタントとしての役割が期待される。

もある。また，分野をまたがる多職種による連携，協働の際には，チームワークが重要となるが，支援チーム形成の際のファシリテーションを担う「ファシリテーター」としての役割も期待される。

　そして，包括的な支援体制の構築やそのための多職種による連携や協働の際に重要なことは，それらがあくまでも当事者や利用者への支援を中心としたものでなければならないということである。支援体制ができれば終わりなのではなく，それが必要な人々への支援に適切に機能しなければ意味がない。連携のための連携や協働のための協働になってはいけないのである。そのためにも，ソーシャルワーカーが当事者や利用者の権利を主張し，意見や思いを代弁する**アドボケーター**としての役割は重要である。

▶アドボケーター（advocater）

自ら意見や権利を表明することが困難な人々に代わって，意見を代弁する（アドボカシー（advocacy））役割を担う人。ソーシャルワーカーが遂行するべき重要な役割であり，代弁者や擁護者と訳される。

⑦ 住民主体の地域課題解決体制の構築及び運営を促進する機能

> **Ⅴ　住民主体の地域課題解決体制の構築及び運営を促進する機能**
> 2-④個人，世帯，地域の福祉課題に対する関心や問題意識の醸成，理解の促進，福祉課題の普遍化
> 2-⑤地域住民が支え手と受け手に分かれることなく役割を担うという意識の醸成と機会の創出
> 2-⑥地域住民のエンパワメント（住民が自身の強みや力に気付き，発揮することへの支援）
> 2-⑦住民主体の地域課題解決体制の立ち上げ支援並びに立ち上げ後の運営等の助言・支援
> 2-⑧住民主体の地域課題解決体制を構成するメンバーとなる住民や団体等の間の連絡・調整

□ 地域の主体としての地域住民との協働

　これからのソーシャルワークに求められる大切な機能の一つに，地域の住民と協働して，地域住民が主体となって地域課題の解決や地域づくりに取り組んでいけるような関わりや働きかけの実践が挙げられる。そのためには，地域で働くソーシャルワーカーや様々な福祉機関が，地域住民に受け入れられ，信頼されなければならない。地域住民との関係づくりや地域住民の信頼を得て活動できる環境整備も，ソーシャルワークに求められる大切な機能なのである。

　地域福祉の推進について規定された社会福祉法第4条第2項には，地域住民が「あらゆる分野の活動に参加する機会が確保される上で

の」課題を把握し，解決を図ることとされている。誰もが排除しない，されない地域づくり，誰もが孤立しない，させない地域づくりのためには，個人や世帯が抱える生活問題を他人事ではなく，自分にも起こり得ること，そして自分が暮らす地域の課題であるという認識や理解が，地域住民間で共有されることが必要である。そして，誰もが地域とのつながりのなかで，地域の一員としての役割を担いつつ，地域に参加して暮らしていける機会や場づくりが求められる。

　地域住民が，自分たちの地域の福祉課題に関心をもつことで，自らも安心して暮らし続けられる地域づくりにつながるという理解と，住民が主体となって地域を支えていく活動とを促進していく働きが，人々の生活の場であり暮らしの基盤である地域を支えるソーシャルワークの重要な機能なのである。

☐ 住民主体の地域課題解決のための支援

　様々な地域課題に対して，地域住民が主体となって取り組んでいけるためには，そのような活動や組織化を促すしくみづくりが求められる。地域には，伝統的な自治会や町内会をはじめ，民生・児童委員の組織，福祉委員やボランティアの組織，婦人会や青年会など，地域によって活動状況は異なるものの，様々な組織や団体が存在する。地域課題の解決のためには，地域に根差して活動を続けているこれらの組織や団体の力を欠かすことはできない。

　ソーシャルワークを展開する施設や機関及びそこで働く社会福祉士等のソーシャルワーク専門職は，これらの組織や団体との信頼関係に基づく連携・協働体制を構築することが求められる。そして，このような地域課題の解決体制があるということは，生活問題の発生や深刻化を予防する機能も併せ持ち，見守り活動の推進や問題の早期発見，早期対応を可能にするという意味でも重要なのである。

　社会福祉法第24条には，社会福祉法人に求められる地域貢献として，いわゆる「地域における公益的な取組」を推進する旨の規定がある。これからの地域共生社会の実現とそのための地域福祉の推進に向けては，社会福祉法人の公益性・非営利性をふまえた地域貢献活動への期待は大きい。地域で活動する社会福祉法人として，自らの専門性を活かしつつの取り組みが求められている。

　地域貢献とは，それぞれの地域性の違いや地域の課題の状況に応じた，創意工夫に基づく取り組みである。その意味では，この地域で何が求められているのかを，地域の主体である住民から学ぶことが大切である。また，法人運営のノウハウを活かしての，地域の住民組織や

団体等の運営支援も期待されるところである。

　さらに，住民主体の課題解決のためには，地域における親の会や家族会などの当事者の会（セルフヘルプグループ）の形成や活動を促すことも重要である。何らかの生活上の問題を抱える人が，地域のなかで孤立してしまうことなく，同じような悩みや課題を抱える人々と互いに支え合える場やつながりが求められる。地域のつながりの希薄化や住民の社会的孤立の問題などが指摘されるなかで，ソーシャルワークが地域に根差して，その機能を発揮することの意義は大きい。

❑ 住民主体の地域課題解決のためのソーシャルワーカーの役割

　住民主体の地域課題解決体制の構築や運営を促進する機能を果たすためにソーシャルワーカーに求められる役割としては，地域住民が主体となって参画して取り組めることを支える条件整備や環境整備を推進する役割が挙げられる。そのなかには，行政機関や社会福祉法人等の民間組織や機関，また，まちづくりなどに関連する活動を行っているNPOなどの団体，さらには親の会や家族の会などの当事者組織など，地域の様々な機関や組織と地域住民とがつながる，あるいは地域住民が参加する場や機会をつくるコーディネーターやファシリテーターとしての役割がある。

　また，地域住民に対して福祉教育を推進する教育者（エデュケーター）としての役割も重要である。様々な制度やサービス等に関する情報をわかりやすく提供する，あるいは生活問題を抱える人々が排除されない地域であるために住民の理解を促す，そして自らが暮らす地域の課題への関心を高めるための役割を，ソーシャルワーカーが担うこともある。さらには，たとえば認知症カフェや子ども食堂，サロン活動などの地域住民が中心となって取り組む活動に対して，運営面でのサポートや資金その他での支援を求めて行政に働きかけるなどの役割を遂行することもある。

包括的な相談支援や地域課題解決の
実践力の向上や人材育成の機能

☐ 当事者の権利擁護と意思決定支援

　地域には，生活が困難な状況にあっても誰にも相談できず，あるいは相談できる場所があることも知らず，どこにもつながらないままに，一人で問題を抱えている人々がいる。また，支援の必要があるにもかかわらず，専門職の関わりやサービス利用を拒否する人や家族もいる。さらに，認知症や知的な障害があることによって，自らの意思や希望を上手く表明できずにいる場合もある。あるいは，介護サービスの利用者やその家族が，事業所に対する気兼ねから，利用に際しての要望を訴えにくい場合もある。

　ソーシャルワークは歴史的・伝統的に，社会的に弱い立場にある人々の側に立ち，人々とともにその声や思いを発信し，また時には代弁するという役割を果たしてきた。人々が健康で文化的な生活を営む権利，地域の一員として生活する権利，そのために様々な制度やサービスを利用する権利が妨げられることがあってはならない。権利擁護や意思決定支援の機能は，ソーシャルワークの根幹に関わる本質的な機能である。そしてそれは，誰もが地域社会の一員として，その尊厳と権利が護られ，参加の機会が保障される社会への変革を促していく機能でもある。

☐ 地域に根差した支援を担うソーシャルワーク専門職の育成

　言うまでもなくソーシャルワークは，社会福祉士・精神保健福祉士などの専門職である「人」が行う営みである。したがって，ソーシャルワークがその機能をいかに発揮するかという課題は，それを担う人であるソーシャルワーカー（ソーシャルワーク専門職）の養成に係わる

課題ともなる。地域における総合的で包括的な生活支援としてのソーシャルワークが求められる今日的状況のなかで，そのような分野横断的で領域横断的な支援を展開できるソーシャルワーカーの養成が求められている。

　2019（令和元）年には，社会福祉士及び精神保健福祉士の養成カリキュラムが改訂された。改訂の趣旨は，地域共生社会の実現に向けて，地域における新たな福祉ニーズに対応し，包括的な支援を担うソーシャルワーク専門職の養成である。この趣旨に沿って，指定科目の変更や，実習や演習の内容の充実が図られることになった。将来社会福祉士や精神保健福祉士を目指す学生が，地域に根差した確かなソーシャルワークの実践能力を獲得し，育むためには，たとえば実習等で実際に地域に出向き，地域住民や地域で活動する専門職から体験的に学ぶ機会が欠かせない。いわば，地域全体でソーシャルワーカーを養成し，育成することが求められている。

　そのためには，学校や職能団体，事業者団体，地域住民や行政ほか地域の様々な関係機関が連携・協働すると同時に，たとえば地域課題について互いに学びあう機会なども必要である。そのような学びの機会において，ソーシャルワーカー自身も専門職であると同時に，地域で暮らす一人の生活者であるという認識の大切さを知ることができる。それは，生活者としての眼差しに基づく，確かなソーシャルワークのあり方を見出していくことになる。

　地域で育ったソーシャルワーカーが，地域に根差した実践を展開していくことで，「包括的な相談支援体制」と「住民主体の地域課題解決体制」の構築や整備を一体的に推進していくことになるのである。

☐ 包括的な支援や地域課題解決と人材育成のためのソーシャルワーカーの役割

　包括的な相談支援や地域課題解決のための実践力の向上や人材育成の機能を果たすために，ソーシャルワーカーに求められる役割は色々ある。まずは様々に多様化し，複合化する生活問題を抱える人々や潜在的なニーズを抱える人々をアウトリーチの活動によって発見し，必要な支援やサービスにつなぐなど，人々が地域で生きることの権利を守る役割を遂行しなければならない。

　同時に，そのような人々に対する包括的な支援にともに取り組む担い手の育成も求められる。そこには，ソーシャルワーカーやケアワーカーなどの社会福祉専門職や医療や教育などの他分野の専門職，また地域住民等も含まれる。そのためには，たとえば多職種や地域住民等

の参加による事例検討会や地域ケア会議，また研修会や研究会等の企画・運営を担う役割が求められる。

　また，後進となるソーシャルワーカーの育成のためには，スーパーバイザーなどの指導者としての役割も求められる。さらには，今後地域における包括的な支援が適切に行われ，地域課題の解決や地域福祉の一層の推進のためには，ソーシャルワークの方法や技術そして機能のさらなる向上が求められる。その意味で，ソーシャルワーカーにはソーシャルワーク研究者としての役割も期待されているといっても過言ではない。

　ソーシャルワークとは，制度に基づいて何かのサービスを提供するだけの活動ではない。これまでに述べてきた様々な機能を発揮し役割を遂行しながら，人々の尊厳や権利が侵されている状況に抗い，その状況に変化を促しながら，人々の生活の場としての地域を，地域住民とともに守り支えていく営みである。そのためにも，ソーシャルワークが展開されるその先にある，地域や社会のあるべき姿を見据えつつ，ソーシャルワークの機能とソーシャルワーカーの役割のさらなる発展に向けて，絶えざる努力を積み重ねていかなければならない。

◯参考文献 ─────

デュボワ，B.・マイリー，K. K.／北島英治監訳，上田洋介訳（2017）『ソーシャルワーク──人々をエンパワメントする専門職』明石書店.

ヘプワース，D. H. ほか／武田信子監修，北島英治ほか監訳（2015）『ダイレクト・ソーシャルワークハンドブック──対人支援の理論と技術』明石書店.

岩間伸之・白澤政和・福山和女編著（2010）『ソーシャルワークの理論と方法 I』（MINERVA 社会福祉士養成テキストブック４）ミネルヴァ書房.

木村容子（2019）「ソーシャルワークの機能と役割」木村容子・小原眞知子編著『ソーシャルワーク論』（しっかり学べる社会福祉２）ミネルヴァ書房，47-59.

北川清一・久保美紀編著（2017）『ソーシャルワークへの招待』（シリーズ社会福祉の視座２）ミネルヴァ書房.

厚生労働省社会保障審議会福祉部会福祉人材確保専門委員会（2018）「ソーシャルワーク専門職である社会福祉士に求められる役割等について（平成30年３月27日）」.

厚生労働省（2019）「地域共生社会に向けた包括的支援と多様な参加・協働の推進に関する検討会（地域共生社会推進検討会）最終とりまとめ（令和元年12月26日）」.

副田あけみ（2010）「ソーシャルワーカーの役割」北島英治ほか編著『ソーシャルワーク実践の基礎理論〔改訂版〕』有斐閣，241-266.

山辺朗子（2011）『ジェネラリスト・ソーシャルワークの基盤と展開──総合的包括的な支援の確立に向けて』ミネルヴァ書房.

湯浅典人（2014）「ソーシャルワークの機能」日本社会福祉学会辞典編集委員会編『社会福祉学辞典』丸善出版，192-195.

第 2 章

ソーシャルワークにおける面接

① 面接の意義，目的

☐ 面接とは

ソーシャルワークにおける面接とは，クライエントとソーシャルワーカーとの間の目的をもった，言語的，非言語的コミュニケーションであり，質問，答え，傾聴，応答，ジェスチャー，姿勢，表情などから成り立つ。

面接は，ソーシャルワーカーとクライエントの間で行われる方法の一つであり，面接の対象となるクライエントには，個人のみならず，カップル，家族，そして小グループが含まれる。ソーシャルワーカーは面接を通してクライエントとの信頼関係を構築し，クライエントから十分な情報を収集し，適切なアセスメントを行い，支援をしていく。

ソーシャルワーカーは，様々な面接技法を面接で用いる。ソーシャルワーカーの面接の内容や方向性は，面接を行うソーシャルワーカーが基盤とする価値や理念（本シリーズ第4巻『ソーシャルワークの基盤と専門職』第3章参照）を反映する。ソーシャルワーカーの面接の内容や方向性は，ソーシャルワーカーが用いるモデルやアプローチによっても異なってくる（本シリーズ第5巻『ソーシャルワークの理論と方法Ⅰ』第6章参照）。

ソーシャルワーカーは，クライエントやその家族への直接支援のなかで面接を行い，ケースワーク，カウンセリング，心理療法，ケアマネジメント（本シリーズ第5巻『ソーシャルワークの理論と方法Ⅰ』第7章参照）などを行う。また，ソーシャルワーカーはクライエント以外とのやりとりでも，スーパービジョンや，コンサルテーション（本シリーズ第5巻『ソーシャルワークの理論と方法Ⅰ』第11章参照），施設・機関における各種の会合，連携・協働のための関係者とのやりとり，ボランティア希望者の聞き取り，住民の地域課題の聴取等においても面接技術を活用する。

☐ 面接の目的

面接の目的は，クライエントとソーシャルワーカーとの間に信頼関係を構築し，協働して共にニーズや課題に取り組めるようにすること，そして，クライエントのニーズ，課題，ストレングス，フォーマル・インフォーマルな社会資源に関するニーズ充足や課題解決の方法に焦

点をあてることを通して，クライエントを支援することである。

　クライエントとソーシャルワーカーの信頼関係の質は，その後の支援の効果に影響する。クライエントとソーシャルワーカーとの信頼関係の質が高いほど，クライエントはソーシャルワーカーと協働して自分自身の目指す目的に向かって歩みをすすめ，課題に取り組む傾向がある。そして，両者の信頼関係の質が高いほど，支援の効果は得やすい。ソーシャルワーカーは，クライエントとの面接を主軸に据えつつ，クライエントのニーズ充足や課題解決に向けての取り組みを，クライエントと共に行っていく。ソーシャルワーカーは，同時にクライエントのストレングスを見出し，ストレングスを十分活用できるよう支援する。面接を通して見出したクライエントのストレングスの内容をクライエントに伝え，そのストレングスをニーズ充足や課題解決に活用できるよう支援していく。

 ## 面接の場面と構造

面接の時間と頻度

　面接は開始時間と終了時間を定めて行うことが多い。面接時間は1時間くらいの設定が多いが，20分くらいのものから，2時間くらいのものもある。初めて行うインテーク面接などは，事前に予約をしたうえで，2時間くらいとなることも多いが，定期的な面接は1時間くらいで行うことが多い。急に入った面接や，クライエントの生活空間や活動場面における面接は，20分くらいで終わるものもある。ソーシャルワーカーは，限られた時間のなかで，面接の目的に応じてやりとりを展開し，終える必要がある。面接は定期的に行うことが望ましい。ソーシャルワーカーは，支援の開始から終結までの間，クライエントの抱える課題やニーズに応じた頻度で面接を行う。

面接を行う場所と場の設定／面接の手段

　面接は，様々な場所で行われる。機関，施設，事業所の面接室などにおける面接もあるが，最近は，自宅，施設の居室，事業所の作業スペースなどにおける面接もある。面接室などの空間で，時間を定め，「これから面接を行います」などと明示して行うのが構造化された面接である。その他，クライエントの生活する居室や廊下などの日常生活場面や，日中活動の場面において，意図や目的のある会話を通して

クライエントのニーズや課題について応じて支援を行うこともある。これを生活場面面接という。

　面接の場で，クライエントやソーシャルワーカーの座る位置も大切である。クライエントとソーシャルワーカーが90度の角度で座ったほうが，クライエントが話しやすいとする指南書もある。しかし，施設・機関の相談室や会議室等では，机をはさんで真正面に座ることが多いであろう。家族面接では，ソーシャルワーカーは，主たるクライエント（認知症の高齢者，知的障害者，素行に課題のある少年等）を尊重し，意思を確認する姿勢を示すために，主たるクライエントの真正面にソーシャルワーカーが座り，家族にはクライエントの横に座ってもらうなどの工夫をする。

　現代は様々なツールを利用した面接がある。テレビ電話システムを活用した面接，電話による面接，そして，電子メール，チャット，ソーシャル・ネットワーキング・サービス（以下，SNS）を活用した面接などがある。

□ 対面式の面接

　面接は原則として対面で行われる。多くの面接は，クライエントとソーシャルワーカーが同じ空間にいて行われる。そのため，言葉のやりとりだけではなく，視覚情報，聴覚情報など多くの情報が得られる。人は，言葉による表現だけではなく，言語に付随する多くの情報によって，コミュニケーションをする。そのため，対面では，他の手段よりも多くの情報が把握できる。たとえば，クライエントが「ええ，私は元気です。平気です」と言っていることを文字通り受け取ると，「クライエントは大丈夫だ」と安易なアセスメントをしてしまう。

　しかし，ソーシャルワーカーが「クライエントはうつむいてばかりで，目に涙を浮かべている」という視覚情報を得ると，クライエントについてより正確に「深い悲しみを感じているのではないか」と推し測り，アセスメントすることができる。また，「話し方がゆっくりで，沈んだ，消え入りそうな声で話している」という聴覚情報を得ると，クライエントの身体的・心理面についてより正確に「疲れ切っていてエネルギーがないのではないか。怖い，恐ろしいと感じているのではないか」などと推し測り，アセスメントすることができる。面接においては，言語による内容のみならず，視覚情報，聴覚情報も合わせてクライエントの状態を把握し，アセスメントする。

　ソーシャルワーカーはさらに，家族や関係機関に連絡をとって情報収集する。「クライエントはこのひと月で複数の就職面接に不合格と

なった。その上，大家さんからアパートから退去するよう言い渡されている。食事があまり摂れていないらしい。この地域には頼れる親族がいない」などの情報を家族や関係機関から得て，本人との面接で得られた情報と合わせ，クライエントの身体的・心理的・社会的な側面を統合し，包括的なアセスメントを行う。

□ テレビ電話システムを活用した面接，個別相談

　Skype や Zoom などの離れた所にいる人とのコミュニケーションツールを活用した面接は，インターネットを介して，物理的に遠方にいる人との対面での面接を可能にした。同じ部屋での面接と比較すると，得られる情報量は少ないが，それでも，視覚情報，聴覚情報をともに得ながら面接を行うことができる。

□ 電話を活用した面接や個別相談

　電話による面接や個別相談もある。視覚情報は得られないが，聴覚情報が得られるという点では，電子メール，チャット，SNS を活用する文字情報のみによる個別相談よりは情報量が多い。

　電話は来所しての相談が難しい人からのアクセスに積極的に活用されてきた。たとえば，DV（ドメスティックバイオレンス）被害や，性的虐待，性犯罪被害，自殺念慮のある人など，非常に重たい内容の電話相談が，対面による面接が困難な人への支援の糸口として提供されてきている。そのなかには，匿名性を保障して，傾聴（次節参照）を中心に行う電話相談もある。

　一方で，最近は電話による個別相談を糸口に，アウトリーチをして対面による面接を行い，課題の解決や伴走型支援をしていくソーシャルワーク活動も多くなってきている。

　また，電話は，すでに対面での面接を終えた後の継続的な支援のなかで，日常生活上の細々とした事項の相談や確認においても活用されてきた。たとえば，生活保護ワーカーや，地域包括支援センターの社会福祉士によるものなどである。

□ 電子メール，チャット，SNS を活用した面接，個別相談

　電子メール，チャットや LINE 等の SNS を活用する個別相談サービスも増えている。これらの個別相談では，文字情報のみが得られ，視覚情報や聴覚情報は得られない。相談に乗るソーシャルワーカー側も，文字情報のみで相手との信頼関係を構築し，支援をする必要がある。相談を受けるソーシャルワーカー側は，質問，応答，説明，提案，示

唆などの言語表現にとても神経を使う。相談者に返答する文の内容が適切かどうかを，複数の相談員で確認してから送ることを，方針としているところも多い。

　これらのツールも，来所しての相談が難しい人にアクセスする糸口を開いてきた。比較的若い世代の個別相談のツールとして広く活用されるようになってきている。

③ 面接の技法

　面接の技法とは，ソーシャルワーカーが面接を意図的に展開するために用いる質問や応答，説明，提案などの個々の働きかけである。面接におけるやりとりは，一般のコミュニケーションと重なるが，ソーシャルワーカーは，会話の流れにまかせて世間話をするのではない。クライエントとのやりとりを適切で成果のある面接にするため，ソーシャルワーカーは意図的に面接技法を組み合わせて用いる。

▢ 傾　聴
　傾聴とは，深くていねいに相手の話を聞くことである。積極的，能動的な姿勢で話を聞くことであり，また，心を傾けて話を聞くことである。傾聴を行うとき，人は表情，うなずきや身振りなどを通して，自分が能動的に話を聞いていることを相手に伝える。会話の主体は終始クライエントであり，傾聴をしている側（ソーシャルワーカー等）の意見や体験を相手に話すことはない。英語でアクティブ・リスニング（active listening）という。

▢ 開かれた質問
　開かれた質問とは，閉ざされた質問の反対語である。閉ざされた質問とは，「はい，いいえ」で答える質問や，1つの単語で答える質問などであり，相手が答えるにあたっての選択肢が限られる質問である。
　一方，開かれた質問とは，相手が多くの選択肢のなかから答えることができ，自由にものごと，考えや気持ち等について答えられる質問である。良い開かれた質問は，答える側が話を展開していけるような質問である。
　たとえば，「朝ごはん食べた？」や「朝ご飯に何を食べた？」は答えが「はい」「いいえ」あるいは1つの単語で会話が終わる，閉ざされた

質問である。一方「今朝の調子はどう？」や「最近どんな風に過ごしている？」は，答える側が幅広い選択肢のなかから自由にものごと，考えや気持ちについて答えることができる，開かれた質問である。

☐ 明確化

　明確化とは，相手の話した言葉の内容をより明確にすることである。ソーシャルワーカーは，相手の話を受け止めた後，明確化の質問をすることを通して，クライエントが話している内容に含まれる生活課題等を把握していく。

　たとえば，「今お話しされたことは，○○という意味でしょうか」，「今お話しされたことを，もう少し具体的にお話しいただけますか」など，意味内容を明らかにする質問をする。主語や主体が明らかでない場合，「『ホームヘルプサービスは嫌だ』とおっしゃったのは，お母様ですか，あなたご自身ですか」と問う。目的語が明らかでない場合，「『嫌な思い出しかないから捨てたいんだよね』と言われたのは，こちらの本のことですか，あるいは，この机そのもののことでしょうか」などと問う。

☐ 細分化

　細分化とは，相手の話した内容をより細かく具体的にしていくことである。そのものごとが生じた時期について「それは，いつ起こりましたか」と問う。期間については，「それは，いつからいつまで起こりましたか」など起点と終点の両方をたずねる。場所を知るためには，「それは，学校，電車の中，家のどちらで起こりましたか」などと問う。何をしたか，どうしたか，などを細かく知るためには，「先ほど『あのやり方が嫌だったのよね』と言われましたが，嫌だと思ったやり方をもう少し具体的に教えてください」などと問う。あるいは，「小突いたのですか。あるいは，体の接触はなく，ただ，目の前で折りたたみ傘を振り回したのですか」などと問う。程度や頻度などを知るためには，「夜尿の量はどれくらいでしたか」「頻度は，毎日でしょうか，週に1回程度でしょうか」「めったに手を出されることはない，と言われましたが，月に1度はありましたか，年に1回程度だったのでしょうか」などと問う。

☐ 繰り返し

　繰り返しとは，相手の話した言葉を繰り返すことをいう。話した内容全体を繰り返すことも，一部を繰り返すこともある。特に，話した

内容の一部を繰り返す場合，相手の話のキーワードとなる言葉を繰り返すとよい。繰り返しの技術を用いるとき，できるだけ中立的なトーンで用いる。語尾をあげてたずね返すような聞き方にならないようにしたほうがよい。あいづち代わりに，相手の話のペースを乱さないように，単語ひとつやフレーズを繰り返すなどするとよい。

「子どものことを真剣に考える余裕なんてなかったからね」という母親に対して，ソーシャルワーカーは，「子どものことを真剣に考える余裕がなかったのですね」と全体を繰り返すこともある。あるいは，「子どものことを……」「余裕なんてなくて……」と一部を繰り返すこともある。

☐ 共　感

共感とは，相手の立場だったらどのような気持ちになるだろうと想像して感じることである。ソーシャルワーカーは，想像して感じるだけではなく，共感した気持ちを言葉に表して相手に伝えていくべきである。これを，共感的反映などという。

なお，共感と「同じ体験の共有」は異なる。よって，単に「自分も似たような体験をしました」と相手に伝えることは共感や共感的反映そのものではない。逆に，自分は同じような体験をしたことがなくても，共感することは可能である。共感によって感じた気持ち，感情はできるだけ細やかな言葉で表現するべきである。

「つらい」「たいへん」ばかりで表現するのではなく，「もどかしい」「さみしい」「憤慨する」「悔しい」「板挟み」「人の重荷になっている」「底知れない孤独感」「恥ずかしい」など，できるだけ多くの語彙を駆使して共感しようとしていることを伝える。

☐ その他の技法

その他の技法を表2-1にまとめる。具体的な使い方を次節でも示したい。

表 2-1　面接の技法

まとめる	クライエントの話を要約して返す
受け止める	クライエントの価値観や考えについて，認識に寄り添い，受け止める
クライエントの意味するところを探る	○○という意味でしょうか，などと確認する
考えを反映	クライエントの考えの一部あるいは要約を返す
非言語的コミュニケーションへの気づき	クライエントの仕草や表情などを観察し，ときに，相手にそれを指摘する
沈黙	あえてすぐに応答せず，沈黙してクライエントの発語を待つ
ほめる，承認する	クライエントの長所・強みを認め，良く評価する
強化する	望ましい言動を直後にほめ，承認することにより，今後も同じ言動が繰り返しなされるようにする
フィードバックする	ソーシャルワーカーとして感じたこと，考えたことなどを，クライエントにあえて伝える。自己洞察などに結びつけることが目的である
はげます	今後に向けて，前向きに取り組むよう，後押しする
リフレーミング（言い換え）	クライエントの認知の再構成を支援する。ものごとを別の見方で理解したり受け止めたりすることを支援する
挑戦する	クライエントの考え方や判断が適切か，クライエントの求める結果に結びつく内容か，などをクライエントに問いかける
示唆する	クライエントの今後の言動等について，それとなく教え示す
提案する	クライエントの今後の行動等について，具体的な案を示す
情報提供する	クライエントの課題やニーズに応じた情報を提供する
教育する	クライエントに必要な知識，ソーシャル・スキル（社会生活技能）などを教える。
目標を設定する	将来に達成を目指す点や内容を定める。

 # 面接の展開過程

　面接は通常，ソーシャルワークの展開過程に沿って行われる（本シリーズ第 5 巻『ソーシャルワークの理論と方法Ⅰ』参照）。よって，面接の展開過程は準備期，開始期，展開期（作業期），終結期に分けられる。

　一方，1 回の面接の中にも，準備期，開始期，展開期（作業期），終結期はある。ここではソーシャルワークの展開過程に沿って説明するが，ソーシャルワーカーは，両方の展開過程を意識しながら支援を実施する。

準備期

　面接の準備は，面接の目的を明確にし，成果のある面接にするために行う。

　クライエントについては，必要な情報の収集を行う。クライエントの身体的・心理的・社会的側面について，関係機関から情報が得られ

る場合は内容を確認しておく。物理的準備としては，場所と時間の確保をする。場所は，できるだけ静かな，プライバシーの保障できる空間の確保に努める。面接時間は平日の昼間に設定することが多いが，場合によっては，クライエントが面接可能な時間に合わせ，夜間や土日祝日に設定することもある。

　ソーシャルワーカーは，心を傾けて人の話をきく準備をする。ソーシャルワーカーとして求められる「あたたかみ」「誠実で率直」「共感力がある」などの性質や，「人を尊重する」「純粋な興味関心をもつ」などの姿勢が相手に伝わるよう自らを整えて準備する。

☐ 開始期の面接

　開始期において，クライエントとソーシャルワーカーはお互いを知ることからはじめ，信頼関係を構築し，協働的な関係づくりをする。そして，クライエントのニーズや課題と，それに対する目標，目的を暫定的につかんでいく。

　面接を開始するとき，ソーシャルワーカーは自己紹介として，所属機関，職種，肩書等の説明を行う。ソーシャルワーカーの自己開示は，支援関係に必要なことがらに限定する。一方，クライエントをよく理解し，支援に最善の方法を見出すために，ソーシャルワーカーはクライエントに関する情報をたずねていく。ていねいに質問を重ね，質問に対する答えを一つひとつ受け止めながら，個人とその環境に関する事柄をたずねていく。このとき，クライエントの話をよく傾聴し，クライエントに共感し，共感した内容をクライエントに伝えることで信頼関係を構築していく。

　開始期の面接では，あわせてクライエントに，契約内容（約束事）を伝える。具体的には，面接の目的，時間，頻度などである。また，費用が発生する場合には，費用の説明なども行う。

　以下の［面接１］を読み，開始期における面接で信頼関係を構築していくポイントを確認していただきたい。左右の欄の吹き出し内は，面接の内容においてアプローチや技法がどのように使われているか解説したものである。

［面接１］　地域包括支援センターのソーシャルワーカー（社会福祉士）の面接

　クライエントＡさん（60代女性）は，地域包括支援センター（以下，包括）に電話してきた。自宅では話しづらそうだったので，ソーシャルワーカー（以下，事例内SW）が包括への来所を提案したところ，同意し，来所した。Ａさんは，こざっぱりした服装の白髪の女性で，おずおずと部屋に入ってきた。SWが促すと，ゆっくりと着座した。SWは簡潔に自己紹介等必要事項のやりとりを終え，話を続けた。

SW「お電話ありがとうございます。また，包括へおいでいただきありがとうございます。」「何か，ご家族のことで気がかりなことがおありですか？」

Ａ「……はい。……」うつむいて，話しづらそうにしている。

SWは<u>あえて，しばらく沈黙</u>をしていた。

Ａ「もう，限界なんです。嫁だし，あたり前と思ってがんばって家事も話し相手も介護も一人で行ってきました。もうもたないと思うんです……」といって，ひと筋の涙を流された。

SW「<u>お嫁さんのお立場</u>で，どなたかご家族のお世話をされてきたのですね。しかし，『お世話をしなければ』という思いと，『もう無理だ』という思いで，板挟みになっておられるのですね。それで限界をお感じなのですね」

<u>Ａさんははじめて顔をあげて，目を見開き，SWの目をみつめ，黙って大きくうなずいた。</u>

SW「こちらは，ご高齢の方の介護などについて，様々な形でお手伝いできる機関です。<u>是非，お力になりたいと思います。</u>もう少しお話をお聞かせいただけますか」

Ａさんは，自宅で介護をしている，ひざを悪くしている夫と，認知症と思われる義母の話を話しはじめた。

> 「沈黙」を用いて，Ａの発話をゆっくり待つ。

> 家族システムの「役割理論」に基づき，「嫁」という役割に期待される機能と，その機能を懸命に果たそうとしてきたこと，そして，過剰な期待に応えられない苦しさを理解していることを伝えている。

> Ａの話を「まとめ」つつ，Ａの立場であればどんな気持ちであろうかと想像して感じ，それを言葉に表して「共感的反映」をしている。

> 「非言語的コミュニケーションの気づき」から，クライエントの理解度や気持ちを把握する。

> 今後の支援を「示唆」している。

　開始期の面接において，ソーシャルワーカーは，まずクライエントとの信頼関係を結ぶことが大切である。クライエントの状態や状況，価値観，考えをありのままに受け止め，クライエントの立場であったらどのような気持ちであろうかと推測して感じ，つまり共感をして，それを言葉に表して相手に伝えていく。

［面接１］のクライエントについての解説

　クライエントＡさんは，自分の状況を説明でき，かつ，自分の気持ちも言い表すことができる人である。しかし，家庭内の困りごとを人に話すことを恥ずかしいと感じたり，躊躇したりすることが推測され

た。ソーシャルワーカーは，クライエントが言おうとしていることを話し出すのを待ちつつ，共感しながら，信頼関係を構築していった。クライエントは，この働きかけを通して，「この人は本当に自分のことをわかろうとしている」と感じ，考える。また，ソーシャルワーカーが面接で希望志向（本人の希望に沿って前向きに取り組む）の態度で支援を示唆したので，ソーシャルワーカーがクライエントと共に歩み，支援してくれると感じ，自身の家族のことを詳しく話し始めている。

　なお，ソーシャルワークのクライエントは，面接1のように，自分から助けを求め，言語化できるクライエントばかりではない。面接は，非自発的なクライエント，つまり，自らは支援を求めないクライエントを対象に行うこともある。

　以下の［面接2］を読み，非自発的なクライエントを対象とした面接において信頼関係を構築していくポイントを確認していただきたい。

［面接2］ 生活困窮者自立支援事業のソーシャルワーカー（相談支援員）の訪問先での面接

　クライエントBさん（30代男性）の家族が，複数の機関への相談を経て，生活困窮者支援事業の相談窓口に電話をしてきた。Bさんは，大学卒業後，就職したものの半年で退職し，その後，自宅にひきこもったままであるという。自室で過ごすことが多いものの，家族との会話はあり，リビングでテレビを見たり，ゲームをしたりするという。そこで，生活困窮者自立支援事業のソーシャルワーカー（以下，事例内SW）が，訪問して面接することになった。自宅では，初老の両親が玄関先で待ち構えていた。<u>勢い込んで説明しようとする両親をやわらかく笑顔で制止しつつ</u>，SWはリビングへ入っていった。リビングでBさんはテレビを見ていた。

SW「こんにちは。はじめまして」

　家族にすすめられ，SWは，Bさんと90度の角度にある一人がけソファに腰をおろした。

B「……」（チラとSWの顔を盗み見る）

　SWは，自分の所属機関と肩書き，自宅へ訪問するにいたった経緯などを簡潔に話した。

SW「お力になれたらと考えています。よろしくお願いします。Bさんは，<u>日頃，どのように過ごされていますか</u>」

B「ぼくは，世の中には興味ないんだ」

SW「<u>今は世の中に興味をおもちでないのですね</u>」（疑問形に聞こえないよう，語尾は上げず）

（欄外注）

主たるクライエントはBさんである。限られた時間の中で，まずはBさんと話をすること，Bさんの意思を確認することを優先する。両親からの話はすでに聞いており，また，今後別の機会に聞くことができる。

「開かれた質問」。何でも話しだしやすい質問をしている。

「受け止め」，認識に寄り添う。

B「どうせ，仕事探しをしたところで，こんなコミ障（注：コミュニケーション障害を意味する，若者の俗語）だから，無理なんだ」

SW「『仕事を得るのが難しい』，とお考えで」（疑問形に聞こえないよう，語尾は上げず）

「でも，お仕事することを考えることはおありなんですね」

B「……」（SWの「言い換え」に少し虚を突かれたような様子。背後で両親が驚き，目を見開きながら息を止めて聞いている）

SW「お考えをお聞かせいただきありがとうございます。これから，定期的にお会いしたりして，Bさんのお力を生かせる場について一緒に考えさせてください。私以外にもBさんのお力になる機関があるので，そちらもご案内していきましょう」

SWは，Bさんが久しぶりに家族以外の者と会話をしたことから，疲れが出やすいであろうと考え，この日の面接はごく短時間で終え，来週，次回の訪問面接をすることとした。

［欄外注記］

「受け止め」，認識に寄り添う。頭ごなしの否定はしない。この時点で，安易な励ましもしない。

「リフレーミング」（言い換え）をしている。そのうえで，前向きな考えや気持ちを「強化」している。

「はげまし」をし，「エンパワメント」して社会資源の活用を「示唆」している。

「生態学理論（エコシステムアプローチ）」に基づき，クライエントと環境の接点に介入し，クライエントが外部機関とつながる支援を「示唆」している。

面接は，非自発的，拒否的なクライエントを対象にすることもある。ソーシャルワーカーは，決して自分の価値観を押しつけず，説得や説教もしない。「サービスの利用を説得しよう」や「正しい生き方を教えよう」などの意図を前面に出して働きかけても信頼関係を結ぶことはできない。ソーシャルワーカーは，非審判的態度を保ち，クライエントの状態，状況，価値観，考えを否定せず，いったん受け止め，認識に寄り添う。

一方，クライエントの前向きな考えや気持ちなどに気づいたときには，リフレーミング（言い換えを）し，前向きな考えや気持ちを強化する。また，クライエントのもつ長所や強みは承認し，それらを生かせる場につなげていく。

なお，家族も同席する場合，ソーシャルワーカーは「主たるクライエントが誰か」を意識し，主たるクライエントとの会話を引き出せるよう働きかける。

［面接2］のクライエントについての解説

クライエントBさんについては，両親からの情報と生活歴から，自己肯定感が低く，「世の中から排除されている」と感じている人であることが推測された。両親が家の前で待ち構えていたが，まずはBさんと話をすること，Bさんの意思を確認することを優先した。この事例の主たるクライエントはBさんである。両親からの話はすでに聞いていることが多く，また，今後別の機会に聞くことができる。

面接では，ソーシャルワーカーは決して自分の価値観を押しつけず，

説得や説教もしないので，Bさんは，「このソーシャルワーカーならば」信頼しようかという気持ちが少し芽生えた。また，ソーシャルワーカーが自分の投げやりな言葉を前向きな言葉に言い換え（リフレーミング）たことで，Bさんは，自己洞察をする機会が得られ，気づきがあった。「力を生かせる場」があるなら，世の中に少しつながっていこうか，という気持ちが芽生えた。

☐ 開始期から展開期にかけての面接

開始期から展開期（作業期）では，クライエントの理解を深め，アセスメントをもとに支援をする。ソーシャルワーカーは，面接を通してアセスメントを行う。アセスメントは，情報を収集し，それを分析・統合し，ニーズ充足や課題解決に最善の方法を見出すために行う。アセスメントで見出されたニーズ充足や課題解決の方法をもとに，支援計画を立て，支援を実施していく。

以下の［面接 3］を読み，面接を通してアセスメントをしていくポイントを確認していただきたい。

［面接 3］　相談支援事業所のソーシャルワーカー（相談支援専門員）の面接

> クライエント C さん（40代女性）は，特別支援学校の高等部を卒業した後，企業で就職をしたものの長続きせず，アルバイトを数週間単位で転々としてきた。知的障害と発達障害がある。父親はすでに亡くなり，母親が小売店の店員の仕事を続けて生活を支えてきたものの，うつ状態になり休職中である。兄弟はない。特別支援学校の元教員の後押しもあり，障害福祉サービスの障害支援区分の認定審査を経て，相談支援事業所でサービス等利用計画を作成してもらうこととなった。C さんは，一人で来所し，面接室に通され，先に着座していた。
>
> ソーシャルワーカー（以下，事例内 SW）「こんにちは。障害福祉サービスの利用を検討されているのですね」
>
> SW は一通り，C さんのこれまでの学歴，職歴，生活歴をたずね，C さんの身体的・生物学的状況として病気や障害の程度等を，心理的状況として性格・人との関わりの傾向，感情（喜怒哀楽），気分，精神症状の有無，認知（ものごとの受け取り，理解，決定，意思表示）等を質問しつつ把握していった。さらに，社会的状況として，学業，就労，生計維持の方法，制度的サービス等の利用状況等をたずね，また，社会的な人との関わり（家族，親族，友人，近隣の人との関係），趣味・余暇活動についても質問しつつ把握していった。その上で，

「バイオ・サイコ・ソーシャル（BPS）」（本シリーズ第 5 巻第 1 章参照）に基づく総合的・包括的なアセスメントを行うために情報収集をし，情報を統合して，C さんの理解を深め，ニーズや課題を把握している。

SW「Cさん，これから先，たとえば，数年後，あなたはどのような
　　生活をしていたいですか」

> 「問題解決アプローチ」（本シリーズ第5巻第6章参照）にもあるように，まずは長期目標をたずねる。

C「うーん……大金持ちになりたい。そして，結婚していたらいいな」

SW「お金持ちになりたいことと，結婚していたいのですね。わかり
　　ました。ところで，今，お金はどうされていますか」

> 「受け止め」をしている

C「うーん……母に週ごとにもらっている」（気まずそうに
　　うつむいた）

> 「開かれた質問」，「明確化」。

SW「お母さんから……（受け止めるようにうなずく）。お金持ちにな
　　るために，Cさんは自分で何かしたい，とかありますか」

> 「意思決定支援」のため，本人の意思を引き出している。

C「働いて，給料をもらいたい」

> 「繰り返し」

SW「『働きたい』，というお気持ちがあるのですね。その目標に向か
　　っていこうとすると，今の生活の中で，どの部分を変えていけばよ
　　い，と思われますか」

> 本人の長期目標をもとに，「短期目標」を定めるためたずねる。

C「……朝起きられていないから。母にも小言を言われる。『お日様
　　が昇りきらないうちに活動を』って。母が苦労しているから」

> 「リフレーミング（言い換え）」し，Cさんの前向きな気持ちを「受け止め」ている。

SW「お母さんを楽にさせてあげたい，という気持ちもお持ちで……」
　　（受け止める）

C「うん」（はじめて顔をあげ，SWの目をみつめたことをSWは見
　　逃さず，クライエントの前向きなサインと受け止めた）

> 「課題解決アプローチ」でもみられるように，課題が解決された状態に近づくために，段階的な問題解決行動を求める。「達成可能な」「小さなステップ」を考える。

SW「それでは，まずは，生活のリズムをつくるために，週に3日以
　　上事業所に通うのはどうでしょう。通いながら，お仕事に就けるよ
　　う支援する事業所もありますよ。

C「そんなところあるんだ。D先生（特別支援学校の元教員）も何か
　　言っていた……。わたし，手先は器用だ，集中力はある，って先生
　　によく言われてたから。そういう仕事ならできると思う」

> 「エンパワメントアプローチ」に基づき，「ストレングス視点」で，Cさんの長所を「ほめる」「承認する」。

SW「集中力があって，手先が器用なのですね。向いているお仕事が
　　ありそうですね。是非，お手伝いさせてください」

C「でも，わたし，どうせ職場の人に嫌みを言われて，行くのが嫌に
　　なってしまう……」

> Cさんの立場であればどんな気持ちだったかを想像して気持ちを言語化し「共感的反映」する。

SW「これまでは，仕事をはじめても，仕事仲間にきつい言葉をかけ
　　られて怖くなり行けなくなってきた……（声を落とし，Cさんの痛
　　みを理解し，あたたかく包みこむようなトーンで）。それはもどか
　　しかったですね。事業所によっては，仕事をはじめるにあたって，
　　Cさんが理解しやすい話の伝え方等を職場の同僚に説明してくれた
　　り，仕事をはじめてからも，上司や同僚との関係の調整に力を貸し
　　てくれる事業所がありますよ」

> 「情報提供」で本人の不安をできるだけ解消する情報を提供する。

> C「そうなんだ」（ほっとしたような，安心したように息を吐いて）

　開始期から展開期（作業期）にかけての面接では，クライエントの希望や意思とアセスメントの内容をもとに支援目標をたて，支援を実施していく。「傾聴」の基本スキル「うなづき」，「あいづち」，「繰り返し」等のみでクライエントの支援をすすめることは難しい。的確な質問を行い，クライエントの意思を引き出し，示唆や提案を織り交ぜて支援を行う。

　クライエントの支援目標は，制度的なサービスの利用や所属機関のサービス範囲内のことに限定しがちであるが，それでは総合的・包括的な支援にならない。大切なのは，まず本人の希望や意思を聞き出し，その内容を盛り込んだ長期目標をたてることである。このとき，ソーシャルワーカーは「大金持ちになるなんて，現実的ではないですね」，「結婚は難しいかもしれませんね」など，本人の目標を無理だと決めつけたり，脇に置いたりしない。

　続いて，長期目標を達成可能な小さなステップに分け，短期目標にしていく。クライエントの「気がかり」「満足していない部分」などを聞き出し，それを短期目標に結びつける。短期目標は，定期的にモニタリングで達成状況を確認しつつ，適宜修正，変更していく。

［面接3］のクライエントについての解説

　クライエントCさんは，事前の情報収集や生育歴から，人のことをあまり意に介さず，好きなように過ごしているように推測された。

　ソーシャルワーカーは，Cさんに対し「こう生きるべき」，「障害支援区分に応じて法人で提供できるサービスがこれだから」，「地域ではこのサービスしかない」などを出発点にしなかった。また「数年後，あなたはどのような生活をしていたいですか」などたずねたうえで本人の答え（希望）をそのまま受け止めた。そしてこれまでの職場での嫌な体験に共感を示した。これらのことからCさんは，「自分がバカにされた」「否定された」と感じず，ソーシャルワーカーの支援を拒否しないで目標設定に向けて会話を続けていった。ソーシャルワーカーが本人の長所，強みを明確に認めたことにより自己肯定感が高まり，「何か，取り組んでみようか」という気持ちが芽生えた。

❑ 展開期（作業期）の面接

　展開期（作業期）の面接では，クライエントへのアセスメントに基づいた，クライエントへの具体的な支援を実施していく。クライエントの抱える課題やニーズによっては，クライエントの認知や行動，感

情に働きかけるための面接を定期的，継続的に行うこともある。一方，ソーシャルワーカーは面接で聞き出した情報をもとに，面接の時間外で，クライエントのニーズの充足や課題の解決のために社会資源の開発や調整，地域課題の解消など，環境との接点に働きかけていく。

　以下の［面接4］を読み，展開期（作業期）の面接においてクライエントの支援を実施していくポイントを確認していただきたい。

［面接4］　子育てに悩む母親とソーシャルワーカー（児童福祉司）の面接

　クライエントEさん（20代女性）は，10代で子どもを産み，今は3人の子どもを抱える母親である。1番上の子どもFちゃん（4歳）と，2番目（2歳）・3番目（0歳）の子どもとは父親が異なる。最近，Eさんが子どもを激しく叱責する声がたびたびすると近隣住民から心配の電話が入った。児童相談所が児童虐待のアセスメントを行い，子どもの分離保護はせず，児童相談所の児童福祉司であるソーシャルワーカー（以下，事例内SW）が保護者支援を行うこととなった。Eさんは，幼少期に両親が離婚し，3歳から長距離トラック運転手の父親に育てられた。現夫は，飲食店の従業員で，夜遅くまで仕事があり，休暇もままならない状態であった。近隣に頼れる親族はいない。SWはすでに数回クライエント宅を訪問し，関係づくりをしてきた。Eさんが激しく叱責する対象は，主に第1子のFちゃんである。Fちゃんには発達障害の兆候がみられ，今後，専門家の診断を受けることになっている。

　SWが訪問日に自宅に入ると，<u>台所では昼食後の食器がきちんと洗われ，野菜や肉の切れ端が捨ててあり，手作り料理を工夫している様子がみてとれた。</u>子どもたちは<u>こぎれい</u>にしており，Fちゃんも下の子2人も<u>人見知り</u>で，訪問者を警戒して，Eさんの後ろに隠れる様子がみてとれた。

SW「こんにちは。<u>先週お会いしたときから本日まで，ご家族でどのように過ごされましたか。お子さんとの関係などで何か気になることはありましたか</u>」（穏やかに，ゆったりと話しかける）

E「んーと，先日，SWさんが言われたことを意識して，Fちゃんにできるだけこれからすること，起こることを事前に説明してきたんだけど，……下の子二人の世話もあるから，てんてこまいで……。Fちゃんがソファから飛び降りたり，下の子を踏んだときには，キレちゃって。大きな声で叱ったけどね〜。手は出してないよ，子どもは絶対連れていかないでよ……（キッとSWをにらみつけるように見る）。Fちゃんは，ボードゲームに集中しているときは大人し

> 「バイオ・サイコ・ソーシャル（BPS）」に基づく総合的・包括的なアセスメントをしている。訪問においては住居の様子からより多くの情報が得られる。

> 子どもの心身の状態，発達の健全さも観察によりアセスメントしている。

> 「開かれた質問」。どのような回答もしやすい。

いのに。動き回るときとの差が激しいのがムカついてしまって
……」

SW「Eさん，三人のお子さんの世話をアパートの中で長時間一人で
されていて，追いたてられるような気持ちになりがちですよね。と
てもがんばっておられますね。お食事も工夫してできるだけ手作り
で提供されていて，すごいですよ。ところで，Fちゃんが，ボード
ゲームなどしておとなしく過ごしているとき，Eさんはどう過ごさ
れていますか」

E「このときしかチャンスがないんで，スマホの確認と，下の子の世
話をしてるね」

SW「下の子も手がかかる時期ですものね……」

E「Fちゃんが落ち着かなくて，走り回ったり飛び降りたりし出すと，
追いかけていって，後ろからハグしたりしています」

SW「走り回ると後ろからハグ……」（にっこり笑い，うなずき，受け
止める）

E「そう……」

SW「Fちゃん，自分が走り回ったり，騒ぐとお母さんからハグされ
て，うれしいでしょうね。Eさん，Fちゃんが『おとなしくボード
ゲーム』などの時間を長く続けてもらうために，遊んでいる最中，
あえて「いい子だね〜」などと声かけし，Fちゃんが『ほめられた。
ぼくはいい子だ』と思える瞬間や時間を増やしていくのはどうでし
ょう。一方で，困ったことをした後は，怒鳴ったりもしない，また，
ハグもしないことにして，さらっと反応するのはどうでしょう」

E「はあ……？私，親からほめられた経験がないんで……。そんなこ
とほめたりするんですか。学校のテストの点数とか，友だちに良い
ことした，とかならわかるんですけど」（少し憮然とした表情で）

SW「ええ……。Eさんは小さい頃，親にほめられた経験があまりな
いのですね。うんうん……。違和感がありますかしらね」

E「そう……。『ほめて育てる』って聞いてはいるけど……。そんな機
会ないなぁって思ってたぁ。そんな小さなことをほめるのかなぁ」

SW「はい。そうなんです。望ましい言動をしているな，と気づいた
らすぐに，できるだけ具体的にほめるといいのです。ぜひやってみ
てください」

E「なるほど……。それから，飛び降りたりしたら，叱ればいいのね」

左欄注記：

「承認」。Eさんの取り組みを具体的に認め，ほめる。ねぎらう。

具体的な場面での状況確認。「細分化」。

「共感」

「繰り返し」

Fちゃんへの「共感」。実は，Fくんは，走り回ったり騒いだほうが，母にかまわれハグしてもらえるので，走り回るような行動が「強化」されてしまっている。

『認知行動療法によるアプローチ』で，望ましい言動を増やすためのクライエントの行動を「示唆」「提案」し，「情報提供」と「教育」をしている。

「認知行動療法によるアプローチ」で，望ましくない行動を減らすためのクライエントの行動を「示唆」「提案」し，「情報提供」と「教育」をしている。

「まとめる」

「共感的反映」

SW「うーん……。できれば，小さなことでは『叱る』は控えたほうがよくて。もちろん，他のお子さんをけがさせるようなこと，人間としてしてはならないことなどがあれば，「いけないことだ」としっかり伝えるのですけど……。走り回ったり騒いだりするような行動の後は，怒鳴ったりせず，さらっと反応するといいのです。Ｆちゃんの良いところに着目して，積極的にほめませんか。そして，望ましくないことにはお母さんの関心を過剰に与えない。Ｆちゃんの注意が別のこと（たとえば，楽しい別の遊びなど）に向いていくよう，仕向けていくのがいいのですけどね」

E「ふーん。なるほど。やってみますね。あ，下の子が泣いているので，ちょっと世話をしてきます。すみません……」（といって，2-3分後，別室の0歳児のおむつを替え，0歳児を抱きかかえて戻ってきた）

E「わかりました。何となく，自分が大好きだった保育園のG先生のことを思い出しました。あの先生だけは，私のことをほめてくれた覚えがあるんだ。そのような感じで言ってみればいいんだね」

SW「はい。小さい頃に良い保育園の先生との関わりがあったのですね。モデルになる人を思い出してもらえてよかったです」

SW「そろそろ時間となりました。来週またお会いしましょう。来週までに，今日お伝えしたことを少し意識して過ごしてくださいね。来週またその結果を聞かせてくださいね」

E「わかりました」

[欄外注]

「認知行動療法」『行動変容アプローチ』では，嫌な刺激を与えるいわゆる「罰」には効果がないと明らかになっている。よって，いわゆる「罰」はすすめない。

「認知行動療法によるアプローチ」で，幼児の行動が安定するための母親の関わり方を「教育」「情報提供」し「示唆」「提案」する。

「心理社会的アプローチ」においては，幼少期の身近な者との関わりが，現在のクライエントの人との関わり方に影響を及ぼすことに着目する。

　展開期（作業期）の面接において，ソーシャルワーカーは，クライエントの人との関わり方などに課題がみられれば，関わり方が変化できるよう働きかけていく。認知行動療法アプローチのなかでも特に，行動に焦点をあてた働きかけを行うこともある。これは，行動変容アプローチとも呼ばれる。面接の対象者の行動より，面接の相手が頻繁に関わる家族メンバー（子ども，知的障害者，認知症の高齢者など）の行動に焦点をあてて変化を目指すことも多い。

　「変化させたい」と思う特定の具体的な行動をターゲット行動（B）とし，その前の先行条件（A）を変えるか，その行動が生じた後の，周りの反応（＝刺激ともいう）（C）を変えるよう支援する。ターゲット行動は，より増えてほしい「望ましい行動」を増やすように働きかけることが望ましい。減らしたい「望ましくない行動」については，行動が生じた後の周りの反応（刺激）（C）が少ない，控えめな方が，望ましくない行動は減少する。

［面接 4］のクライエントについての解説

　クライエントＥさんは，生育歴も複雑で児童虐待のリスクはあると思われる。しかし，3 人の子どもをほとんど 1 人で懸命に育て，身体的虐待の兆候はない。このケースでは，保護者支援を行うのがソーシャルワーカーの役割である。

　Ｅさんは，ソーシャルワーカーがＥさんの子育てのがんばりや，前回の面接で言われたことを覚えていて適用しようとしていることなどを認め承認していることを理解している。また，ソーシャルワーカーがＥさんの「気がかり」などを引き出し，的確な示唆や提案を行い，情報提供をしており，それが理にかなっているので，「やってみよう」という気になっている。

　認知行動療法を適用するとき，特に行動に焦点をあてた行動変容アプローチでは，増やしたい，「望ましい言動」を特定することが大切である。ＥさんとＦちゃん親子の場合，「Ｆちゃんがおとなしく遊んでいる」ことを強化することとした。一方，Ｆちゃんが飛び跳ねたり，下の子にぶつかってしまうような言動は，減らしたい，「望ましくない言動」である。そのような言動のあとの周りの反応（刺激）は，できるだけ控えめなものにすることとした。

　Ｅさんは，面接の終盤，幼少期に出会った「安定した大人」である保育園のＧ先生のことを思い出した。生育歴が複雑で，親からは愛情ある関わり方をされた記憶があまりなくても，安定した大人からの関わりがあったことは，人の健全な育ちを支える。Ｇ先生との記憶は，今のＥさんの健全さに良い影響を与えたと思われる。

☐ 終結期の面接

　終結期の面接では，①振り返りと評価，②感情表出の支援，③移行への支援，をする。まず，クライエントの成長や目標達成の度合いを振り返り，評価する。また，必要に応じて感情表出を支援する。そして，移行への支援をする。

　以下の［面接 5］を読み，家族への支援のポイントを理解するとともに，終結期においてクライエントとの間で支援を評価し，感情表出や移行への支援をしていくポイントを確認していただきたい。

［面接 5］　子ども食堂にくる母子の母親とソーシャルワーカー
　　　　　　（社会福祉協議会職員）の面接

　　半年前，ソーシャルワーカー（以下，事例内 SW）はクライエント
　　Ｊさん（50 代女性）から「SW さん，食事のあとちょっと話があるの

ですが，いいですか」と声をかけられたので，子ども食堂の終了後，時間をとって面接をした。この母子3名は，近くに住んでおり，子ども食堂を開始した2年前から毎回（週2回）食事にきていた。しかし，他の母子とは関わらず，いつも食べ終わるとさっさと帰宅していた。

　半年前の面接で，Jさんははじめて家族の事情を話してくれた。Jさんは夫Kさん，高校生の息子Lさん，中学生の娘Mさん，義母Oさん（80代）の4人暮らしであった。夫Kさんは市内で職人として働いている。義母は無年金で，扶養家族が多いこともあり，住民税非課税世帯である。義母Oさんは脳血管性障害のため左半身にマヒがあるが，通所サービスの利用を拒否しており，1週おきにショートステイを利用している。面接の最後にJさんは，夫Kさんの飲酒がひどく，家で飲んでは暴れ，家具を壊したりすることと，給料のほとんどがアルコール代に消えて生活に困窮していることを話してくれた。

　その後の半年間，SWは市の女性相談員や地域保健課と連携しながら，月に2回は面接を行い，支援を行ってきた。家族への支援では，安全な生活の場の確保，経済的支援，子どもたちの学業の保障，高齢者への適切な介護の提供などを優先事項とした。

　SWと保健師は，一度平日夜間に自宅を訪問し，夫Kさんと面接した。「給料のうち一部を生活費としていれないと家族が生活できない」と話したところ，夫Kさんは給料の一部をJさんの管理する口座に振り込むことに同意した。また，夫Kさんは，実は自分の飲酒癖をどうにかしたいと思っていると認めたので，近くのアルコール依存症を治療するクリニックを紹介した。その後，夫Kさんは通院をしてきた。

> 「挑戦」。「直面化」ともいう。

> 「提案」

　最初の面接から半年たった頃，SWはクライエントJさん（50代女性）から再び「食事のあとちょっとお話が」と声をかけられたので，子ども食堂の終了後，時間をとって面接をした。

J「SWさん，実は私たち引っ越すことになりました」

SW「そうなんですね。ここから遠いところに引っ越されますか」

J「ええ。X地区の市営住宅に入居することが決まったんです。さ来週引っ越しします」

SW「市営住宅への入居が決まってよかったですね。住宅費がおさえられますものね。しかしX地区だとすると，ここからは遠いですね……」

> 「共感」

> 「明確化」

J「はい……それで，来週でSWさんと会うのも最後と思って」

SW「そうでしたか。お声かけありがとうございます」

J「……」

SW「子ども食堂には，確か2年間通ってきてくださいましたね。そして，半年前のあの面接から半年間，<u>いろいろなことを乗り越えてきましたね</u>」

J「はい。本当にあのときお声かけしてよかった」

SW「はじめは，とにかくご家族がここで栄養ある食事をとってくださることが安心材料でした」

息子L「ここの食事，うまかった」

娘M「でも，それより，父さんにお酒のことで働きかけてくれてありがたかった」

J「わたし，あの頃まで，人生をあきらめていましたから……夫が変わってくれるなんて，想像もできませんでした」（うつむく）

SW「本当に，大変な思いをされてこられていましたものね。夫Kさん，<u>あの後もクリニックに通われていますか</u>」

J「はい」（ふーっと安堵して息を吐きながら）

息子L「父さん，まだ少し身体はしんどそうだけど，仕事には行っているし，夜，長く眠ることができるようになってきたみたい」

SW「そうでしたか。Kさんも良い方向に向かっているのですね」

娘M「父さんがお酒を飲んで暴れなくなってから，ばあばも穏やかになったんだ」

J「家族の間に平穏な空気が流れるようになりました」

SW「本当に，長い間のご苦労がここになって報われましたね……」

J「はい。<u>ありがとうございます</u>」（少し涙ぐむ）

SW「ところで，X地区へ引っ越しした後，<u>何か困り事が起きたとき，どこへ相談するか，とか決めておられますか</u>」

J「いいえ……」

SW「そうですか。X地区にも，私たちが連絡をとりあっている子ども食堂がありますよ。そちらをご紹介しましょうか」

J「（はっと顔を明るくして）あるんですか。よろしくお願いします」

息子L「またうまいもの食べられるかな」

SW「X地区の食堂のほうには，私のほうからも一言連絡を入れておいてもよいですか」

J「はい。お願いします」

SW「それから，市の女性相談員さんは，地区に関係なく引き続き何かあれば相談に乗ってくれるはずです。Kさんのことで気がかりがあれば，通院されているクリニックにまず相談なさってくださいね。また，地域保健課の保健師さんは地区担当制なので担当者が異なるかもしれませんが，ご連絡なさってください」

　Ｊ「わかりました。そうします」

SW「Ｌくんは，市営住宅のほうが高校には通いやすいでしょうね。
　　Ｍちゃんは，<u>中学はどうするのかしら</u>」

　Ｊ「本人とも先生方とも相談して，中学卒業までは同じ中学校に通う
　　ことにしました」

> 「明確化」

SW「そうですか。通学時間が少し長いけど，<u>Ｍちゃんならがんばれ
　　そうですね。お友達との関係も大切ですものね</u>」

> はげまし。（健康度の高い娘Ｍさんに対してであるため）

娘Ｍ「はい」（横にいる兄と顔を見合わせてにこにこしている）

　Ｊ，息子Ｌ，娘Ｍ「（声をそろえるように）ありがとうございました」

SW「お元気で。また何かの機会にお会いしましょう」

　家族を家族システムとしてとらえると，家族の抱えるニーズや課題と支援方法の理解が進む。システムは，全体と構成要素からなりたつ。したがって，家族システムは，家族と複数の構成員（家族メンバー）から成り立つ。家族システムの一つの特徴は，構成員同士，あるいは構成員と家族の間に互酬性（give and take の関係）があるということである。もう一つの特徴は，家族は問題を抱えていても，同一の状態を保とうとする恒常性をもつことである。これらの性質をよく理解しておくとよい。また，家族は，外部との境界や内部境界をもつ。境界は，堅固すぎても，やわらかすぎても，機能不全の原因となりやすい。家族の抱える課題が大きく，機能不全の傾向があるほど，家族メンバーの成長や高齢化が生じても，家族間のかかわりやコミュニケーションパターン，個々の構成員の役割等が柔軟に変化しない。ソーシャルワーカーは，なかなか変わりにくいという家族の特徴を理解しつつ，家族員の互酬性をうまく引き出して活用し，そして，家族メンバーの成長や高齢化に応じて，家族のもつ境界や，構成員間の関わり方や役割等が柔軟に変化していけるよう支援する。

［面接５］のクライエントについての解説

　Ｊさんの家族は複数の課題を抱えてきた。しかし，外部境界の堅固な家族であったため，社会資源の活用は非常に限定的にしかできていなかった。

　半年前に子どもたちに背中を押され，Ｊさんがソーシャルワーカーに家族の実状を話すことで，堅固な家族の外部境界に風穴があけられた。それでも，家族は恒常性という特徴があるため，なかなか変化しないものである。ソーシャルワーカーは，この機会を逃さず，家族をアセスメントし，何度も面接を重ねて支援を実施していった。

多問題を抱える家族に対する面接では，家族員全員との面接ができるとは限らない。限られた構成員との面接であっても，いろいろな情報を聞き出し，家族全体のアセスメントをして，優先順位を立て，他機関と連携しながら，役割分担をして支援をしていく。

また，終結期における面接では，支援の過程を振り返って評価すること，感情を自由に表出できるよう支援すること，そして，新しい生活への移行への支援をすること，そのときに，クライエントが新しい環境で適切に周囲に助けを求められるよう，十分な情報提供をし，必要に応じて先方に連絡をする許可を得て，引継ぎを行っていく。

◻ 面接過程のまとめ

面接は，ソーシャルワークの展開過程に沿って行われる（本シリーズ第5巻『ソーシャルワークの理論と方法Ⅰ』参照）。本章で示してきたように，ソーシャルワークの展開過程内での位置によって，面接の焦点も異なってくる。ソーシャルワークの展開過程の開始期では，信頼関係の構築と，情報を収集し，情報を統合・分析してニーズや課題を把握していくことに重きが置かれる。展開期（作業期）では，支援計画をたて，それに基づき，クライエントのストレングスを活用しつつ，ニーズの充足や課題の解決のための支援をしていくことに焦点があてられる。面接では，クライエントの認知，感情などに働きかけていくことや，クライエントの行動や人との関わり方に働きかけていくこともある。終結期では，クライエントへの支援の過程について評価を行い，感情の表出と移行の支援を行う。

面接は，毎回の面接においても準備期，開始期，展開期（作業期），終結期がある。面接開始直後は信頼関係の構築と情報収集に力点を置き，展開期（作業期）においては，その面接における焦点を明確にしてやりとりを展開させる。そして，面接の終結期においては，その面接の振り返りと評価を行い，次回までにソーシャルワーカーとクライエントそれぞれが行うことを示唆するなどして，次回以降の支援につなげていく。

❍参考文献 ────

Jong, P. D. (2010) "Interviewing". In *Encyclopedia of Social Work* (20th ed.) paperback edition, NASW Press & Oxford University Press, 539-541.
福島喜代子・小高真美・岡田澄恵（2013）『自殺危機にある人への初期介入の実際──自殺予防の「ゲートキーパー」のスキルと養成』明石書店.
福島喜代子・結城千晶（2017）『事例で学ぶ認知症の人の家族支援──認知行動療法を取り入れた支援プログラムの展開』中央法規出版.

福島喜代子（2018）「『講座』ソーシャルワークで活用する認知行動療法（1）～（4）」『ソーシャルワーク研究』44(1)，51-57；44(2)，127-135；44(3)，213-221；44(4)，47-53.

福島喜代子（2019）「社会福祉における家族システムの理解とソーシャルワーカー等による支援のポイント（特集：家族の変化と求められる支援とは）」『月刊福祉』2019年6月，20-27.

ゴールドシュタイン，E.・ヌーナン，M./福山和女・小原眞知子監訳（2014）『統合的短期型ソーシャルワーク──ISTT の理論と実践』金剛出版.

Hepworth, D. H., Rooney, R. H., Rooney, G. D. & Strom-Gottfried, K.（2016）*Direct Social Work Practice: Theory and Skills*（10th ed.），Brooks/Cole.

ヘプワース，D. H.・ルーニー，R. H ほか/武田信子・北島英治ほか監訳（2015）『ダイレクト・ソーシャルワークハンドブック──対人支援の理論と技術』明石書店.

ミラー，W. R.・ロルニック，S./松島義博・後藤恵（2007）『動機づけ面接法──基礎・実践編』星和書店.

「ソーシャルワーク専門職のグローバル定義」（http://www.jasw.jp/news/pdf/2017/20171113_global-defi.pdf）（2020.2.20）.

渡部律子（2011）『高齢者援助における相談面接の理論と実際〔第2版〕』医歯薬出版.

第３章

ソーシャルワークと援助関係

ソーシャルワークは，クライエントとソーシャルワーカーとがお互いに協力・協働する人間関係を育みながら，直面する課題を利用者自身が主体的に解決できるよう支援する実践である。ソーシャルワークにおいては，歴史的にこの関係を「援助関係（専門的援助関係⁽¹⁾）」と称している。援助関係は，現代においても「社会福祉士の倫理綱領」の倫理基準の一つに掲げられ⁽²⁾，ソーシャルワークにおける支援の中心的な要素として認識されている。

　本章では，「ケースワークの援助関係」の研究で著名な，尾崎新が規定する「援助関係⁽³⁾」の考え方を採用する。また，主に，ミクロ・レベル（個人・家族⁽⁴⁾）の支援における「援助関係」を概説する。

 ## ソーシャルワークにおける援助関係

❏ 相互関係と援助関係

　支援において援助関係が重視される根拠は，グループワークの基本原則で著名なコノプカ（Konopka, G.）の相互関係に関する論述に見出すことができる。コノプカは，人間の存在を「独立した実在ではなく，他の人々との間に相互関係をもつ全体的個体」ととらえている。ここでいう相互関係とは，人間が生きていくために誰かに愛され，誰かにとって自分が重要な存在になる関係を表している。また，相互関係を，「人間関係のかけ橋」と言い換え，「かけ橋」がなければ人間は崩壊すると言及している⁽⁵⁾。また，「人間は，発達の各段階において新しく要求される課題を果たしてゆくため，あるいはその課題を果たすうえでの障害を克服するために外からの援助が必要である」とし，相互関係は，人間が発達課題に取り組む際の必然的な人間関係であるとも論じている⁽⁶⁾。

　発達の課題として想定される，身近な人の死，大病，災害などストレスの高いライフイベントは，人間に身体的，精神的，社会的，霊的（スピリチュアル）な苦しみを与え，発達課題を達成する力を抑圧したり奪ったりする。そのような状況に直面したとき，人間は，まず身近な環境にある家族や友人，隣人などに助けを求める。助けを求められた他者もまた，助けるという行為を通して相手に対し関心や信頼感を高め，成長することができる⁽⁷⁾。

　このように，環境に内包された自分（全体的個体）と他者（集団も含む）との助け合いの相互関係は，人間が生きるうえで必要不可欠な関

図3-1　現代社会の諸問題の構造（イメージ）

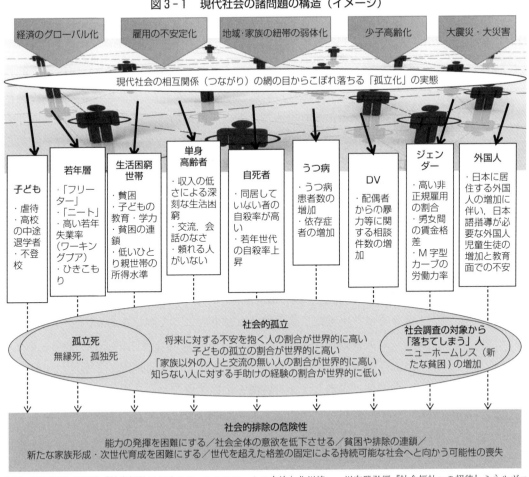

出所：稗田里香（2017）「社会福祉におけるソーシャルワークの方法」北川清一・川向雅弘編『社会福祉への招待』ミネルヴァ書房，153，の図を一部修正．

係である。だからこそ，様々な理由で相互関係による助け合いがしにくい人々に対しては，意図的に相互関係を築く支援が求められる。

☐ 相互関係のとりにくさと援助関係

　相互関係のとりにくさがある場合，メゾ・レベル，マクロ・レベル[(8)]の環境にその背景があることに着目する必要がある。現代の日本社会には，**図3-1**に示すように，経済のグローバル化，雇用の不安定化，地域・家族の紐帯（つながり）の弱体化，少子高齢化，大震災・大災害などの社会問題がある。これらの問題によって，既存のセーフティネットからもこぼれ落ち，社会的孤立・孤独から社会的排除へと追い込まれる人々が決して少なくない。

　さらに，このような状況に直面する人々は，求めた相互関係が不適切であったことから自信を失い（自己肯定感が低くなる），その結果，

発達の課題に取り組む力が脆弱化するという悪循環に陥りやすい。この悪循環から抜け出し，人間として発達し続けるためには，個人の努力を促すだけでは困難である。[9]

　そのような人々に必要なのは，「人と環境との双方を視座に入れた二重の焦点」[10]でそれらの接触面（インターフェイス）の不具合への働きかけである。それは，個人の内発的な動機づけを高め，課題に取り組む力量（コンピテンス）を引き出し促進するように支援することである。同時に，その個人が最大限に力量を発揮できるよう，環境の応答性を高める支援である。この場合の支援は，友情，愛情，思いやりなどの情緒的要素で取り結ばれる関係（一般的援助関係）[11]とは異なる。ソーシャルワーカーが，相互関係を築く支援を目的としてクライエントとの間に意図的に形成する人間関係であり，これを援助関係という。

☐ 援助関係と一般的援助関係

　では，実際に，援助関係とはどのような関係なのか。

　対人援助職のスーパービジョンで著名な奥川幸子が，**表3-1**のとおり，援助関係を専門的援助関係（以下，援助関係）と称し，一般的援助関係と区別し，その特徴を実践に即しわかりやすく説明している。なお，奥川はクライアントと表記しているが，本書の統一に倣ってクライエントとする。

　① 限定された意図的な関係

　援助関係は，限定された時間，場所，期間，範囲，支援方法によって効率的に形成される，意図的でほとんどが報酬を伴う関係である。一般的援助関係は，ギブアンドテイクの相互扶助的関係であるが，援助関係では，支援者はクライエントのニーズに基づき，クライエントから提供された個人的な情報を聴き，専門的な役割や知識に基づいて情報やサービスを提供する。話は，支援者の個人的な好奇心や興味からではなく，クライエントとクライエントが直面する課題に焦点があてられる。一般的援助関係では，支援期間や頻度は不定であるが，援助関係では必ずゴールが設定される。

　② 支援者の明確な役割や知識に基づく関係

　援助関係では，支援を利用する者をクライエントととらえ，支援者の役割を自覚し，徹底してクライエントの気持ちを受け入れ，援助者としての自分を客観的なやり方で惜しみなく提供する。双方が同等に自分たちについての情報を与え合い，互いに助けたり助けられたりする一般的援助関係とは異なる。

表3-1　専門的援助関係と一般的援助関係

一般的援助関係	専門的援助関係 （治療的なコミュニケーション技術が必要）
①自然発生的に始まる。	①特定の目的がある。 　個別的な援助目標と最終ゴールがある。 　契約概念が入る。
②ふたりまたはそれ以上の人々の間の暗黙上の契約と理解→愛情，関心，思いやり，精神的支援などのかたちで表現される。 （たとえば，夫婦，親子などの家族関係，年長者，同年配の友人などとの関係）	②クライアントに焦点が当てられる。 　関心の中心はクライアントにある。 　（たとえば，医師や看護師と患者の関係，弁護士と依頼人，ホームヘルパー，リハビリテーションスタッフ，ソーシャルワーカーなどの援助専門職とクライアントなど）
人間関係の距離や質が異なる	
●相互の友情を目的としている。 　（友人関係の場合）	●友情に基づくのではなく，相互的な人間関係でもなく，ほとんどの場合，報酬がある。
③個人や集団が情緒的，社会的，精神的，認知的，身体的に成長することを助ける。→すべてか，または一面の成長を助ける。	③クライアントのニーズに基づく。 　客観的なやり方で自分を惜しみなく提供する（気持ちも入れる）。 ・容量は大きければ大きいほどいい。 ・訓練と経験で容量は大きくなっていく。
④双方が同等に自分たちについての情報を与え合い，互いに助けたり助けられたりする。 ・普通の会話なら give&take の関係。めいめいが自分のことを喋ってもいい	④被援助者が個人的な情報を提供するのに対して，援助者はそれを聴き，専門的な役割や知識に基づいて情報やサービスを提供する。 ・話は一方の方向に向かう。 ・クライアントに集中する。
⑤期間：援助期間は不定（たとえば，親子の関係は一生涯にわたって続くが，友人関係の場合は一時的であるかもしれないし，永遠に続くかもしれない） 頻度：かかわり合いの一貫性は不定。	⑤援助関係の時間，場所，期間，範囲が限定されている。
	⑥専門職基準と倫理綱領による指針のなかで，独自な人間として自己を表現するように努める。
共通の要素：ケア，関心，信頼感の促進と成長の達成，行動・態度・感情にあらわれる変化など。	

注：ボランティアや住民参加型在宅福祉サービス提供者などの援助者は，一般的な援助関係と専門的な援助関係のあいだに位置すると考えられる。両者とも一般的な援助関係のよさ（たとえば，仲間意識・まったくの平等性・援助関係における自由度の大きさなど）を生かすことが大切だが，同時に，専門的な援助関係にみられるほとんどの要素を求められている。

資料：メイヤロフ，M.／田村真・向野宣之訳（1993）『ケアの本質――生きることの意味』ゆみる出版.

出所：奥川幸子（2007）『身体知と言語――対人援助技術を鍛える』中央法規出版，205.

③　支援者側の容量（経験の嵩）が反映される関係

　援助関係では，クライアントのありのままの状況を受け入れる支援者自身の容量（経験の嵩）の大きさが問われる。容量は，大きければ大きいほどよく，訓練と経験で大きくなっていく。

④　支援者の援助行動が倫理綱領をよりどころとする関係

　援助関係は，一般的援助関係と比べて情緒的には冷静な関係であるが，温かさと，クライアントを理解し受容する姿勢，どのような相手

でも尊重する倫理的態度が要求される。実際の支援行動は，倫理綱領をよりどころとする。

⑤　人間関係の距離を適切にとりやすい関係

援助関係では，職業倫理，専門的知識，専門技術を身につけた支援者が，クライエントの秘密を守り，直面する困難な事態の解決を支援し解決したら終了する関係である。そのため，クライエントにとっては，一般的援助関係では話しにくい内容の事柄を開示しやすい状況が生じる。つまり，人間関係の距離を適切にとりやすい関係が援助関係なのである。

以上のことから，両者の違いは，相互関係における意図や役割などの枠組みや距離，質にある。援助関係では，家族や親族，友人や同僚などとの自然発生的な情を基礎とした一般的援助関係とは異なり，特定の目的のもとでクライエントとクライエントのもつニーズに支援者の焦点があてられる(12)。

❑ ソーシャルワークにおける援助関係の定義化の変遷と発展

援助関係は，ソーシャルワークにおいてどのようにとらえられてきたのであろうか。

援助関係は，バイステック（Biestek, F. P.）がはじめてこれを定義した。それ以降，援助関係の定義や考え方は，発展し多様化している(13)。

①　バイステックの定義が誕生するまで

バイステックの援助関係に関する歴史的検証から，ソーシャルワークにおいて「援助関係」という用語が使われたのは，1930年に出版されたロビンソン（Robinson, V.）の『ケースワーク——心理学の変遷』（*A Changing Psychology in Social Case Work*）が端緒とされる。その背景には，「友愛」という言葉に込められた慈悲深い資質を求められたアメリカのソーシャルワーカーが，専門職業として認知されるよう「科学的」で正確な言葉を探し始めたことに遡る。「友愛」に代わる言葉として，「接触」，「共感」，「感情移入」，「ラポール」，「トランスファー（情緒的関与）」，「転移」と，援助関係の同義語にあたる名称の模索が続く。

②　バイステックによる援助関係の定義化

バイステックは，援助関係はケースワークの魂であり，ケースワークの過程，援助全体に生命を与える基礎であると確信する(14)。そこで，バイステックは，ケースワークにおける援助関係を「援助関係とは，ケースワーカーとクライエントとのあいだに生まれる態度と感情による力動的な相互作用である。そして，この援助関係は，クライエント

が彼と環境とのあいだにより よい適応を実現してゆく過程を援助する目的を持っている[15]」と定義するに至る。バイステックは、この定義を、援助関係の目的、相互作用の要素、相互作用の力動的性質、援助関係の特質に分けて考察した結果、援助関係を形成する7原則を導きだしたのである。

バイステックによる援助関係の定義と7原則（後述56-60頁参照）がつくられた当時、アメリカ社会は人種差別や貧困など深刻な社会問題を抱えていた。そのように深刻な状況なのにもかかわらず、ソーシャルワーカーの人権感覚や倫理観が必ずしも磨かれていなかった。援助関係の定義や7原則は、社会問題に対応しきれていないケースワークの未発達さに対し、牧師でもあったバイステック自身の内なる道徳観や使命感などから発露する、「怒り」や「すごみ」が込められている[16]。

バイステックが探求した援助関係の定義・原則は、哲学的基盤が弱いなどの批判を受けている。また、特定の時代と空間に限定された範囲の中で生み出された考え方でもある。しかしながら、ソーシャルワーク実践における援助関係の原則の分類としては、最も総合的でかつ明白に理論化しており、実践原則について思考し議論するうえで有用な基盤と枠組みを構成している[17]と指摘される。

③　バイステックの定義化以降

援助関係の定義が示された以降も、多くの研究者によってソーシャルワーク実践の理論化とともに、援助関係の定義化の取り組みが続いている。

ピンカスとミナハン（Pincus, A. & Minahan, A.）は、パールマン（Perlman, H. H.）、コイル（Coyle, G. L.）、コノプカらが行った援助関係の定義化を概観した。その結果、ソーシャルワークにおける援助関係には、(1)目的、(2)クライエントシステムがもつニーズに対する責任、(3)ソーシャルワーカーの自己覚知が共通要素として存在していることを確認している。また、ソーシャルワーカーが関係する援助関係は、クライエントとソーシャルワーカーとの1対1の関係や、ソーシャルワーカーとグループの関係だけにとどまらないと指摘する。クライエントが相互関係を築く、あるいは築く可能性のあるフォーマル、インフォーマルな援助関係にも着目し、その関係を発達させることも含まれると強調する[18]。

☐ ソーシャルワークにおける援助関係の目的

では、ソーシャルワークにおける援助関係の目的は何であろうか。援助関係の目的に関して、ブトゥリウム（Butrym, Z. T.）は、パールマ

ンが生み出した問題解決モデル（The Problem-solving Model）を精査し，次のような指摘をしている。援助関係は，「問題解決という目的のひとつの手段であって，援助（筆者加筆）関係そのものが目的なのではない[19]」。すなわち，ソーシャルワーカーがクライエントに代わって課題を解決するのではない。クライエントが，ソーシャルワーカーとともに問題解決の過程を積み重ねることによって，クライエント自らが課題を解決する。ソーシャルワーカーとの相互関係によって，クライエントは，支持を得，尊敬・受容・共感・配慮といったことを経験することができる。それらの経験を通し，現在は苦しい状況にあっても，よりよい未来への希望を見出せることができるようになる[20]。

　また援助関係は，奥川が示す援助関係の概説でも取り上げたように，目的と限られた時間の中で単なる言葉のやり取り以上の深いレベルの関わりを必要とする人々との相互関係で成り立っている。援助関係は，クライエントが直面する課題解決に取り組みながら，クライエントを苦しめてきた過去に対する修正と，未来に対する予防策を講ずる両方の機会を提供し得る[21]。

　ソーシャルワーカーと他の援助職者が活用する援助関係には，明らかな違いがある。たとえば，外科医は手術に成功すれば，歯科医は痛む歯を治療すれば，良好な人間関係の形成以上に依頼されたサービスを提供したと評価される。しかし，ソーシャルワーカーは，ソーシャルワークのサービスを提供するあらゆる場面において，良好な援助関係そのものがソーシャルワークのサービスとして求められる。つまり，ソーシャルワークにおける援助関係は，良質な支援を担保するために必要とされるだけではなく，支援というソーシャルワーク実践の本質を維持するために不可欠なのである[22]。

　ソーシャルワークにおける援助関係は，人間が発達課題に取り組む際に活用する相互関係の取りにくさを取り除き，クライエント自らの力で再び発達しようとする力量の促進に，究極の目的がある。援助関係は，その力量を十分に発揮できるよう支援する際の道具ともいえる。

　日々の生活の中で，人間は発達を妨げる，たとえば，身近な人の喪失，病気，障害，災害などストレスの高いライフイベントに遭遇する。それに対処する時，かつて活用したソーシャルワークの援助関係に頼らず，自らの力量で困難を乗り越える。この時こそ，はじめて，ソーシャルワークにおける援助関係の真価が証明されることになろう。

援助関係の形成と活用

☐ 良好な援助関係のカギを握る信頼関係（ラポール）

　ここまでで，援助関係とは，ソーシャルワーカーとクライエント（集団も含む）との相互関係を基盤に，社会的・文化的条件や時代背景などの社会的視点をもちながら，お互いのパートナーシップによって創り出す，意識的で創造的な力動的関係であることがわかった。[23]

　ソーシャルワークによる支援が，効果的な過程を踏み，クライエントにとって納得のいく解決が図れたのであれば，それは良好な援助関係が形成された証である。クライエントが直面する課題は，クライエント自身がもつ力量（能力や資源，情報など）をソーシャルワーカーがクライエントから引き出し，クライエントがそれらを最大限に生かし活用できた時に初めて解決が現実のものとなる。

　良好な援助関係の鍵を握るのは，信頼関係（ラポール）である。信頼関係がなければ，クライエントはソーシャルワーカーに対し必要な力を十分提供できなくなる。

　人間の発達を脅かすようなライフイベントに直面したとき，他者の支援なしには解決が困難な状況になる。クライエントが，解決したいという動機によって支援を求めても，そのソーシャルワーカーに信頼を寄せることができなければ，二度とソーシャルワーカーの目の前に現れないこともある。そうなると，クライエントは課題を解決するどころか直面する事態が悪化し，最悪は生命を脅かされる状況に陥ることも十分想定される。信頼関係は，クライエントにとって命綱である。命綱の結ばれる先はソーシャルワーカーである。クライエントが困難から脱出しソーシャルワーカーを必要としなくなる状況になるのを見届けるまで，クライエントから綱を離さず，その結び目や張り具合い，状態等をメンテナンスする。これは，ソーシャルワーカーの重要な役割である。

☐ 信頼関係を築くための援助関係の形成に必要な要素

　信頼関係の命綱で結ばれる，援助関係の形成に必要な要素は何か。

　今も，バイステックの定義・原則が「ソーシャルワークの基礎理論の変化によりキー概念は異なっていっても，なお援助関係の基本型の一つとして生き続けている」といわれている。それは，バイステック[24]

の定義・原則が，援助関係を構成する普遍的な要素を含んでいること
を裏づけている。バイステックは，援助関係の力動的関係を創り出す
エネルギーの源である相互作用に着目し，クライエントの基本的ニー
ズ，ソーシャルワーカー（翻訳文ではケースワーカー）の反応，クライ
エントの気づきの３方向でとらえ整理した。[25]

　これらの間でやり取りされる態度と，情緒の相互作用を支えるソー
シャルワーカーの行動原則が「バイステックの７原則」である。そこ
で以下では，この７原則をクライエントとソーシャルワーカーの両面[26]
からとらえ，両者の相互作用の状態を吟味しながら，信頼関係を築く
援助関係の形成に必要な要素とその活用について概説する。なお，各
原則の末尾の［　］内には旧訳を入れている。また，説明部分の冒頭[27][28]
にある，「　」で囲んだ部分は，バイステックが導き出した，クライエ
ントの基本的なニーズの説明を引用している。

☐ バイステックの７原則

①　一人の個人として迎えられたい：クライエントを個人としてとらえる［個別化］

「クライエントは，ケースとしてあるいは典型例として，さらにあ
る範疇に属する者として対応されることを望まない。彼らは，一人の
個人として迎えられ，対応してほしいと望んでいる」

　一人の個人であることは，クライエントの権利でありニードである。
権利を保障しニードに応えるためには，クライエントを今ここにいる
ありのままの個人として向き合うことが大切である。それを可能にす
るのは，第一にソーシャルワーカー自らの内にある偏見や先入観に注
意を払うことである。それに加え，人間の行動パターンに関する知識
をもつこと，傾聴や観察力およびクライエントの多様な感情を感知し
反応する技術をもつこと，クライエントのペースを尊重し，温かさを
もって接することができる能力をソーシャルワーカーの実践基盤とし
て身につけることである。

②　感情を表現し解放したい：クライエントの感情表現を大切にする［意図的な感情表出］

「クライエントは，否定的な感情と肯定的な感情，そのどちらも表
現する必要を持っている。これらの感情には，恐れ，不安，怒り，憎
しみ，あるいは自分の権利が侵害されているという感情などが含まれ
る。また，これらとは逆の感情も含まれる」

　クライエントは，とりわけ重大な苦悩や困難に直面しその重荷を他
者と分かち合いたいと望むとき，自分を表現したいというニードが強

くなる。クライエントから否定的な感情を表現する機会を奪うとすれば、それはクライエントのすべてを否定することと同じである。クライエントの感情表現をソーシャルワーカーが大切にすると、クライエントは緊張や不安が緩和され、感情を解放し、直面する課題を自分自身で明瞭かつ客観的にとらえることができる。

　クライエントの感情表現は、クライエントが直面する課題やクライエントの人格などを理解することに役立つ。また、クライエントの感情を傾聴することは心理的サポートにもなる。怒り、憎しみ、悲しみなどの否定的な感情自体がクライエントを苦しめる中核的課題の場合は、それらの感情をソーシャルワーカーが受け止めることによって、クライエントは問題解決の次の段階へ進むことができる。このように、感情を大切にされた経験は、クライエントのソーシャルワーカーに対する信頼感を高め、援助関係が形成され、効果的支援につながる。

　③　共感的な反応を得たい：援助者は自分の感情を自覚して吟味する
　　　［統制された情緒関与］

　「クライエントは、依存しなければならない状態に陥ったり、弱さや欠点をもっていたり、あるいは失敗を経験しているとしても、一人の価値ある人間として、あるいは生まれながらに尊厳をもつ人間として、受け止められたいというニードをもっている」

　ニードは、クライエントの感情に込められ表出される。したがって、ソーシャルワーカーは、クライエントのニードを充足するために、クライエントの感情に対する感受性をもち、クライエントの感情を理解し、クライエントの感情に適切に反応することが求められる。感受性、理解、反応の三要素は、ソーシャルワーカーが自分の感情を自覚し吟味する援助原則の構成要素である。感受性とは、クライエントの感情を観察し、傾聴することである。クライエントの感情は、様々な形で表現される。話し方のスピード、話し方の雰囲気、声色、表情、姿勢、服装、身振り手振りなどで、時には、批判的、攻撃的に、あるいは沈黙や内省的にソーシャルワーカーに伝えようとする場合もある。

　このように、クライエントから発信されるあらゆる言葉や行為などを受けとめるために、ソーシャルワーカーはクライエントの感情表出に自らの感情をもって反応する。そして、クライエントの感情に関与することになる。この時、ソーシャルワーカーは自身の感情を自覚し吟味しなくてはならない。つまり、温かみを伴った感受性の感度を研ぎすまし、クライエントの感情に揺さぶられても、決して支援の目的を見失うことのない、冷静な思考と適切な理解をもって反応することができる能力の発揮である。それは、クライエントの自己肯定感を高

め，一人の価値ある人間としてクライエント自身が認めることを可能にする。

④　価値ある人間として受け止められたい：受けとめる［受容］

「クライエントは，彼らの感情表現に対して，ケースワーカーから共感的な理解と適切な反応を得たいと望んでいる」

ソーシャルワーカーが出会うクライエントの多くは，深刻な生活の課題をもち，苦しんでいる。その苦しみから解放されたいと強く望んでいるものの，環境条件の悪化やクライエント自身の対処能力が脆弱化するなどにより，自らの力であるいは一般的援助関係では対処しきれずもがいている。そのような自分を責め，価値のない人間として自らを不幸な状況に陥れようとする場合もある。同時に，自分は価値ある存在として認められ，課題を克服したいと希求する。このような両価的（アンビバレント）な感情は，否定的態度や言動を伴ってソーシャルワーカーに対しストレートに表現されることもある。

しかし，クライエントに起こっている現象は，見知らぬソーシャルワーカーに拒絶されず信頼を寄せることができるかという不安や恐れ，支援を求めざるを得なくなった自分自身に対する憤り，抑圧，防衛や感情の麻痺などの裏返しであることを，ソーシャルワーカーは理解しなくてはならない。むしろ，クライエントが両価的な感情を表現し発信したとき，ソーシャルワーカーは，クライエントに対し心から敬意を表しそれを歓迎するべきである。クライエントが否定的感情を表現することを悲しむのではなく，そのような感情をもたざるを得なくなった事情自体をクライエントと共に悲しむことである。

⑤　一方的に非難されたくない：クライエントを一方的に非難しない ［非審判的態度］

「クライエントは，彼らが陥っている困難に対して，ケースワーカーから一方的に非難されたり，叱責されたくはないと考えている」

クライエントは，自らを苦しめる課題は，自分が引き起こした過ちの結果であり，その責任は自分にあると自らを非難し，課題への取り組みに自信を失う。したがって，クライエントは，自ら直面する困難に対してソーシャルワーカーが「審判する」ことを恐れている。ソーシャルワーカーは，クライエントが取り組むべき課題を明らかにし，解決に向け計画を立て実行し解決するために，クライエントの態度や行動，判断基準，価値観などを多面的にとらえ，アセスメントする必要がある。しかし，課題が過ちであるかどうかとか，態度や行動を非難する，責任の重さを問うたりする，ことはソーシャルワーカーの役割ではない。むしろ，クライエントを決して非難しない態度を伝える

必要がある。

　ただし，ソーシャルワーカーは，社会的・法的・道徳的基準を重視する役割を担っているから，クライエントの価値や判断基準に関心を寄せるために，ソーシャルワーカー自身の価値や基準を明確にもつ必要がある。この場合，倫理綱領や行動規範の基準を目安にしたり，スーパービジョンを通して自らの援助関係を客観化することなどが役に立つ。また，ソーシャルワーカーを含む対人援助職者の身分や専門的訓練に基づく威信から生じる権威についても注意を払わなくてはならない。権威は，クライエントに対し一方向的な力関係を形成し，クライエントを抑圧するなど援助関係の形成に悪影響を及ぼす可能性がある。

⑥　問題解決を自分で選択し，決定したい：クライエントの自己決定を
　　促して尊重する［自己決定の原則］

　「クライエントは，自分の人生に関する選択と決定を自ら行いたいとするニードを持っている。彼らは，ケースワーカーから選択や決定を押し付けられたり，あるいは「監督されたり」，命令されたりすることを望まない。彼らは，命令されたいのではなく，援助を求めているのである」

　クライエントは，独自に人生の目標を設定して，自らの人生を生きる責任をもっている。クライエントは，問題解決の方向などを自分で決める自由を確保したいと願っている。自分の責任を遂行することは自ら人格を成長させ成熟させる一つの重要な機会である。このようなクライエントの自己決定を促し尊重する実践上の責任は，ソーシャルワーカーが，(1)クライエントが，自分自身を苦しめる問題やニードについて明確にし，見通しをもってみることができるように支援すること，(2)クライエントが，地域社会に存在する適切な資源をもてるように支援すること，(3)休止状態にあるクライエント自身のもつ資源を，活性化する刺激を導入すること，(4)援助関係を，クライエントが成長し問題を克服するための環境とすること，によって果たすことできる。

　一方，クライエントの自己決定は制限を受ける場合もある。クライエントの決定能力が脆弱化しているなかで決定に緊急を要する状況，強制力を伴う法律，道徳，機関の機能から生じる場合である。自己決定の権利と制限のバランスを取りながら援助関係を形成することが重要である。

⑦　自分の秘密をきちんと守りたい：秘密を保持して信頼感を醸成する
　　［秘密保持］

　「クライエントは，自分に関する内密の情報を，できる限り秘密の

ままで守りたいというニードをもっている。彼らは，自分の問題を，近隣の人や世間一般の人びとに知られたいとは願っていない。また，自分の評判を捨ててまで，社会福祉機関から援助を受けようとも思っていない」

　人は誰でも，自分の秘密を保持し，それを合法的に取り扱い，処分する権利をもっている。ソーシャルワーカーは，課題をともに解決するうえで，クライエントからたくさんの情報を得る必要がある。それらは，本来，クライエントにとっては秘密にしておきたい内容である場合，クライエントがソーシャルワーカーを信頼したうえで提供した情報である。したがって，ソーシャルワーカーはクライエントの秘密を守る倫理的責任を負っている。ただし，クライエントが第三者に危害を起こす可能性が高い，クライエントへの危害を予防する必要がある場合などは，守秘義務違反が正当化される場合がある[29]。

③ 援助関係を形成するアウトリーチの方法と実際

　以上のように援助関係について理解すると，援助関係を活用した支援が必要なのは，既出の**図3-1**に示す相互関係の網の目からこぼれ落ちて「社会的孤立」の状態に陥る人々であろう。

　そのような人々の課題は，危機状況にありながら本人から支援を求めない，抵抗する，拒否するなど解決へ向けた動機づけが脆弱化していることである。

　ソーシャルワークでは，このようなクライエントを「処遇困難ケース」ととらえてはならない。むしろ，「接近困難な状況にある人」として理解し，ソーシャルワーカー側から積極的に関わる必要のある対象として認識することが重要である。この方法を，アウトリーチという。本節では，援助関係を形成するアウトリーチの方法とその実際を，事例を用いて解説する。

☐ 援助関係を形成するアウトリーチの方法

　アウトリーチは，ソーシャルワーカーが，地域で人々の生活を支えながら，クライエントが自分で進む方向性を決定し，支援者と課題解決の過程を共に歩むことである[30]。

　アウトリーチが効果的である人々の例は，以下のとおりである[31]。

　①　被虐待（児）者や生活困窮者など，SOS を発することが難しく，

早期発見が必要とされる状況にある人々

②　事前情報とのずれがあり，本人との相談だけでは見えてこないことから，情報を得る，情報をつなげることが必要とされる状況にある人々

③　支援を拒否する，中断する，心身の不調・障害等で来所での相談が難しいなどの状況にある人々

☐ アウトリーチ支援の事例と考察

ここでは，これまでの援助関係の形成を適用し，課題解決に向けたアウトリーチによる支援過程を事例化し考察する。事例は，アウトリーチが効果的である人々の例のなかで，「③支援を拒否する，中断する，心身の不調・障害等で来所での相談が難しいなどの状況にある人々」に該当する，アルコール依存に苦しむクライエントへのアウトリーチである。なお，事例は，実践に忠実ではあるが，個人が特定されぬよう加工している。

①　事例の概要

クライエントＡさん：50代男性，元会社員，同居家族あり。

Ａさんは，身体的疾患（食道静脈瘤破裂）により医療機関に緊急入院したことが契機となり，主治医よりアルコール依存症（以下，依存症）と診断された。その治療の動機づけを高めることを目的にソーシャルワーカーが実施するアルコール教育プログラム[32]（以下，プログラム）を受けるよう勧められる。Ａさんは，プログラム開始にあたって実施するインテーク面接において，「自分は依存症ではない」と否認し，プログラムを含む依存症回復支援を受けることに対して強い抵抗を示した。

このインテーク面接や依存症回復チーム（医師，看護師など）より得られた情報から，Ａさんの状態はもはや自力で回復することは難しい危機的状況にあり，援助関係を活用するアウトリーチが有効だと判断した。ソーシャルワーカーは，依存症がＡさんの苦しみにどのように関連しているのかについて，プログラムを行うなかでＡさんと共有することに努めた。

援助関係を形成するインテークの過程で，ソーシャルワーカーの問いかけなどにほとんど応じず，拒否的態度をあらわにしていたＡさんは，プログラムを拒否する権利があったにもかかわらず，毎回，プログラムを受けに面接室に姿を現した。ソーシャルワーカーは，Ａさんのニードが両価的感情を伴うとアセスメントし，そこにＡさんの課題に取り組む潜在的な力が存在すると信じた。バイステックの7原則に

基づき，Ａさんが飲酒せざるを得なかった人生に共感をもって関心を寄せ，拒否的態度をとることに対してもありのままに受け止め，非審判的態度に徹した。

すると，プログラムが最終回となったとき，Ａさんは声を震わせ感情をソーシャルワーカーにぶつけてきた。「自分は，単身赴任で家族と長い間離れ，全国に点在する閉鎖寸前の工場再建に全精力を傾け立て直してきた。再建するにあたっては団結が必要で，そのために飲酒を介在させる必要性があった。その飲酒が原因で身体を壊したのにもかかわらず，働けないという理由でまるでぼろ雑巾のように会社から捨てられた」と憤りや，怒り，無念と，今後の健康問題に対する不安や恐怖感を吐露した。

ソーシャルワーカーは，このような背景がクライエントの否認を強化していたととらえ，怒りや不安，恐怖感をもつことは当然のことであると伝えた。さらに，これまでの人生の過程と，現在回復に向けたプログラムに取り組んでいるＡさんに対し心から敬意を表した。この面接を契機に，Ａさんは，プログラム終了後，次の回復のステップであるグループワーク（院内ミーティング）に自ら進んで参加するようになった。

② **本事例の援助関係に関する考察**

クライエントは，長期間の単身赴任中のため，また職場では管理職の立場にあり，飲酒問題を心配してくれるような一般的援助関係が存在しなかった。このような状況が飲酒問題を潜在化させたと考える。身体的問題を理由にリストラされた後，自宅での飲酒がエスカレートする。家族による介入はあったが，否認が強く，自暴自棄的な飲酒を続けていた。身体的問題の重篤化と否認が，本人の問題に取り組む動機を脆弱化させていたと考えられる。身体的疾患が重篤化し緊急入院となったことが，アルコール依存症の回復に向けた治療の動機づけを高めるアウトリーチ支援につながる契機となった。

生命危機による不安や恐怖を実感するほどのライフイベントに直面し，回復へのニーズが芽生えた時期にソーシャルワーカーに出会ったことは，援助関係を活用するいいタイミングであった。長年の飲酒はクライエントにとって生きる術であったことを誰にも理解してもらえず，疲弊する家族からも半ば見放され孤立感を深め，身体的にも追い込まれるというような悪循環から抜け出したくても抜け出せない状態にあった。このような状態を誰かに理解してもらい，アルコール依存症者としてではなく今ここにいる一人の尊い存在としてありのままを受けとめてほしいというニーズがクライエントにあった。

　ソーシャルワークの開始期に，クライエントの人生に関心を寄せ，今ここにいるクライエントの感情に焦点化した援助関係を形成し，クライエントとソーシャルワーカーとの間に信頼関係を築く。この信頼関係が，クライエントの危機の回避と回復への動機づけを高めることに有効な援助関係として作用し，周囲や支援者に対して心を閉ざしたクライエントに前向きな変化をもたらしたと考える。[33]

○注

(1)　Compton, B. R., Galaway. B. & Cournoyer, B. R.（2005）*Social Work Processes Seventh Edition: Relationship in Social Work Practice*, Thompson Brooks/Cole, 142.

(2)　該当の内容は次のとおりである。
　「Ⅰ　クライエントに対する倫理責任
　　1．（クライエントとの関係）：社会福祉士は，クライエントとの専門的援助関係を最も大切にし，それを自己の利益のために利用しない。」
　　（日本社会福祉士会（2020）「社会福祉士の倫理綱領」）．

(3)　尾崎新（2008）『ケースワークの臨床技法——「援助関係」と「逆転移」の活用』誠信書房．

(4)　岩崎晋也ほか監修／空閑浩人・白澤政和・和気純子編著（2021）『ソーシャルワークの基盤と専門職』ミネルヴァ書房，189.

(5)　コノプカ，G.／前田ケイ訳（1982）『ソーシャル・グループワーク——援助の過程』全国社会福祉協議会，51-52.

(6)　同前書，61-63.

(7)　奥川幸子（2007）『身体知と言語——対人援助技術を鍛える』中央法規出版，205.

(8)　(4)と同じ，187-189.

(9)　ジャーメイン，C.ほか／小島蓉子ほか訳『エコロジカル・ソーシャルワーク——カレル・ジャーメイン名論文集』学苑社，70.

(10)　山崎美貴子（1999）「第1章　社会福祉援助活動の構造と特徴」北川清一・山崎美貴子編『社会福祉援助活動』岩崎学術出版，17.

(11)　(7)と同じ，205.

(12)　(7)と同じ，204-209.

(13)　(1)と同じ，142-143.

(14)　バイステック，F. P.／尾崎新ほか訳（2006）『ケースワークの原則——援助関係を形成する技法』誠信書房，ⅰ.

(15)　同前書，17.

(16)　同前書，234.

(17)　ブトゥリム，Z. T.／川田誉音訳（1989）『ソーシャルワークとは何か』川島書店，66-74.

(18)　同前書，147-154.

(19)　同前書，130.

(20)　同前書，24.

(21)　同前書，130-131.

(22)　黒川昭登（1982）「第7章　社会福祉における「実践」の意味」仲村優一監修『社会福祉方法論講座——Ⅰ基本的枠組み』誠信書房，227.

(23)　(3)と同じ，41.

⑳　⑶と同じ，132.

㉕　⑭と同じ，27.

㉖　同前書，33-211.

㉗　バイステック，F.P.／田代不二男ほか訳（1965）『ケースワークの原則――よりよき援助を与えるために』誠信書房.

㉘　本節では，引用文以外は，「ケースワーカー」の表記を「ソーシャルワーカー」に置き換えている.

㉙　ビーチャム，T.L.・チルドレス，J.F.／永安幸正・立木教夫訳（1997）『生命医学倫理』成文堂.

㉚　福山和女（2014）「アウトリーチの未来像――地域におけるソーシャルサポートとの協働」『精神療法』40(2)，金剛出版，197.

㉛　鈴木晶子（2014）「平成26年度自立相談支援事業従事者養成研修【後期】相談支援員研修《国研修》講義と演習（4）アウトリーチ」厚生労働省研修資料（https://www.mhlw.go.jp/file/06-Seisakujouhou-12000000-Shakaiengokyoku-Shakai/soudan_4_kougi-siryo_4.pdf）（2021.11.30）.

㉜　「アルコール教育プログラム」とは，筆者がかつて所属した一般医療機関のソーシャルワーカーが独自に開発したアウトリーチ型プログラムである。ソーシャルワークの援助関係を活用したプログラムで，ケースワーク，グループワークの方法を使い，教育的アプローチ，認知行動療法的アプローチ，行動変容アプローチなどを援用し行うものである。具体的には，5～6回のセッションを設定する。クライエントの個別的状況に配慮しながら，セッションごとに，決められたテーマに沿って，本人，家族，必要に応じて関係者と，個別にあるいは合同で，ビデオやテキストを活用する。アルコール依存という病気が，クライエントの身体的・精神的・社会的な側面のどの部分を，どのような形で脅かしているのかについて，クライエントがこの病気の特性を理解しながら確認できること，その過程を通して自分自身の潜在的力を再発見し，その力を信じ，発揮し，継続的に問題解決に取り組むことができことを目標にしている.

㉝　稗田里香（2018）「アルコール依存症者へのアウトリーチと『聴く』かかわり――医療ソーシャルワーカーの実践から」『ソーシャルワーク実践理論研究』8，ソーシャルワーク研究所，27-42.

■第4章■
社会資源の開発と
ソーシャルアクション

ソーシャルワークにおける社会資源の位置づけ

□ ソーシャルワークの構成要素である社会資源

　ソーシャルワーカーは，利用者が社会資源を活用して，ニーズを充足し，ウェルビーイングを増進できるように支援する。つまり，**仲介機能**や**コーディネーション機能**を発揮して，利用者と適切な社会資源をつなげる必要がある。しかしながら，常に適切な社会資源があるとは限らない。このような場合には開発機能を果たさなければならない。

　また，**ネットワーキング機能**を発揮して，社会資源同士をつなげ，複合化しているニーズの充足を可能にするとともに，誰もが必要なときに適切な社会資源を活用できる地域を構築していく。このように，社会資源はソーシャルワーク実践にとってなくてはならない構成要素の一つである。

□ 社会資源とは何か

　『社会福祉学辞典』（丸善出版，2014年）によると，「社会資源とは，人々が社会生活を営むうえで，必要に応じて活用できるさまざまな法制度やサービス，施設や機関，人材，知識や技術などの総称[1]」である。様々な分類の仕方があるが，供給主体がフォーマルかインフォーマルかの違いによる分類がよく知られている。フォーマルな社会資源は，自治体，公益法人，特定非営利活動法人（NPO），民間企業等の職員によって提供され，一定の利用要件や手続きを満たせば，誰もが利用できるサービスである。そのため，個別の事情に応じて柔軟に迅速に対応することは難しいが，継続的に安定したサービスの提供が可能になっている。

　一方，家族，親族，近隣住民，友人，ボランティア等が利用者との私的な関係による合意で提供されるインフォーマルな社会資源は，利用者の状態や状況に応じて柔軟に対応することができるが，関わっている人々の状況の変化によって，安定的な提供が難しいといった特徴がある。なお，これらの区分は明確なものではないが，ソーシャルワーカーはこのような特徴を理解して活用する必要がある。

　対象側のニーズ，供給主体，質的内容（物的・人的）の３つの基準によって社会資源を構造化して示したのが，**図４-１**である。利用者の生活ニーズを充足するために活用できるものすべてが，社会資源だ

図 4-1　社会資源の構造

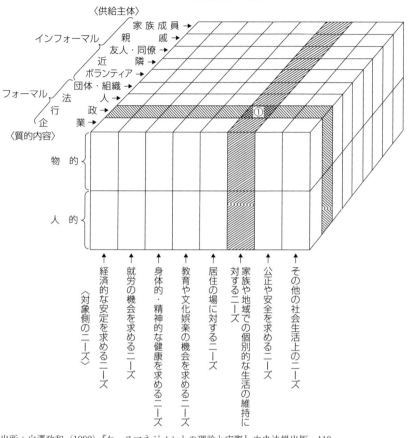

出所：白澤政和（1992）『ケースマネジメントの理論と実際』中央法規出版，119.

といえる。

 社会資源の活用・調整・開発

□ 社会資源の活用・調整・開発の目的と意義

　利用者が社会資源を活用することによって，ニーズを充足して権利を実現することが，社会資源の活用・調整・開発の目的である。たとえば，中学生のAさんが塾に通いたいが経済的に困窮していて難しい場合に，無料の学習支援に通えるように仲介することによって，教育の機会を求めるニーズを充足することができる。つまり，教育を受ける権利を実現できるのである。

　このような社会資源の活用はひとつの仲介で完結することはほとんどない。先ほどの例のAさんが勉強道具や部活の用具の購入も難しく，

➡ 就学援助
生活保護を必要とする
世帯，または生活保護
に準じた保護が必要な
世帯の児童・生徒に対
し，義務教育を円滑に
実施することができる
よう，学用品費や修学
旅行費など一定の援助
を行う支援制度。

➡ 児童扶養手当
父母の離婚などによっ
て，父または母と生計
を同じくしていない児
童を養育しているひと
り親家庭等の生活の安
定と自立の促進に寄与
することにより，児童
の福祉の増進を図るこ
とを目的として支給す
る手当。

いつもコンビニ等で購入したパンやおにぎりを一人で食べているとしたら，どうだろうか。就学援助，児童扶養手当，こども食堂，フードバンクなどの社会資源を活用できると考えられるが，このような制度やサービス提供機関をＡさんや家族が探し出し，それぞれを利用できるようにするのは容易いことではない。ソーシャルワーカーは個々の社会資源を仲介するのみならず，調整することによって，このような制度やサービス提供機関等の縦割りの弊害に対処し，包括的支援を実現する。また，社会資源の調整等を通じて，社会資源同士をつなぎネットワーク化（本書第5章第1節参照）することによって，ニーズの早期発見や複数の供給主体による迅速で適切な協働を可能にする。生活問題が多様化・複合化・潜在化しているとともに，社会資源も多様化している現代においては，重要な機能だといえる。

　また，ニーズを充足するために活用できる社会資源がない場合には，その開発を推進する。たとえば，Ａさんを含む複数の生徒が，生理用品の購入を控えざるをえない状況におかれているとしたら，学校や教育委員会に働きかけて，学校のトイレに生理用品を設置することなどを考える。これにより，Ａさんたちの身体的・精神的な健康を求めるニーズを充足することができる。これらのニーズは従来の家族，就労・相互扶助等のあり方を前提とした社会のしくみでは見過ごされてきたといえる。ニーズに合致した社会資源を開発する意義はますます高まっているといえよう。

☐ 社会資源の把握

　利用者が適切な社会資源を適時活用してニーズを充足できるよう支援するためには，日頃から地域にどのような社会資源があるのか，それはどのようなものなのかを具体的に把握しておく必要がある。フォーマルな社会資源については，クライエントに関するサービス等を分野に限定せず理解する。インフォーマルな社会資源では，地域の自治会，ボランティア活動，商店街の活動等，幅広く生活者の視点で把握する必要がある。その際，サービスや活動等の内容，利用要件，利用可能状況などを把握して，必要な時に利用者に仲介できるように準備しておく。

☐ 社会資源の活用・調整

　利用者のニーズを充足する社会資源がある場合には，自己決定に基づいて活用できるように仲介および調整する（**表4-1**）。その際，利用者および環境のストレングスを活かせるように留意する。また，複

表4-1 社会資源の状況によるソーシャルワーカーの介入例

	利用者のニーズを充足する 社会資源がある場合	利用者のニーズを充足する 社会資源がない場合
社会資源が ある場合	・社会資源の仲介 ・複数の社会資源の調整 ・利用対象外の社会資源の柔軟な運用	・既存の社会資源の変容 ・複数の社会資源の統合
社会資源が ない場合		・新たな社会資源の創設

出所：筆者作成.

数の社会資源を活用する必要がある場合には，すべての社会資源が利用者の目標達成に向けて協働できるように，ソーシャルワーカーは**ケアマネジャー**としての役割を果たし調整する。加えて，ニーズを充足できる社会資源は存在するものの，利用者が対象外の場合には，柔軟な運用を供給主体に依頼や交渉する等の調整も必要になる。

☐ 社会資源の開発

　利用者のニーズを充足する社会資源がない場合には，その社会資源を開発する必要がある（**表4-1**）。活用できそうな既存の社会資源があるならば，新たな機能を付加する等で既存の社会資源を変容させ，利用者のニーズを充足する。たとえば，民間の宅配業者が荷物を届ける際に高齢者の変化に気づいたら，社会福祉協議会に連絡することで，既存の宅配サービスに見守りおよび相談連結機能を付加した社会資源を開発している。また，複数の社会資源をまとめて統合することで，ニーズを充足する社会資源を開発することもできる。

　このように既存の社会資源を活用してもニーズを充足できない場合には，新たな社会資源を創設する必要がある。その際には，利用者の個別のニーズに関して，なぜ充足できないのかについて再度把握するとともに，蓄積された相談内容の分析やニーズ調査等によって普遍性や必要性を検証する。そして，当事者の声をもとに，どのような社会資源が必要なのか，それをどのように開発していくかについて活動計画を立てる。それにもとづき，関係者間での共有，ワーキンググループの組織化，そのグループを中心とする検討および実行等を行いながら社会資源を開発する。また，継続的に評価を行いながら，最終段階では一連の活動によって目標を達成したかどうか，残された課題は何か，成功要因は何か等を把握し，将来的な社会資源の開発に活かす。

　たとえば，個別ケースについて検討する「**地域ケア個別会議**」と地域課題等について検討する「**地域ケア推進会議**」を連動させながら活用することで，ニーズを充足する社会資源を開発している。「地域ケ

▶ケアマネジャー
利用者が社会資源を活用して複数のニーズを充足することができるように，保健・医療・福祉等の様々な社会資源を調整する役割を担う支援者。

▶地域ケア個別会議
高齢者等の個別課題への対応を，本人や家族，介護支援専門員，専門職，民生委員，自治会役員，ボランティア，NPO法人，行政職員，地域包括支援センター職員等の参加によって，多様な視点から検討することで，高齢者等の地域における尊厳を保持した生活の継続を支援する会議。

▶地域ケア推進会議
地域課題への対応等を，地域住民，専門職，行政職員，地域包括支援センター職員等が検討することで，地域課題の解決につなげていく会議。

ア個別会議」で検討した各個別事例の蓄積から，地域の複数の人々に，普遍的に，現在あるいは将来，影響を及ぼすと考えられる地域課題を把握し，たとえばニーズ調査結果等の量的データで必要性を検証する。そして，地域住民や専門職と対応を検討しながら，たとえば，**生活支援体制整備事業**によって多世代が交流する体操の場や移動販売等の社会資源を開発している。また，高齢者保健福祉計画・介護保険事業計画や地域福祉計画等に位置づける，あるいはモデル事業として実施することで，運転免許証返納後のバスやタクシーの利用料助成やごみ出し支援サービス等の公的な社会資源の開発も実現している。

◻ 供給主体ごとの社会資源の開発

社会資源の開発方法としては，ソーシャルアクション型，福祉教育型，ソーシャルプランニング型，既存制度活用型，ソーシャルサポートネットワーク活用型アプローチ法があるとされている。[(2)]

ここでは，新たな社会資源の開発方法における供給主体ごとの特徴をふまえて説明する。地域住民による活動を活性化することで，たとえば，見守り，お茶飲み会，買い物同行などの社会資源を開発している。ここでは，地域生活において重要な役割を果たしている人々（民生委員・児童委員，自治会役員，PTA 役員，保護司など）とソーシャルワーカーが信頼関係を構築することが不可欠になる。そのうえで，このような人々の気づきや希望等を把握し，それを行動に移せるように，関連する人々につなげ，話し合う機会をつくっていく。その際，既存の活動や文化等を尊重しながら，住民が安心して楽しみながら主体的に活動できるように，ソーシャルワーカーは黒子としてサポートする。代表的な実践として，社会福祉協議会による**小地域ネットワーク活動**等がある。

地域住民による活動等では継続性を担保することが難しいような場合には，NPO 法人による社会資源の開発が考えられる。近年では子ども食堂や学習支援などがよく知られている。ソーシャルワーカーは，日頃の支援経験にもとづくソーシャルワークの専門的知識を活用したコンサルタント等の役割を果たすことが多いと考えられる。また，新たな社会資源を創設する際には，資金が必要になることが多いため，ソーシャルワーカーは所属組織の機能を活用するとともに，助成金や**クラウドファンディング**等の活用を支援する。民間企業による社会貢献の重要性が認識されている近年では，大企業による資金援助や，職員によるボランティア活動等を NPO 法人につなげることも必要である。

➡ 生活支援体制整備事業
地域における高齢者の生活支援・介護予防の体制整備を推進していくために，地域の互助を高め，住民主体のサービスが活性化されるよう，地域全体で高齢者の生活を支える体制づくりを進める事業。

➡ 小地域ネットワーク活動
社会福祉協議会が中心となり，小地域のエリアにおいて，ひとり暮らしの高齢者，障害者，子育て世帯等，支援が必要なすべての人が安心して生活できるよう，地域住民の参加と協力によって行う活動。

➡ クラウドファンディング
インターネット上において，不特定多数の人々に資金提供を呼びかけ，サービスや活動に賛同した人から資金を集める方法。

　公的サービスの開発については，市民の合意を得られるだけの明確な根拠が必要になるため，普遍性や社会性等から開発の必要性を科学的に検証しなければならない。たとえば，ソーシャルワーカーが行政職員の場合には，サービスの必要性を示すアンケート調査結果等の客観的な根拠を明確にして，政策立案を進めていく。一方，ソーシャルワーカーが行政職員ではない場合，日頃のソーシャルワーク実践から当事者のニーズを把握して，行政職員等に伝える必要がある。その際，公的サービス開発の必要性が認められるにもかかわらず，それが推進されない状況に対しては，ソーシャルアクション（次節を参照）を実践する。

□ 社会資源の活用・調整・開発の留意点

　社会資源の活用・調整・開発においては，地域や社会にある社会資源の力を尊重し，まずはそれらを活かす視点から検討する必要がある。その際，それぞれの社会資源の目的や利用要件等を理解しながらも，それらに縛られることなく，多様な視点から柔軟な活用を検討する。たとえば，保育園の送迎バスを保育園児以外も利用できないかとか，ラジオ体操の参加者のつながりを児童生徒の見守り等に活かせないかといったようなことである。特に，社会資源の開発においては，新たな何かを創設することが目的ではなく，ニーズを充足することが目的であることを常に意識しながら実践することが重要である。

　また，利用者と環境との交互作用の理解をふまえて，将来の交互作用を予測しながら，社会資源の活用が利用者や環境のストレングスを損なわないように注意する必要がある。たとえば，高齢者がヘルプサービスを利用するようになったことによって，それまでお裾分けを持って様子を見に来ていた近所の人々が来なくなるように，一つの社会資源の活用が他の社会資源に影響を与えることを意識しなければならない。

　社会資源の調整・開発においては，人や組織のネットワークが不可欠となる。そのネットワークは，必要に応じて分野や組織の縦割りを超えなければならない。そのためには，誰もが何らかの利益を得られるように，それぞれの関心は何かを把握しながら，人と人，組織と組織をつなげていく。そして，ひとつの目標を共有したうえで，その達成に向けて関係者が協働できるよう，ソーシャルワーカーは**オーガナイザー**，**ファシリテーター**，調停者，コンサルタント等の役割を担う。

　社会資源の開発においては，個人のニーズを普遍化して，地域や社会のニーズとしてとらえ直し，多様な人々で共有・検討するプロセス

➡️**オーガナイザー**
ある機能を果たすために，人々や集団を組織化する役割。

➡️**ファシリテーター**
複数の人々の相互作用を促進する役割。会議等においては，複数の人々による建設的な議論を促進し，合意形成に向けて働きかけていく。

を大切にしなければならない。このような協働体験のプロセスが，地域や社会の価値観，知識，人材，ネットワーク等といった社会資源を育む。なかでも地域住民による活動は，多様性と個人の権利の尊重を基盤とするゆるやかな助け合いであるべきであり，プロセスが一段と重要になる。

☐ 事例：反貧困のソーシャルワーク実践①

　社会福祉士会等に勤務していたソーシャルワーカーは，ボランティアとしてホームレス支援を行うなかで，ホームレスの人々が生活保護を申請することやアパートを借りることの難しさを認識した。そこで，生活保護の申請に同行しながら，部屋を貸してくれる不動産屋をいくつも尋ね歩き交渉を続け，ホームレスの人々が経済的な安定を求めるニーズと居住の場に対するニーズを充足できるように社会資源を仲介・調整した。

　このように，ホームレスだった人々が生活を立て直していけるように支援を行ったが，一部の人々が再び路上生活に戻っていることを知ったソーシャルワーカーは，精神疾患や長年の路上生活による孤立状態によってアパート生活が難しい人々がいることを認識した。そこで，多くの協力者と相談しながら，NPO法人を設立し，地域の空き家を借り上げ，ソーシャルワーカーが生活援助を継続的に行う地域生活サポートホームを開設する。

　最初は元ホームレスの人々が入居することに対する地域住民の反対は根強かったが，入居者が自治会のゴミ捨て場の掃除や防犯パトロールに参加するなど，住民とともに活動するなかで，偏見や誤解にもとづく排除がなくなっていった。そして，地域生活サポートホームの住民が地域で買い物をしたり，地域のアパートに引っ越したりと，地域経済の活性化等にも寄与している。このように，基盤となる生存ニーズを充足しながら，社会資源の好ましい連鎖的変化を意識して，地域での尊厳ある生活の継続を可能にする社会資源の開発を行っている。

ソーシャルアクションの定義と変遷

☐ ソーシャルアクションとは何か

　もし過去に虐待され現在は音信不通になっている親から所得証明等の書類を得ることができないがために，奨学金を申請することができない困窮した大学生がいたとしたら，皆さんはどのように感じるだろうか。理不尽だと憤りを感じるのではないだろうか。このような社会的不正義な状況を生じさせている法制度，組織，社会規範等を変化させるべく，その変化を起こすことができる権限や権力といったパワーを有している人々に働きかけるのがソーシャルアクションである。つまり，社会資源の変容や創設等に権限や権力が必要な場合，実践すべきなのがソーシャルアクションだといえる。

　『社会福祉学辞典』（丸善出版，2014年）によると，「人権と社会正義をよりどころにし，社会的排除・抑圧の問題を解決するために，社会的弱者・地域住民・個人・集団のニーズに応えて，当事者・家族・市民・コミュニティなどと連帯し，一般市民の意識を喚起しながら，社会福祉関係者や多種多様な専門職とも組織化し，国や地方公共団体など行政や議会などに働きかけて，法律・制度・サービスの改善や拡充や創設を求めたり，新たな取り組みを展開したりする，ソーシャルワークの価値と倫理を根本とした活動実践や運動あるいは援助技術である[3]」とされている。

　社会的に不利な立場におかれている人々は，「自立して何かをしたり，他者に対して影響を及ぼすとか，支配することができる資源の所有[4]」を意味しているパワーを構造的にもてない状態におかれている。たとえば，劣悪な労働環境であっても転職することが認められていない**外国人技能実習生**や，経済状況に応じて安易に雇止めされる派遣社員等が該当すると考えられる。

　このような人々が「個人的パワー（個人的な事柄を解決して生活をコントロールする力），対人関係的パワー（問題解決に向けた他者と協働する力），社会的パワー（社会に向けて発言し，社会を変革する力[5]）」を高めて，ウェルビーイングを増進するには，それを阻害している構造的障壁を取り除く必要がある。たとえば，外国人技能実習生に関しては，働いている職場が**労働基準法**や**労働安全衛生法**等を遵守するように，監査のしくみを強化するとか，根本的には外国人技能実習制度の改正

⊡ 外国人技能実習生

国際貢献のため，開発途上国等の外国人を日本で一定期間（最長5年間）に限り受け入れ，OJT を通じて技能を移転する制度である技能実習制度における外国人。

⊡ 労働基準法

労働条件の最低条件を定めた法律。

⊡ 労働安全衛生法

職場における労働者の安全と健康を確保するとともに，快適な職場環境の形成を促進することを目的とした法律。

を行うことが考えられる。つまり，このような監査の強化や制度改正
等を行うことができる厚生労働省や国会議員等に働きかけを行う必要
がある。

　このように，ソーシャルアクションは**社会的排除**，差別，搾取，抑
圧等の原因が社会的構造にあるととらえ，その変革を，主に社会福祉
関連法制度の改廃または創設等から行う。その際，パワーをもてない
状態におかれている人々が，法制度の改廃または創設等を行う権限や
権力をもっている人々を動かすために，集団のパワーを活用するため，
ソーシャルアクションは組織的活動になる。個人による訴訟や職能団
体の代表による発言などは個人の活動のように見えるが，ほとんどの
場合，一連の組織的活動の一部だといえる。

　このようなソーシャルアクションは，ソーシャルワークの原理であ
る「差別，貧困，抑圧，排除，無関心，暴力，環境破壊などの無い，自
由，平等，共生に基づく社会正義の実現」[6]を，主眼とした実践である。
また，それによって個人の権利が実現されることを目的としているた
め，アドボカシー機能を果たすものである。

☐ 社会運動等とソーシャルアクションとの関係

　社会問題に対処しようとする活動は，**社会運動**や社会活動といわれ
る。このなかで，主に社会福祉関連法制度の改廃や創設等を要求し，
社会福祉の推進を目指すものが社会保障運動や社会福祉運動といわれ
ている。また，社会運動には，**労働運動**や**市民運動**等もあり，これら
と社会保障・社会福祉運動は一部重複しているといえる。

　この社会保障・社会福祉運動とソーシャルワークにおけるソーシャ
ルアクションのとらえ方は多様であるが，少なくともソーシャルワー
クの専門職であるソーシャルワーカーが，その運動による変革のプロ
セスを促進する実践であり，その方法・技術だと考えられる。

☐ ソーシャルアクションの意義

　近年，**新自由主義**的経済政策やグローバル化が進められ，日本に対
する国際的自由化圧力が強まるなか，日本社会には労使関係や家族の
変容等のもと，社会的・経済的格差の拡大や貧困の連鎖・拡大等がみ
られる。このような現状を背景として，社会的に不利な立場におかれ
ている人々の社会からの排除や，抑圧構造の固定化がますます進んで
いる。これらの変革を目標とし，権限・権力保有者に対して直接働き
かけるソーシャルワークの方法はソーシャルアクションのみである。
これは，社会として対応しなければならない公的責任を明確にするこ

とも意味する。

　不正義を経験している人々が主体となり，排除や抑圧構造等を可視
化し，個人の責任に帰することなく，社会の問題としての対応を議論
することは，実態に即した法制度の改廃や創設を可能にするとともに，
このような人々の社会的パワーの獲得を可能にする。つまり，ソー
シャルアクションは，社会的に不利な立場におかれている人々の**エンパ
ワメント**のプロセスになる。

　このように，ソーシャルアクションは，**ソーシャルワーク専門職の
グローバル定義**（本シリーズ第 4 巻『ソーシャルワークの基盤と専門職』
参照）に示された中核となる任務である，社会変革および人々のエン
パワメントと解放を遂行するために不可欠な方法だといえる。

　たとえば，これまで貧困家庭の子どもの状態は個人の問題だとされ，
その対処は家族や子ども自身に委ねられてきた。このような状況に対
し，社会福祉の研究者やソーシャルワーカー等が中心となり「なくそ
う！子どもの貧困」全国ネットワークを設立し，子どもの複合的剝奪
を可視化して世論を喚起し，国会議員や文部科学省および厚生労働省
職員等に立法的措置を働きかけた。その結果，子どもの貧困対策の推
進に関する法律が制定されるとともに，子どもの貧困が社会問題だと
認識されるようになった。このように，ソーシャルアクションによっ
て，貧困状態にある子どもがおかれている排除や抑圧構造の変革が推
進されたといえる。

☐ ソーシャルアクションの変遷（1990年代以前）

　貧困の原因は社会経済的欠陥にあるととらえ，研究者や記者等と連
携をとりながらセツルメント運動を展開した**アダムズ**（Addams, J.）
による実践は，社会正義を目指したソーシャルアクションの原型だと
いわれている。1929年の大恐慌とそれに対応することを目的としたニ
ューディール政策の頃には，緊急救済金の支給事務を担っていたソー
シャルワーカーらが中心となり，適切で十分な救済金の支給による経
済的平等の実現を目指したランク・アンド・ファイル運動が活発にな
った。そして，1935（昭和10）年，全米社会事業会議（National
Conference of Social Work）にて，はじめてソーシャルアクションとい
う用語が公式に使用された。

　その後，1950（昭和25）年に孝橋正一によってソーシャルアクショ
ンが日本にはじめて紹介された。この頃は，戦後の混乱期において，
「食糧メーデー」に象徴されるように，生存のための運動が展開され
た時期であり，急速に結成された労働組合が核となり，多様な要求運

▶**エンパワメント**
社会的に不利な立場に
おかれパワーレスな状
態になっている人々が，
本来もっているパワー
を発揮および高め，排
除や抑圧構造を変革す
べくソーシャルワーカ
ーが協働すること。

▶**ソーシャルワー
ク専門職のグローバ
ル定義**
各国のソーシャルワー
カーの専門職団体が加
盟する国際組織である
国際ソーシャルワーカ
ー連盟と国際ソーシャ
ルワーク学校連盟によ
って，2014年に採択さ
れたソーシャルワーク
の国際的な定義。日本
もこの定義を採択して
いる。

▶**アダムズ**
（Addams, J.）
1889年にシカゴ市のス
ラム街に世界最大規模
のセツルメントハウス
であるハルハウスを創
設し，「社会正義」を
掲げ，住み込み，社会
調査，社会改良の 3 つ
の方針にもとづき，セ
ツルメント運動を展開
した。また，平和運動
や女性運動にも力を注
ぎ，ノーベル平和賞を
受賞している。

動が展開されていた。このような状況において，すでにアメリカではソーシャルアクションを除く5分法[7]が一般的であったにもかかわらず，それを説明しつつ，ソーシャルワークのひとつの方法として紹介された。

アメリカでは，1960年代から1970年代の公民権運動や福祉権運動の活発化をうけ，貧困問題に対応すべくソーシャルワーカーによるソーシャルアクションが展開されたが，住民による活動と連携されることはなく，住民による地域組織化活動を担ったのは，アリンスキー（Alinsky, S.）に代表されるオーガナイザーであった。このような状況もふまえ，**ロスマン**（Rothman, J.）が**コミュニティ・オーガニゼーション**のひとつのモデルとして，ソーシャルアクションモデルを掲げた。このモデルによって，ソーシャルアクションがコミュニティ・オーガニゼーションのひとつの機能として理解されることになる。

日本では，大企業の発展による高度経済成長が推し進められ，これらを支える社会福祉政策が次々と新設されていく一方で，高度経済成長の歪みが貧困や公害（水俣病など）等に表れる。これらに対して，多くの社会保障・社会福祉運動が繰り広げられた。

この頃までの社会保障・社会福祉運動は，中央集権行政システムのもと，二項対立的な権力構造を顕在化し，主に政府に対して，社会福祉制度・サービスの拡充・改善・創設などの要求を実現すべく，決起集会，デモ，署名，**陳情**，**請願**，不服申立て，訴訟などの組織的示威・圧力行動を，世論を喚起しながら集中的に行っていた。なかでも自ら声をあげることが難しい人々の場合には，専門職が代わりに行っていた。

☐ ソーシャルアクションの変遷（1990年代以降）

アメリカでは，クライエントと環境との関係にパワーの不均衡が存在することを前提として，クライエントがパワーレスな状態にあることや，それを生じさせている抑圧構造を理解し，個人的・対人的・社会的レベルにおけるパワーを高めるプロセスとしてエンパワメント・アプローチが形成された。この社会政治的次元において，ソーシャルアクションの活用が示された。そして，1990年代には，福祉政策の進化を目指した政治的活動が活発化し，全米ソーシャルワーカー協会（National Association of Social Workers）本部および支部による組織的な**ポリティカル・アクション**が実施された。また，倫理綱領の社会に対する責任において，ソーシャル・ポリティカル・アクションが明示された。

▶ ロスマン
（Rothman, J.）
アメリカのコミュニティ・オーガニゼーション発展期を代表する研究者である。主著「コミュニティ・オーガニゼーション実践の3つのモデル」において，「コミュニティ・ディベロップメント・モデル」「ソーシャル・プランニング・モデル」「ソーシャルアクション・モデル」を示した。

▶ コミュニティ・
オーガニゼーション
個人および共通の利害や関心をもつ集団あるいは一定地域の集団に計画的に働きかけることによって，住民が主体となり，地域課題に対処し，福祉を高める活動を行うように支援すること。

▶ 陳情
請願のように議員の紹介を必要とせず，議会に実情や要望等を訴える手段である。やり方に定めはないが，通常，氏名および住所を記した文書にて提出する。

▶ 請願
日本国憲法第16条とそれをうけた請願法によって定められた意見や要望等を訴える手段。氏名および住所を記した文書にて，請願の事項を所管する官公署に議員の紹介によって提出する。

日本では，ノーマライゼーション等の理念を背景として，ハンセン病患者や薬害エイズ患者による活動のように，当事者が活動主体となることが多くなってきた。だが同時に，住民組織型，専門家組織型，統合組織型など様々な主体による活動もみられている。また従来の社会福祉運動のやり方に加えて，権力構造の対立を鮮明にするよりも，社会的に不利な立場におかれている人々のニーズの充足を非公的なサービスの開発によって実現しながら，その事業実績を根拠として立法的・行政的措置を求める活動が確認されている。なかでも，地方分権の推進を背景に，NPO 法人等が中心となって地方公共団体等の権限・権力保有者に働きかける実践が各地で散見されている。

➡ ポリティカル・アクション

実践に及ぼす政界の影響を認識し，人々のニーズを充足して，社会正義を増進するために，政策と立法の変革を目指す活動。全米ソーシャルワーカー協会では，協会が提示する政策アジェンダに賛同する候補者を支持する等の活動が行われている。

4　ソーシャルアクションの実際

　現代のソーシャルワークにおけるソーシャルアクションには，主に2つの展開過程（「闘争モデル」と「協働事業開発モデル」）があると考えられる（図4-2）。ただし，状況に応じて，それぞれの活動の順番が前後することもあれば，並行して行われることもある。全体を通して，ソーシャルワーカーは当事者が主体となって活動できるように，立ち位置や介入度合いを変えながら触媒役として関与していく。

ソーシャルアクションの展開過程「闘争モデル」

　二項対立的な権力構造を顕在化し，決起集会，デモ，署名，陳情，請願，不服申立て，訴訟等などの組織的示威・圧力行動を，世論を喚起しながら行い，立法的・行政的措置を要求するのが，「闘争モデル」といえよう。従来からみられる社会保障・社会福祉運動が該当する。

　まず，利用者に支援をするなかで，社会的不正義に気づくことからはじまる。そして，この活動の核となる主導集団を形成し，排除や抑圧構造等によって不正義を体験している人々とともに，または代弁しながら，活動計画を策定する。この活動計画は計画の実施結果によって，常に見直していく。この計画をもとに，調査等を活用しながら法制度等の課題と不正義を体験している人々のニーズを詳細に把握したうえで，統計や典型的事例等によって可視化し（SA1）（図4-2），それを勉強会，シンポジウム，報告書，リーフレット，ソーシャルメディア等を活用して人々と共有していく（SA2）（図4-2）。

　これらの活動と連動して，ソーシャルワーカーはオーガナイザーと

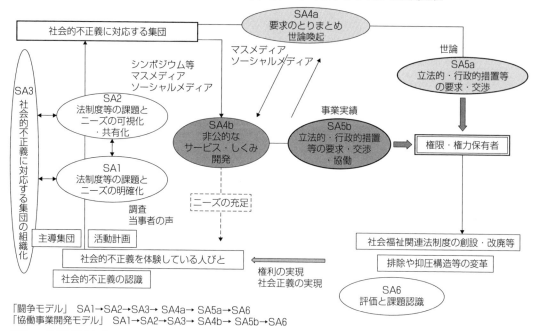

図4-2 ソーシャルワークにおけるソーシャルアクションの展開過程

「闘争モデル」 SA1→SA2→SA3→ SA4a→ SA5a→SA6
「協働事業開発モデル」 SA1→SA2→SA3→ SA4b→ SA5b→SA6

出所：一般社団法人日本ソーシャルワーク教育学校連盟編（2021）『最新社会福祉士・精神保健福祉士講座⑫ソーシャルワークの理論と方法［共通科目］』中央法規出版，322，を一部改変．

して，既存の集団をつなげる等によって，計画的に組織化を行っていく。また，ファシリテーターとしての役割を果たしながら，課題に関する議論を活性化し，合意形成を促進することで，社会的不正義に対応する集団を形成していく（SA3）（**図4-2**）。

　利用者のニーズ充足を阻害する社会的障壁が法制度の問題等であり，かつ一時的であっても非公的な社会資源ではニーズを充足できないような場合には，要求をとりまとめ，社会に発信して世論を喚起していく（SA4a）（**図4-2**）。ここでは，大枠では要求に同意しながらも，具体的な要求内容や進め方では異論もでやすいことから，社会的不正義の解消に向けて活動する集団における明確な合意を得ることが必要になる。そのためには，十分な対話が不可欠であり，この協議の過程が，社会的不正義を体験している人々とそれ以外の人々との関係構造の変革にもつながる。ソーシャルワーカーは必要に応じて，調停者，ファシリテーター，マネジャー，コンサルタントの役割を担う。

　「闘争モデル」では，数で要求圧力を高めるため，世論をどこまでつくり出せるかが鍵となる。決起集会やデモ等を行いながらマスメディアと協働することが有効だが，近年ではSNSや動画共有サイト等のソーシャルメディアの活用が見られている。たとえば，新型コロナウイルスの緊急事態宣言によるネットカフェの閉鎖によって，そこを

生活の場にせざるを得ない人々の住居確保および相談体制の整備を，ネット署名サイトを活用した署名によって東京都に要求し，それを実現している。このように，世論を署名等で可視化しながら，社会福祉関連法制度等の改廃や創設等の変革を実施できる権限や権力を有している人びとおよび組織に対して，請願や陳情等の手段で立法的・行政的措置を要求していく（SA5a）（**図4-2**）。

　最後に，目標が達成された段階で，活動の評価を行い，課題を整理するとともに，成功要因等についても蓄積・共有し，新たなアクションにつなげていく（SA6）（**図4-2**）。

□ ソーシャルアクションの展開過程「協働事業開発モデル」

　社会的不正義を体験している人々のニーズを充足するサービスやしくみを多様な主体の協働によって開発および提供し，その事業実績を根拠として立法的・行政的措置を要求するのが，「協働事業開発モデル」である。「闘争モデル」と同様に社会的不正義に対応する集団を構築するが（SA1，SA2，SA3）（**図4-2**），その集団によって非公的なサービス等を開発して社会的不正義を体験している人々のニーズを充足しながら（SA4b）（**図4-2**），その継続性や広範さにおける課題への対応および社会問題としての合意形成を推進すべく，事業実績等を根拠に制度化等を国や地方公共団体等の権限・権力保有者に働きかける（SA5b）（**図4-2**）。

　「闘争モデル」のように数による要求圧力を高める必要性が低いため，マイノリティの要求の実現に有効だと考えられる。また，ニーズの多様化等に法制度等が追いついていない現状においては，将来を見据えて，実現可能な具体的な提案を行うことができるという意義がある。

　どちらのモデルも，社会的発言力の弱い当事者の声を政策等に反映していくとともに，相互理解や相互承認等の経験となる一連のプロセスおよび政策等を通して権力や関係等の構造を変革する。なお，「協働事業開発モデル」は，権限・権力保有者への直接的働きかけが見えにくいが，変革を成し遂げるための不可欠な要素であることに変わりはない。

□ 事例：反貧困のソーシャルワーク実践②（ソーシャルアクション）

　生活困窮者やホームレスの人々への支援を展開するなかで，「税金も払ってないホームレスに人権などない。あんたらは，働かないで昼間から酒を飲んでいるような奴らの肩をもつつもりか」[8]といった，ある一面のみに限定された情報にもとづく偏見や差別が散見された。そ

こで当事者の声を社会に届けようと，講演会やイベント等様々な機会に参加するとともに，マスメディアと協働しながら現状を発信していった（SA2，SA4a）。

　このような活動の結果，多くの多様な人々が生活困窮者やホームレスの人々のおかれた状況を社会問題だと認識し，その解決に向けて活動する集団が拡大していった（SA3）。そして，世論を背景にして県議会と対話することで，貧困ビジネス規制条例の施行を実現した（SA5a）。また，生活困窮者への相談所を開設して明らかになった膨大で多様なニーズを客観的データとして可視化し（SA1），ケースワーカー増員に関する要望書の実現を市長および市議会に働きかけた（SA5a）。

　加えて，NPO法人として開発した地域生活サポートホーム等（SA4b）の事業実績を根拠に，政策形成を担う県等に働きかけた結果（SA5b），支援付きのアパートへの移行を支援する事業等が創設された。このように，本来は生存権を保障するために創設され運営されるべき社会福祉関連法制度の機能不全を明確にし，実践にもとづいた現実的な対応策を提示することで，ニーズに合致した公的な社会資源の開発がなされている。

❏ ソーシャルアクションの留意点

　ソーシャルアクションを実践する際には，主に次のようなことに留意する必要がある。

　まず，「決まっていることだから仕方ない」といった既存の視点からではなく，当事者のニーズから社会的不正義に気づくことが不可欠である。抑圧構造のもとでパワーレスになっている当事者は，不正義であることに気づかないばかりか，声をあげることも難しいことをふまえると，このような実践は，他者に対して支援することが社会的に認められている専門職であるソーシャルワーカーだからこそ，また，社会福祉関連法制度を運用する専門職だからこそできることである。

　次に，ソーシャルアクションの活動は，当事者が経験しながらあらゆるパワーを獲得していくエンパワメントのプロセスとすべきである。近年確認されている社会福祉士や精神保健福祉士による実践は，専門職が主体となることが多いので，特に意識すべき点だといえる。ただし，パワーレスな状態におかれている人々には，エンパワメントのアプローチでは十分に効果が得られないこともあるため，特に初期の段階では，当事者の声を代弁してソーシャルワーカーが主導することも必要になる。また，近年ではSNS等による誹謗中傷が生じやすい環境にあるため，当事者を護ることも忘れてはならない。

　ソーシャルアクションの実践においては，「闘争モデル」と「協働事業開発モデル」それぞれの特徴を理解したうえで，単一で，あるいは同時に（たとえば，SA4a と SA4b），または連続して活用することが必要である。その際，法制度にもとづくサービスの提供者としての役割を果たすソーシャルワーカーは，行政機関や立法機関等に対峙する「闘争モデル」を実践することを，所属組織等から禁止されることがある。このような場合には，職能団体のような団体の一員として活動することが考えられる。

　また，ソーシャルアクションにおいては，誰が目標達成の権限や権力を有している人々や組織かを把握したうえで，その目標達成にむけて関連する人々や組織等の権限，影響度，ニーズや関心，ネットワーク等を分析する必要がある。その後，社会的不正義をなくすための社会福祉関連法制度または組織のルールの改廃や創設等を達成するために，最も影響力のある人は誰か，その人につながるには誰からつながっていけばよいのか，行動を起こさせるために最も有効な圧力は何かといった問いを，パワーの視点から検討していく。その際，フォーマルなパワーのみならず，インフォーマルなパワーも検討に加える。

○注

(1)　空閑浩人（2014）「ソーシャルワークにおける社会資源」日本社会福祉学会辞典編集委員会編『社会福祉学辞典』丸善出版，208-209.

(2)　田中英樹（2015）「第3章第7節　社会資源の活用と開発」特定非営利活動法人日本地域福祉研究所監修『コミュニティソーシャルワークの理論と実践』中央法規出版，164-166.

(3)　根津敦（2014）「ソーシャルアクション」日本社会福祉学会辞典編集委員会編『社会福祉学辞典』丸善出版，212-213.

(4)　Barker, R. L. (2014) *The Social Work Dictionary* (6th ed.), NASW Press, 330.

(5)　日本ソーシャルワーク学会編（2013）『ソーシャルワーク基本用語辞典』川島書店，19.

(6)　日本社会福祉士会（2020）「社会福祉士の倫理綱領」.

(7)　5分法とは，ケースワーク，グループワーク，コミュニティ・オーガニゼーション，アドミニストレーション，リサーチである。

(8)　藤田孝典・金子充編著（2010）『反貧困のソーシャルワーク実践——NPO「ほっとポット」の挑戦』明石書店，181.

◯**参考文献** ─────

高良麻子（2017）『日本におけるソーシャルアクションの実践モデル──「制度からの排除」への対処』中央法規出版.

コミュニティソーシャルワーク実践研究会（2013）『コミュニティソーシャルワークと社会資源開発──コミュニティソーシャルワーカーからのメッセージ』全国コミュニティライフサポートセンター.

日本社会福祉士会編（2018）『地域共生社会に向けたソーシャルワーク──社会福祉士による実践事例から』中央法規出版.

■ 第5章 ■

ソーシャルワークの
関連技術・方法

1 ネットワーキングとコーディネーション

⬜ つながりの意義

2011年の東日本大震災直後から，「絆」という言葉が広く語られたのは記憶に新しい。あまりにも多くの犠牲を前にして，改めて他者や共同体との連帯や「つながり」がもつ意義，あるいはそうした「絆」を介して「支え，支えられる」関係の重要さを復興の希望とともに再確認した人も多かっただろう。一方で，「絆」の語源が「動物をつなぎとめる網」であり，マスコミ等に多用されて食傷気味であったことも加わり，被災地ではこの言葉が疎まれる雰囲気も生じたといわれている。ただ「絆」が社会的孤立という現代社会が抱える課題の反対表現であるからこそ，あの未曾有の災害を契機に改めてこの言葉が示すものへの注目が集まったといえる。

何よりソーシャルワークにとって，「絆」という言葉が示唆する課題は自らの本質に関わる重大テーマであろう。なぜなら，ソーシャルワークほど「つながり」を軸に実践が展開される専門領域は他にはなく，多様な「つながり」の形成，維持，回復，編成はソーシャルワークの中核を形成する取り組みになっているといってよいからである。

そもそもソーシャルワークは，その発祥から様々な「つながり」を重視してきたことがうかがえる。たとえば，COSとは慈善組織間の「つながり」を意識した活動であったし，医療・精神保健・学校領域などでは，ソーシャルワークの誕生期から医師，看護師，教師など他専門職との協力関係なくしては有効な実践は難しかった。このように歴史的にみてもソーシャルワークは，「つながり」指向の専門職であり，「つながり」を活用することで自らの有用性を高め，もってその固有性を主張してきたのは間違いない。

それでは，ソーシャルワークにとっての「つながり」とはいかなる意味をもつのだろうか。「つながる」とは，ミクロレベルでいえば「個人がその環境とつながる」ことに他ならず，それによって「個人と環境の交互作用」が可能になることを意味している。ここに「つながる」ことが有するソーシャルワークにとっての本質的意義が存在している。利用者が環境との間で取り交わしている様々な「つながり」を利用者自らが把握し，能動的にそれらの「つながり」を活用しながら，自分自身にとって望ましい状態を作り上げていくことがエンパワメン

▶ 社会的孤立

他者との日常的な関わりが皆無，ないし非常に少なく，そのために資源が調達できない状態を意味する。ネットワークに置き換えれば，そのサイズが著しく小さい状態として測定される。希薄な人間関係を表すのみならず，様々な社会的な機会から排除されている状態を指す。類似語に孤独があるが，孤独は心理的な状態を表している。また外出頻度であらわされる「引きこもり」とも概念的に区別される。

▶ COS

Charity Organization Society の略。「慈善組織協会」と訳される。「慈善事業の組織化」を目的に，最初のCOSは1869年にロンドンで開設された。貧困家庭への友愛訪問を行い，人格的な感化で貧困からの脱却を図った。その処遇方法が，ソーシャル（ケース）ワークの誕生につながっていく。後にアメリカにも伝わり，1877年にバッファローで同国最初のCOSが設立された。「ケースワークの母」メアリー・リッチモンド（Richmond, M.）もボルチモアのCOSで友愛訪問を行っていた。

トに他ならない。

　同時にソーシャルワーカー，そしてその所属する組織・機関もまた様々な「つながり」を他との間で築き，それらを活用しながら利用者の支援に役立てている。こうしたメゾ，マクロレベルの「つながり」の豊かさが，ミクロレベルの利用者支援の質を左右するといっても過言ではない。そして，ミクロからマクロまでの各レベルでの「つながり」を上手に活用していく，またはその取り組みを支援するためには，相応の専門的スキルが求められる。この方法こそが，次に述べるネットワーキングと（ネットワークの）コーディネーションに他ならない。

　なお近年，医療領域を中心に**多職種連携**（IPW：Interprofessional Work）という用語が広まってきている。その名のとおり，メゾレベルにおける専門職同士の「つながり」を軸とした連携になる（利用者やその家族，自治会メンバーなどとの「つながり」も含めることもある）。そして，IPW を支える人材の養成を図っていく**多職種連携教育**（IPE：Interprofessional Education）が世界的に広まってきていることには留意したい。特に専門職になる前に IPE を実施していくことが重視され，日本でも大学学部レベルで IPE が展開されるようになっている。

1 ネットワーキング

ネットワーキングの意義と目的

　後述するようにネットワーキングには様々なとらえ方があるが，いずれにも共通しているのは，「つながり」全体をネットワークとして把握し，その構築，維持，回復，再編を図っていく点にある。言い換えれば，「つながり」の総体（ネットワーク）それ自体を対象に構造的操作を行うことである。ネットワークを建物にたとえれば，ネットワーキングとはすなわち「ネットワーク作り」「ネットワークを建築すること」であり，ゆえにその名称が動名詞で表されている。

　ネットワークとは様々な関係が網状に織りなされた構造体としてとらえることができるが，そこでは，関係を取り結んだ各要素（要素が何かは後述する種類によって異なってくる）にとって利益になるものと，反対に不利益（ストレスを被るなど）になるものが流通している。前者は「資源」と総称されることが多く，それを得ることで個々の関係要素が抱えている問題の解決を果たし，あるいはエンパワメントを推進していく。しかし，資源を得る際には何らかの対価を払う必要が生じることもあり，それらは「**コスト**」と称されている。

　ネットワークとは，資源とコストが絶えず交差する相互交通網とみ

▶多職種連携（IPW）

「複数の領域の専門職（住民や当事者も含む）が，それぞれの技術と知識を提供しあい，相互に作用しつつ，共通の目標の達成を患者・利用者とともに目指す協働した活動」と定義される。
　なお，代表的な IPW の研究者であるリーブス（Reeves, S.）らは，IPW の種類を，所属するメンバーの帰属意識（アイデンティティ），目標の明確さ，相互依存，統合，共同責任，および課題設定の度合いによって（それらは相互に独立してはいるが），強い順から，チームワーク，コラボレーション，コーディネーション，そしてネットワーキングと区別している。この分類によるコーディネーションとネットワーキングは，本節のそれらとは異なっている。

▶多職種連携教育（IPE）

1987年に設立されたイギリスの多職種連携教育推進センター（The Centre for the Advancement of Interprofessional Education：CAIPE）によれば「二つあるいはそれ以上の専門職が協働とケアの質を改善するために，共に学ぶ，お互いから学び合い，お互いのことを学ぶこと」と定義されている。IPW の基盤づくりを担っていると位置づけられている。

▶コスト

資源を調達するために必要な労力，時間や費用のみならず，つながった相手との対立や葛藤なども含まれる。相手との関係を維持するために必要な労力もコストに入ってくる。

なせる。このネットワークの規模を広げると，入手できる資源が質・量とも豊かになる可能性がある。ネットワーキングの目的とは，この意味でのネットワーク作り（構造的な操作）を行い，それによって新しい資源を獲得し，あるいは以前より一層充実したものにしていくことに他ならない。しかしその反面，どうしても先の意味でのコストが生じ，ネットワーク規模に応じてそれも大きくなる。そのために，資源とコストという両者の最適化を図る必要が生じる。その専門的な方法が，後述するコーディネーションになる。

▢ ネットワーキングの種類

　ネットワーキングについては，大きく2つのとらえ方が存在する。一つは，ネットワークのなかに特定の利用者，専門職，あるいは組織・機関などの焦点を想定し，その焦点が取り交わした関係の全体を操作していくという立場になる。この焦点とは，そのネットワークの中心点であり，その中心点が取り結んだ「つながり」の全体こそがこの意味でのネットワークに他ならない。

　この焦点が，利用者，ソーシャルワーカー，ワーカーが所属する組織・機関のどれであるかによって，ネットワークのレベル（ミクロ，メゾ，マクロ）やその構成は変わってくる。利用者のネットワークの場合，利用者が構築した人間関係の全体（**エコマップ**➡は，人間関係に加えて，つながりのある組織・機関やサービスなどとの関係も含めて図式化したものになる）を自らアセスメントをしたうえで，必要に応じて新たに追加するなどの操作を行い，それによって自分が考える望ましい生活を実現させていくことが重要になる。この過程こそ，すなわちエンパワメント達成のそれに他ならない。利用者がとり行うこの作業をソーシャルワーカーが支援していくことこそが，ミクロレベルのネットワーキングになる。同様に，ソーシャルワーカーが自らのネットワークを構造的に操作し（後述する「ネットワーキングのスキルと方法」を参照），利用者支援に役立たせるメゾレベル，特定の組織・機関によるマクロレベル，それぞれのネットワーキングが存在する。

　もう一つのネットワーキングの見方は，焦点（中心点）がないネットワークを前提にする場合である。この場合は，ある目的を有する利用者，専門職，あるいは組織・機関の緩やかな集まりの全体であり，ミクロ，メゾ，マクロのレベルに応じてその構成が変わってくる。

　たとえば，若年性認知症患者やその家族が一堂に会し，相互に支え合う集まり（ミクロ），ある地域の福祉専門職がアフターファイブに自主的に集まり，そのエリアの生活困窮者支援のあり方についてアイデ

➡エコマップ

ミシガン大学のハートマン（Hartman, A.）によって開発されたツールで，生態地図と訳される。利用者やその家族が取り結んだ社会資源との関係を図式化する。それによって，その利用者の生態系が一目で把握できるようになる。アセスメントの際に活用されることが多い。

アを出し合う活動（メゾ），あるいは「○○ネットワーク」などのように組織・機関から派遣された専門職が当該地域の課題を話し合う会議体（マクロ）などが含まれる。いずれも特定の焦点（中心点）があるわけではない。こうした各種のネットワークを結成し，参加者全体にとって資していけるようにすることがもう一つのネットワーキングのとらえ方になる。

　なおこの場合，組織・機関レベルのネットワーキングは，関係する各組織・機関から専門職（職員）が派遣されてくるので，ネットワーキングを実際に構成している顔触れを見る限りは専門職によるメゾレベルのネットワーキングと区別がつかない点に注意したい。

☐ ネットワーキングのスキルと方法

　イギリスで行われた，ケアマネジメントに関わっている専門職を対象とした調査によれば，ネットワークづくりに重要になる技能として，①コミュニケーション，②傾聴，③動機づけ，④判断，⑤問題解決，が上位に並んでいた。⁽³⁾この結果を解釈すれば，「つながる」ためには対人スキルが基本になることを物語っており（①，②），かつ「つながる」理由を明確にし，それに向けて各自のモチベーション醸成が必須であることを示唆している（③）。加えて，どのような人，専門職，組織・機関が周囲に存在しており，それと「つながる」ことでいかなる「資源」が確保され，かつコストが予測されるかを評価，判断していくスキルも重要になってくる（④）。ここまで次の⑤も含めて，ネットワーキングのみならずあらゆるソーシャルワークの実践に求められる基本的な対人スキルと共通していることが理解できる。

　最後の⑤の問題解決スキルとは，「つながる」こと，あるいはそれを活かしながら様々な問題に対処していくスキルであり，同時にそれを活用することは構築したネットワークを維持，運営，再編するうえで欠かせないものでもある。ただし後者（ネットワークのメンテナンス）については，作った後のマネジメントにかかるスキルであることから，ここでは次のコーディネーションに含めたい。

　なお，専門職が自らの専門職ネットワークをどう構築し，維持しているかの過程については，専門職以外のネットワークにも適用できるものと考えられる。⁽⁴⁾

2 コーディネーション

☐ コーディネーションの意義と目的

➡連携
野中猛は, 連携を構成員相互の関係の密度の薄いもの順に, コーディネーション, コーポレーション, コラボレーションを並べて分類している。そこでは, コーディネーションは「調整」と訳されている。リーブスらの IPW 分類ともまた少し異なっている。

コーポレーション, コラボレーションなどと同じく「**連携**」と訳されることが多く, 相互に混同されがちである。本節では, コーディネーションを先に述べたネットワークを「調整」していくこと, あるいはネットワーク運営を調節, チューンアップしていく, という意味でとらえる。先のネットワーキングが比喩的にいえばハードウエア作りであったのに対して, こちらはこのハードウエアをいかにして上手に動かしていくかというソフトウエア, 機能的操作としての性格をもつ。

コーディネーションの目的とは, ネットワークを介して資源を最大限に獲得し, コストの発生を抑えるという意味で, 資源獲得とそれに伴って発生するコストとのバランスを最適化することに他ならない。ソーシャルワーカーが有するネットワーク (焦点あり) を例に挙げれば, 他の専門職との「つながり」とは自分にはない専門知識や技術(「資源」) をそこから調達できることになるが, 当然, そのために交渉依頼に要する時間や労力, 相手専門職との葛藤が生じるリスクなどの「コスト」が生じ得る。それゆえに資源をなるべく多く, 一方でそこに掛かるコストを少なくしていくことが重要になってくる。

コーディネーションの主体は, 焦点のあるネットワークと焦点がないそれとでは異なってくる。前者の場合は, 焦点 (利用者, ソーシャルワーカー, 組織・機関) がその主体である。利用者のネットワークについては, あくまでも利用者自身がコーディネーションを行うことを主としつつ, ソーシャルワーカーはそれを側面支援する。一方, 後者(焦点のないネットワーク) では, 当該ネットワークの構成員全員が共同でコーディネーションを果たしていくことになるが, 実際にはリーダー役がその機能を担うことが多い。リーダーシップがコーディネーションの際に重要になってくる理由が, ここにある。

焦点のないネットワークでミクロレベル (利用者中心で構成) の場合は, 利用者主体の原則からもリーダーシップは構成員である利用者のなかから選出される。ソーシャルワーカーは, この利用者中心の構成, 利用者主体という原則のために, このレベルのネットワークではオブザーバ的な助言者, ないし顧問という位置づけで関与し, リーダーを支援する。

❏ コーディネーションの方法，スキル，留意点

　焦点のあるネットワークと，それがないネットワークとではコーディネーションの方法が異なる。前者の場合は，焦点（中心点）となる利用者，ソーシャルワーカー，組織・機関がそれぞれ自分のネットワークを調整していくことになる。しかし，焦点なしのネットワークでは，グループとしての性格を有しているために全体で意思疎通を図りつつ調整を進めていく必要があり，それは連携スキル[6]に近づく。

　なお，資源とコストの最適化を図っていくことがコーディネーションの主たる目標になるが，かといってそれは単純に効率主義に立てばよいというものではない。ここでいうコストとは経済的な損失にとどまらず，他の専門職との摩擦，対立なども含まれてくる。それは確かにコストであるが，むしろ多様性の観点からは生じて当然，あるいはそれがあることの方が，他者，他専門職，多組織・機関への理解も深まりむしろ望ましいとさえいえるものである。こうしたコスト観に立ち，それに向き合っていく姿勢が欠かせない。

❷ ネゴシエーション

　ソーシャルワーカーは，専門的知識及び技術を活用して，日常生活上の困難に直面する人たち（利用者）のウェルビーイングに関する相談にのり，そうした人たちが関係するフォーマルな機関（福祉機関，医療機関，行政，社会福祉協議会など）やインフォーマルな機関（自治会，民生委員，NPO 等のボランティア団体など）を含む利害関係者との連携及び調整を行っていく。そうした実践のなかでは，往々にして利用者と関係機関の間，あるいは複数の関係機関の間において意見や関心，要望が異なることが起こる。その際に必要となるのが，ネゴシエーション（交渉）のスキルである。本節では，ネゴシエーションの概要を説明したうえで，ネゴシエーションのための準備および進め方を解説し，最後に効果的なネゴシエーションのために必要なことを紹介する。

❏ ネゴシエーションとは

　ネゴシエーションは，葛藤解決の主要な手法の一つであり，異なった関心や意見をもつ複数のグループ間に同意を取り付けるプロセスである[7]。もちろん，すべてのグループが完全に満足できるような同意をえることは難しいかもしれないが，すべてのグループが受け入れるこ

とのできる解決策を話し合って決定しようとするものである[8]。

　ソーシャルワークの実践における葛藤は，ワーカーと利用者の間に起こることもあるが，たとえば入所施設であれば，入所者の要望と施設のルールの間に起こる場合，入所者間，入所者とその家族の間，あるいはワーカーと介護職員の間に起こる場合もあるであろう。**スクールソーシャルワーカー**であれば，ワーカーと教師の間，教師と家族の間，あるいはクラスメイト間に葛藤が起こるかもしれない。**コミュニティソーシャルワーカー**であれば，地域の組織間や，地域の独居高齢者と家族，近隣住民，地域のボランティア，福祉サービス機関などの間に葛藤が起こる場合もあるであろう。このように，ソーシャルワーカーは自分自身の立場から，あるいは利用者の要望を擁護する形でネゴシエーションを行う可能性がある。いずれにしろ，ソーシャルワーカーがネゴシエーションを行う相手は，福祉，保健，医療，教育，就労，行政，法律など様々な専門職や施設・機関の場合もあれば，他の利用者，家族，近隣住民，自治会，市民グループといった一般の人たちの場合もある。

　日本人は，一般的にネゴシエーションに対して苦手意識や抵抗感をもっているといわれる[9]。なぜなら，「言わなくてもわかりあえる」や「相手の気持ちを察する」ということが日本の美徳とされ，葛藤に真正面から取り組むことよりも「事なきを得る」や「時が解決する」といったことを好むからである。確かに，ネゴシエーションにおいて「勝ち負け」だけにこだわり，相手との関係はどうなってもいいので相手を騙したり，欺いたりすることまでして自分のゴールの達成だけを考える「競合的なネゴシエーション」は，ソーシャルワークの実践には相いれないであろう。

　しかし，相手との長期的な信頼関係を大切にし，自分だけでなく相手の利益についても考える「協調的なネゴシエーション」であれば，日本人の美徳やソーシャルワークの倫理に合致するのではないであろうか。この協調的なネゴシエーションでは，相手の声にしっかりと耳を傾けることによって，相手が最重要視している項目がどれであるかを見極め，その部分について譲歩もしくは協働することで，自身や自分が擁護する利用者の重要視している項目について相手に受け入れてもらうことを目指していく。なので，双方の共通点を探すなど，プロセス全般で協調的な態度を相手に示すことが不可欠となってくる。それにより相手との協働作業が可能となり，葛藤を「われわれの問題」ととらえ，建設的な話し合いを通して双方が納得できる合意を目指すのである。

　こうした協調的なネゴシエーションのベースとなるのが，相手との信頼関係の構築である。信頼関係の構築は，それぞれが強い自己主張を繰り返していては不可能である。「要望を受け入れてほしいと望むのは自分たちだけではない。可能であれば相手の要望も受け入れるようにしたい」という意識をお互いにもつことで，相手の言葉にしっかりと耳を傾けることができるようになる。相互理解を深めようとする姿勢を相手に見せることによって，相手もこちらを信頼してくれ，信頼関係が少しずつ構築されていくのである。その結果，お互いにとってメリットがあるように，相手の要望に対してもお互いに前向きに検討することが可能となるのである。こうしたネゴシエーションのプロセスをしっかりと意識し，実行することが効果的なネゴシエーションには不可欠である。

☐ ネゴシエーションの準備の4つの原則

　ネゴシエーションを成功させるには，どのような方策を用いるのか，最終的な妥協点をどこに設定するのかなどを考えておく事前準備が重要である。このネゴシエーションの準備には，以下の4つの原則が大切である。

　まず1つ目は，ネゴシエーションを行う双方の力関係を認識することである。自分たちと相手の組織あるいは個人がどのような力関係にあるのかを認識していなければ，うまくネゴシエーションを進めることは難しい。不平等な力関係が二者間に存在するのか，対等な関係があるのかを見極めたうえで，どのようなアプローチがもっとも効果的かを検討する必要がある。

　2つ目は，目の前の課題だけではなく，長期的な視野でネゴシエーションの計画を行うということである。現在直面している課題の解決は重要だが，ネゴシエーションを行う人はその背後にある，その課題の原因である社会的あるいは経済的な構造を忘れてはいけない。たとえば，再開発のために低所得層向けのアパートが解体されるのを阻止することは一つのネゴシエーションの成果かもしれないが，その地域の住民がその地域の再開発計画に参加できる権利を獲得することのほうがより大きな成果だといえるであろう。

　3つ目は，組織や利用者グループを代表してネゴシエーションを担当するソーシャルワーカーは，自分自身ではなく自分が擁護する人たちのために発言するということを常に意識することが大切である。ネゴシエーションのために頻繁に会って話し合う人たちの間には信頼関係が生じやすく，お互いに相手の意見が理解しやすくなるので，ネゴ

シエーションは少人数の間で行われることが多い。しかし，たとえ少人数の間でネゴシエーションが行われる場合であっても，ソーシャルワーカーは多くの人たちの代表としてネゴシエーションの場にいることを忘れてはならないし，その場にいる少人数の間でなされた合意が，ソーシャルワーカーが代表している多くの人たちにとって正当で公平かという視点を常にもつ必要がある。

　4つ目に，ネゴシエーションでは双方それぞれに複数の関係者や機関が関わっていることを忘れてはいけない。たとえば，**ホームレス**➡支援の市民団体，市営住宅の自治会，キリスト教会，**簡易宿泊所**➡，**福祉マンション**➡が連携を組んで住宅補助を求めるネゴシエーションの場合，対政府という構造は一致していたとしても，各団体の求めるものは異なるかもしれない。「すべての団体が同一目的で活動できるのか」，「各団体が個別にそれぞれの要求を政府に求めた場合，特定の団体が窮地に追い込まれないか」，「相手団体（政府）は，特定の団体だけが恩恵を得られるような案を出すことによって，連携を乱そうとする可能性はないか」といったことを，これらの団体を代表して交渉にのぞむソーシャルワーカーは，各団体の代表たちと事前に話し合って，どのように対応するかを確認しておくべきであろう。また，お互いに全体としての要求事項に合意し，どのような条件であれば妥協するか，あるいはしないかを事前に話し合っておく必要がある。

☐ ネゴシエーションの方策や計画を立てる

　これらの4つを意識しながら，ソーシャルワーカーはネゴシエーションの方策や計画を立てる必要がある。また，ネゴシエーションをソーシャルワーカーだけでなく連携する機関の代表者など複数の人たちでチームを作って行う場合には，お互いに補完する能力のあるメンバーで組むのが望ましい。フットワークの軽い人，状況を把握するのに長けている人，安易に妥協せず交渉相手と友好的に渡り合える人，情報収集に長けて相手の弱みを瞬時に把握できる人，交渉相手が信頼を寄せる人，ネゴシエーションが長引き雰囲気が悪くなったときにユーモアのセンスでその場をリフレッシュできる人などである。

　さらに，ネゴシエーションに入る前に，チームのなかで実際に話し合いを担当する人は，どのような展開となるかをあらかじめシミュレーションしておく必要がある。チームを2つに分けて，一方が相手チームの役を担当して，どのような戦略を準備するかを考えるのである。これにより，相手がどのような条件を提示してくるか，相手の譲れない条件は何かなどを推察するのである。そうすることにより，自分た

ちのチームにとっては些細なことかもしれないが，相手にとっては重要となるポイントが明確になってくる。

　また，ネゴシエーションの担当者は，話し合いの内容に関する情報をしっかりと把握しておくことが大切である。たとえば，低所得者層の集住する地域の再開発であれば，その地域のインフラ整備にこれまでどれくらいの予算を投じられてきたかの情報を知っておくべきであろう。ある組織に対して，外国人，障害者，あるいは女性の待遇改善を訴えていくのであれば，その組織の外国人，女性，障害者の雇用率や待遇に関する情報を収集しておくべきである。もし相手が外国人の雇用率が上がったという新しいデータを提示してきた場合に備えて，景気が悪くなったときに真っ先にリストラにあうのは一般的に最低賃金で働く外国人であるというデータを準備しておくことも重要であろう。

　ネゴシエーションを担当するチームの準備としてもっとも重要なことは，こちらの要求をどこまで譲歩してもよいかを事前に設定しておくことである。たとえば，障害者を全く雇用していない民間企業に対して障害者の雇用を求めるネゴシエーションの場合，その地域に住む障害者が地域住民の5.0％を占めるのであれば，交渉チームは企業に対して5.0％を求めるかもしれない。しかし，ネゴシエーションの結果，最終的には**法定雇用率**▶の2.3％に落ち着いたとしても大きな前進となると考えるのであれば，事前に2.3％までは譲歩してもよいということを関係者間で確認しておくことが大切である。

ネゴシエーションの進め方

　先に説明したように，ネゴシエーションの成功の鍵は，相手との信頼関係の構築である。「問題は葛藤の対象となっている事柄であり，ネゴシエーションの話し相手ではない」ということを意識して，協調的に進める必要がある。[12] ネゴシエーションの話し合いは時に遅々として進展しないこともあるが，そうした場合には小さくてもいいし，あくまで表面的なものでもいいので何らかの進展が継続的にみられるように工夫することが望ましい。小さな合意を確認し合うことによって，話し合いは前へ少しずつ進んでいく。

　相手にこちらに歩み寄って合意をしてもらうための方策には，以下のようなものがある。たとえば，両者がそれぞれ設定した目標の中間で合意する。あるいは，話し合いのテーマを細分化して，一つひとつについて話し合うことで小さな合意を積み重ねていき，徐々に全体の合意を目指すことも有効かもしれない。またそれとは反対に，両者が

▶ **法定雇用率**

障害のある人の雇用を促進するために民間企業や国などの事業主に義務づけられた，雇用しなければならない障害のある人の割合のこと。2021年3月1日から0.1％ずつ引き上げられ，民間企業で2.3％，国・地方自治体で2.6％，都道府県などの教育委員会で2.5％となっているが，2020年の民間企業の実雇用率は2.15％に留まっている。

合意できる新たな事項を含めることによって全体の合意を目指すというやり方もある。

どんな状況でどの方策を用いるかということは，話し合いの内容や流れ，交渉相手の性格や主張内容などに応じて臨機応変に選択する必要があるのだが，事前にいろんな状況を想定し，たとえば話し合いがスムーズに進んでいる際にまずは「こちらの主張を全面的に要求する方策」をとり，話し合いが全く進まず決裂を迎えそうな状況では「両者が合意できる新たな事項を含める方策」をとるなどを事前に想定しておくことが大切である。

さらに，ネゴシエーションの場において，相手に対してどれくらい正直になるかということも大切な点である。虚言することは短期的には効果的かもしれないが，真実でないことが相手に知れてしまうと相手からの信頼を失ってしまい，以後のネゴシエーションがうまく進まなくなってしまう。一方であからさまな嘘ではないが，自分たちが本当に必要なこと以上の条件を要求したり，妥協条件を必要以上に高めに提示したりするというのは，ネゴシエーションのなかで往々にして用いられる方策である。ちょうど，海外旅行の際に市場で土産物を買う場合とよく似ている。日本人旅行者（ソーシャルワーカー）に対して相場より高い値段をふっかけてくる売り手（ネゴシエーションの相手）に対して，自分が払ってもいいと思う金額を最初から提示すると，最終的には想定していた価格よりもずっと高い値段で買う羽目になってしまう。なので，最初は自分が想定している金額よりも低い額を提示したほうが，最終的に支払う金額が上がっても，自分が望む金額に近い額で合意を得ることができるのと同じ原理である。

ネゴシエーションの最終目的は，両者が受け入れられる合意に達することである。したがって，有能なネゴシエーションの担当者は，両者にとって公平または適当と思える，あるいは両者が要求する次元とは異なるが合理性，独創性，明快性，または慣例に基づくといった「お互いにとって納得できる代案」を目指すことが大切である。

☐ 効果的なネゴシエーションのために

ここまで説明してきたように，効果的なネゴシエーションのためには，用いる方策や最終的な妥協点の設定などの事前準備と，ネゴシエーションのプロセスのなかでの相手との信頼関係の構築が大切である。ネゴシエーションは，意見や関心，要望が異なる相手との話し合いの場面で必要となる。したがって，相手は自分たちとは異なる考え方や認識をもっている場合が少なくない。協調的なネゴシエーションだか

らといって，こうした相手の異なる価値観を必ずしも受け入れる必要
はないが，少なくとも「違い」を認め，理解を示し，共感することが
重要である。異なる価値観に対して協調的態度を示さなければ，ネゴ
シエーションは泥沼化し，決裂してしまう可能性もでてきてしまう。

　そうならないためには，ネゴシエーションのプロセスにおいて，質
問，言い換え（パラフレージング），傾聴という3つのスキルを駆使し
て相手に関する情報収集を行い，相手を理解することが大切である。
またそれと同時に，相手に対する情報伝達も重要となってくる。なぜ
なら，人は情報がないと不安になり攻撃的になる可能性があるからで
ある。

　効果的なネゴシエーションでは，双方が同意できる代替案が見つか
るまで，これらの情報収集と情報伝達のスキルを駆使して十分な情報
交換を行い，双方の最優先事項を確認することが望ましい。そして，
その鍵となるのが友好的な雰囲気でネゴシエーションを進めることで
ある。なぜなら，競合的雰囲気ではお互いに相手に腹の内を見せなく
なってしまい，信頼関係の構築が難しくなってしまうからである。

③ ファシリテーションとプレゼンテーション

□ ソーシャルワークとファシリテーション

　ソーシャルワークの実践のなかでは，所属する施設や機関における
職員会議，関係者による事例検討会やサービス担当者会議，また地域
における地域ケア会議や住民懇談会，さらには各種の協議会，自治体
等の審議会や委員会など，様々な会議に参加して，時にはソーシャル
ワーカーがその運営や進行を担うことも多い。

　そもそもソーシャルワークとは，その実践が一人のソーシャルワー
カーだけで完結するということはない。当事者や利用者，家族はもち
ろんのこと，同僚や他の専門職，関係者や地域住民など，様々な人々
と連携し，協働することでその実践が展開する。すなわち，チームワー
クやチームケアによる実践であるという認識が重要である。

　そのために，様々な会議や話し合いの場では，参加者間の関係の調
整や協力関係を促し，目標に向かって互いに連携・協働できるように
働きかける「ファシリテーション」の機能が求められる。そしてソー
シャルワーカーには，その機能の発揮のための「ファシリテーター」
の役割が，様々な機会で求められている。特に，昨今の多様化・複雑

化する地域生活課題に対応するための，多職種・多機関そして地域住民との連携・協働による支援やその体制構築を促すファシリテーションの機能が，ソーシャルワークにますます必要とされているといえる。

☐ ファシリテーションとは何か

　ファシリテーション（facilitation）とは，促すこと，促進すること，円滑にすることを意味する。たとえば何かの会議や話し合いが円滑に進行するために，参加者が発言しやすい雰囲気づくりや積極的な意見交換を促していくことである。そして，ファシリテーター（facilitator）とは，促進する人や容易にする人，世話役やまとめ役のことを意味する。会議のファシリテーターであれば，そこでの話し合いの円滑な進行と充実した協議内容の促進に向けて，参加者全体の状況や様子，また話し合いの過程を見守り，必要に応じて発言を促したり，意見をまとめたりする役割を担う人のことである。

　会議におけるファシリテーションには，引き出して，まとめるスキルが重要であるとされる。それは，参加者からの様々な意見や考え，アイデアを引き出して，さらに全体をまとめることで，会議内容を参加者間で共有するためのスキルである。参加者同士が自由に発言できることと，その発言を受け止めてもらえること，そして，出された意見が記録に残されるなどして，全員で成果が共有できることが，その場が意義ある会議となるために重要なのである。

☐ ファシリテーションにおける留意点

　前述したように，ソーシャルワークの実践では，チームによる支援や連携・協働の支援体制の構築，また地域づくり等を指向した様々な会議や話し合いにソーシャルワーカーが参加することになる。そのような会議の場におけるファシリテーションの留意点として，まず会議の目的や趣旨が参加者に正しく理解され，共有されているかどうかを把握することが必要である。もしも話し合いの方向がその目的や趣旨から外れたときには，軌道修正のための働きかけが求められる。

　次に，一部の参加者だけでなく，できる限り全員の参加者が発言の機会を得られるように配慮することも大切である。そのためにも，発言がない参加者への働きかけや，誰もが発言しやすい雰囲気づくりに努める必要がある。特に，新しいアイデアや自由な意見や考えを互いに出し合うことを目的とした会議の場では，参加者の発言について，基本的に否定されないことが大切である。そのような相互の信頼関係のなかでこそ，参加者からの積極的な発言が得られ，意義ある会議と

資料 5-1　ファシリテーション参加者が共有する決まり事「グランドルール」
　　　　　の例

① 参加者の発言を否定しない（他者の発言をよく聴くこと）
② 全員参加を大切にする（参加者の皆が必ず発言すること）
③ 基本的に楽しく参加する（笑顔を大切にすること）
④ 忖度しない（互いに遠慮しないで言うべきことは言うこと）
⑤ 他の人のアイデアに乗っかる（良いアイデアには遠慮なく賛同すること）
⑥ 基本的にプラス思考で参加する（未来志向的な関係や場の構築や維持を志向すること）
⑦ 最初から「難しい」「できない」と言わない（何かできることや突破口はないかと粘り強く考えること）

出所：森時彦（2018）『ストーリーでわかるファシリテーター入門——輝く現場をつくろう！』ダイヤモンド社, 265, をもとに筆者が加筆.

資料 5-2　ファシリテーターとしての姿勢や立ち位置の例

① 参加者中心の姿勢で臨む（会議の「主体」は参加者であることを忘れない）
② 一人ひとりの参加者を尊重する（参加者が安心して発言できる雰囲気や場づくりにつながる）
③ 参加者の発言を評価しない（個々の参加者とその発言が尊重されることが大切）
④ 会議の方向性を操作しないこと（意見の相違や葛藤が生じても，合意形成と対話の過程を大切にする）
⑤ 参加者とともにあること（参加者のその会議の場への信頼や参加者同士の信頼関係を育む）

出所：鯖戸善弘（2017）『対人援助職リーダーのための人間関係づくりワーク——チームマネジメントをめざして』金子書房, 22-24, をもとに筆者が加筆.

なるのである。

　充実した会議の場となるために，参加者が共有する決まり事としての「グランドルール」を事前に設定しておくことも有効である。たとえば**資料 5-1**のような内容である。

☐ ファシリテーターの姿勢とファシリテーション・グラフィック

　ソーシャルワーカーが，何かの会議でファシリテーターとしての役割を担うとき，どのような姿勢で臨めばよいのだろうか。**資料 5-2**は，ファシリテーターとしての姿勢や立ち位置について整理したものである。

　また，会議の場でファシリテーターが発揮するスキルの一つに，ファシリテーション・グラフィックがある。これは，参加者の発言や話し合いの内容を，リアルタイムでホワイトボードや電子黒板等に書いていく方法である。これにより，話し合いの流れや論点を把握しながら会議を進めることができ，参加者が議論に集中しやすくなる。また，自分の発言内容が文字化されることで会議への参加意識も高まり，参加者の積極的な参加を促進する。さらに，これまでに出された意見を見ながら話し合うことで，さらなる新しいアイデアの創出につながる。このようなファシリテーターとしての姿勢を大切にして，グラフィッ

ク等のスキルを活用しながらよりよい会議の場を創造していくことも，今日ソーシャルワーカーに求められる重要な役割なのである。

☐ ソーシャルワークとプレゼンテーション

　ソーシャルワークの実践では，支援が必要な個人やその家族に対して，制度やサービスの内容や利用方法についてわかりやすく説明することが求められる。また，地域を対象とした実践では，地域住民の福祉への関心を高めたり，理解や協力を促したりするために，福祉に関する説明会や講習会を開催することもある。さらに，ソーシャルワーカーが関係する地域施設・機関や他の職種と連携する際に，利用者の情報や自らの役割や支援内容等について説明や伝達をすることもある。それ以外にも，たとえば自らが所属する組織や事業内容について，外部からの見学者に説明したり，学会や研修会，研究会等で発表する機会もある。

　このように，ソーシャルワークの実践では，ソーシャルワーカーが様々な情報を他者に伝達する機会，すなわちプレゼンテーションを行う機会が多くある。したがって，「伝える技術」としてのプレゼンテーション技術がソーシャルワーカーに求められるのである。

☐ プレゼンテーションとは

　プレゼンテーション（presentation）という言葉は，提示，発表，紹介，説明などと訳される。いずれにしても自らの意見や考え，そして情報を表現し，聞き手である相手に伝達する行為である。そして，それらの行為には，一定の情報を正確にまた効果的に相手に伝え，理解してもらうための様々な表現方法や情報伝達の技術（プレゼンテーション技術）が求められる。

　プレゼンテーションは，話し手から聞き手への一方的な行為ではなく，聞き手である相手に対して，内容についての理解や判断を促す営みである。いわば，話し手と聞き手との協働作業としてのコミュニケーションの方法である。したがって，プレゼンテーションを行う話し手は，話し方などの表現方法の工夫やパソコンの使用等によって，聞き手の立場や状況を考慮したわかりやすい説明を心がけることが必要である。プレゼンテーションの成否は，話し手がどう伝えたかよりも，聞き手である相手にどう伝わったか，すなわちその内容について，聞き手に共感や納得，賛同を得られたかどうかで決まるといえよう。

　そして，限られた時間のなかでプレゼンテーションを行い，一定の成果を得るためには，事前の準備が欠かせない。以下では，効果的な

プレゼンテーションのための準備や進め方について述べていく。

☐ プレゼンテーションの準備と進め方

① 目的の明確化

　最初に，「何のためのプレゼンテーションなのか」という発表の目的や意義を明確にすることが必要である。たとえば，地域福祉の推進のために住民の理解や参加・協力を促すのか，また，自らの実践や研究について学会等の場で専門家を相手に発表するのか，地域の関係者や関係機関を相手に，多職種・多機関連携・協働のしくみづくりのための提案をするのかなどである。このような明確な発表目的に沿って，自らの知識の確認や関連情報の収集や整埋，分析に努めなければならない。

② 聞き手（聴衆）に対する理解

　プレゼンテーションの準備として，対象となる聞き手がどのような人たちなのかを理解しておくことが必要である。職場内の人たちなのか職場外の人たちなのか，一般の人々なのか福祉や関連分野の専門家なのか，そしてそれらの人々は何のために聞きにくるのか，何を期待しているのかなどである。あわせて，想定される聞き手の人数や会場の広さや設備についての事前把握も忘れてはならない。それによって用意する資料の数やパソコン等の機器の活用などが異なってくる。

③ 配付資料や視覚資料の作成

　プレゼンテーションの際には，話の内容を簡潔にまとめた資料（レジュメやスライド等）の配付が，聞き手の理解を促すために有効である。資料の作成にあたっては，何より他者が見てわかりやすいものであることが大切である。たとえば，1枚のスライドに過度に情報を詰め込みすぎると，文字が小さくなり見にくいばかりか，聞き手が情報量の多さに圧倒されて何も印象に残らないということになりかねない。資料は簡潔でわかりやすく，かつ適切な分量で作成することが大切である。

④ プレゼンテーションの構成

　限られた時間のなかで，自らの見解を正確に聞き手に伝え，理解させるためには，資料の作成とともに，伝えたい内容の組み立てが重要である。基本的には，導入時に内容全体の要約，そして本論で細部を伝え，結論では重要な点や主張したい内容を再度まとめて説明するといった構成にすると，聞き手の理解が深まる。

⑤ 話し方や態度

　プレゼンテーションは，何よりその内容が重要であることはいうま

でもない。しかし，話し手の表情や態度，話し方が，聞き手への伝わり方に大きく影響するといっても過言ではない。こちらが伝えたいことを相手に聞いてもらい，理解してもらうことによってはじめて，プレゼンテーションは成立するという理解が大切である。聞き手を尊重し，聞き手に配慮する姿勢を忘れてはならない。

☐ 効果的なプレゼンテーションのために

　今日のソーシャルワークに求められるのは，様々な関係職種や関係機関，また地域住民との連携・協働による実践の展開である。そのためにソーシャルワーカーは，自らが伝えたい内容を聞き手にわかりやすく伝えるプレゼンテーション技術の獲得と向上が欠かせない。

　プレゼンテーションは，その内容のわかりやすい組み立てとともに，話し手である自分の態度や話し方への注意，また聞き手の理解を促すための資料等の作成や活用の仕方によって，よりよいものとなる。そのためには，十分な事前準備を行い，プレゼンテーションを実行し，終了後の振り返りや評価を行うことが重要である。このような毎回のプレゼンテーションの機会を，準備や振り返りの作業も含めて大切にすることが，その内容の質を高め，技術を向上させていくのである。

◯注

⑴　埼玉県立大学編（2009）『IPW を学ぶ——利用者中心の保健医療福祉実践』中央法規出版，12.

⑵　Reeves, S., Xyrichis, A. & Zwarenstein, M. (2018) "Teamwork, collaboration, coordination, and networking : Why we need to distinguish between different types of interprofessional practice." *Journal of interprofessional care*, 32(1), 1-3.

⑶　野中猛（2007）『図説ケアチーム』中央法規出版，89.

⑷　石川久展・松岡克尚（2012）「専門職ネットワークの構築・活用プロセスに関する研究——介護支援専門員のフォーカスグループ・インタビュー調査を通して」『人間福祉学研究』5，73-84.
　　相手に関わる情報を入手してコンタクトし，その相手のことをアセスメントした上で，つながるかどうかの判断をし，つながった場合に相手を活用するという一連の過程が取り扱われている。この過程で，「対人支援に携わるものとしての価値・倫理」「明確な信念・理念」「積極的な姿勢」といった価値，「基本的な対人支援技術」「問題解決能力」「物事の意味や意図をキャッチ」「情報収集能力」「軽いフットワーク」といった技術，そして相手につながってもらいたいと思ってもらえる「豊富な知識」が欠かせなくなると指摘されている。またネットワークを維持するためには「信頼関係の維持」「ギブ＆テイク関係」「定期的なコンタクト」「ネットワーク情報の更新」「ネットワーク情報の維持管理」が重要になることが示唆されている。

⑸　(3)と同じ.

⑹　JAIPE（日本保健医療福祉連携教育学会）をはじめとした様々な学会が参

加して，その開発が目指された「日本の多職種連携コンピテンシー」が参考になるだろう（多職種連携コンピテンシー開発チーム（2016）『医療保健福祉分野の多職種連携コンピテンシー』11-13.）。そこでは，コアとなるドメイン（領域）として，①患者・利用者・家族・コミュニティ中心（患者・サービス利用者・家族・コミュニティのために，協働する職種で患者や利用者，家族，地域にとっての重要な関心事／課題に焦点をあて，共通の目標を設定することができる），②職種間コミュニケーション（患者・サービス利用者・家族・コミュニティのために，職種背景が異なることに配慮し，互いについて，職種としての役割，知識，意見，価値観を伝え合うことができる）の2つが挙げられている。

そして，以上を支える中心ドメインが，次の4つであるとされている。すなわち，①職種としての役割を全うする（互いの役割を理解し，互いの知識・技術を活かし合い，職種としての役割を全うする），②関係性に働きかける（複数の職種との関係性の構築・維持・成長を支援・調整することができる。また，時に生じる職種間の葛藤に，適切に対応することができる），③自職種を省みる（職種の思考，行為，感情，価値観を振り返り，複数の職種との連携協働の経験をより深く理解し，連携協働に活かすことができる），④他職種を理解する（他の職種の思考，行為，感情，価値観を理解し，連携協働に活かすことができる），である。

以上は，あくまでも専門職によるメゾレベルのものであるが，利用者レベル，組織レベルでもこれらに準じるものと考えられる。

(7)　Homan, M. S.（2008）*Promoting community change: Making it happen in the real world*, Belmont: Brooks/Cole, 345.

(8)　Kahn, C.（1991）*Organizing: A guide for grassroots leaders*（revised ed.）, Silver Spring, MD: NASW Press, 175.

(9)　野沢聡子（2006）「『協調的交渉』のすすめ」ソーシャルワーカーの交渉術編集委員会編『チームケアを成功に導くソーシャルワーカーの交渉術』日本医療企画，32-39.

(10)　同前.

(11)　Rubin, H. J. & Rubin, I. S.（2001）*Community organizing and development*（3rd ed.）, Needham Heights, MA: Allyn & Bacon, 329-330.

(12)　(11)と同じ，332-335.

(13)　(9)と同じ.

◯参考文献

［第3節］

空閑浩人（2003）「プレゼンテーション技術」米本秀仁・川廷宗之ほか編著『社会福祉援助技術演習（社会福祉選書10）』建帛社，77-85.

國澤尚子編著（2019）『はじめて学ぶ"伝わる"プレゼンテーション——患者指導，カンファレンスから学会・院内発表まで』総合医学社.

森時彦（2018）『ストーリーでわかるファシリテーター入門——輝く現場をつくろう！』ダイヤモンド社.

大出敦編著・直江健介著（2020）『プレゼンテーション入門——学生のためのプレゼン上達術』慶應義塾大学出版会.

鯖戸善弘（2017）『対人援助職リーダーのための人間関係づくりワーク——チームマネジメントをめざして』金子書房.

谷益美（2014）『リーダーのためのファシリテーションスキル』すばる舎.

■ 第6章 ■

カンファレンスと事例分析

① 多様なカンファレンス

　単身世帯が増加し，社会的な孤立を余儀なくされる人々が増えている状況で，複合化する生活課題に対応するため，多職種・多機関が協働で支援する場面が増加している。このような協働を可能にするために，当事者のニーズと支援のプロセスを理解・共有し，多角的な観点から効果的な支援のあり方を検討するカンファレンスが重要になる。

　カンファレンスには，ケース・カンファレンス，地域ケア会議，ケア会議，サービス担当者会議，事例検討会など様々な呼称がある。このうち，地域ケア会議やサービス担当者会議のように，介護保険制度などの法令によって定められているものもあれば，臨床的あるいは教育的な必要性から開催されるものもある。参加メンバーもあらかじめ決められている場合もあれば，事例によってその時点で必要な者が参加することもある。

　さらに，カンファレンスの対象となる事例には，大別して，進行中の事例と終結した事例がある。進行中の事例では，目の前にある当事者の現時点の状況を吟味し，時間的な制約のもと最善の支援方法を検討し，支援につなげなければならない。他方，終結事例を対象に行われるカンファレンスは，事例検討会，事例研究会などと呼ばれることも多い。ここでは，支援のあり方を振り返り，その妥当性や課題が検討される。参加者は，支援に直接関わった者以外が加わることもあり，スーパーバイザーが出席して助言することもある。

　これらの多様なカンファレンスについて厳密な区分けはないが，ここでは，主に進行中の事例を扱う場合をカンファレンスと呼び，終結事例を検討する場合を事例分析と呼ぶことにする。[^1]事例分析は，研究や教育を目的に実施されることも多く，実際の終結事例に加えて，モデル事例や想定事例などが取り上げられることもある。本章第3節では，特にソーシャルワークの事例分析のあり方について，事例研究との異同に着目しながらふれることにしたい。

　さらに，カンファレンスは，個別事例に関する方法論の改善にとどまらず，その積み重ねによって特定の事例に共通する効果的な方法論を提起あるいは検証し，地域的，制度的な課題として普遍化し，資源の創出や政策形成につなげる機能を有する。本章第4節では，その一例として介護保険制度における地域ケア会議を取り上げ，ミクローメ

ゾーマクロをつなぐカンファレンスの意義と課題についても言及する。

 ## 力動的・循環的プロセスとしてのカンファレンス

☐ カンファレンスの構成要素

　ソーシャルワークの価値に依拠するカンファレンスは，当事者の意思と自己決定を基本としながら，参加者が当事者の**全人的（ホリスティック）**な理解にもとづき課題を理解・共有し，当事者の視点から最も適切で効果的な支援の方法を導きだす力動的・循環的なプロセスである。

　この一連の構成要素とプロセスを示せば，**図6-1**のとおりになる。まず，カンファレンスの本来の目的は，当事者の視点からその課題を効果的に解決することにある。そのために，課題解決の方法を共有，協議，評価，改善し，それが最も効果的なものになるよう，参加メンバー個人およびチームとしての力量や支援能力を高めることが求められる。

　またカンファレンスは，構成（参加者および役割），プロセス，スキルの各要素が有機的に連動しながら展開する。その際，展開の中心であり起点となるのは参加者の関係性と**グループ・ダイナミクス**である。特に必要となるのは協働関係であり，その基盤には信頼関係がなくてはならない。そのうえで，既存の取り組みによって支援課題が解決されない場合は，その原因を探り，原因が地域資源の不足や制度の不備にある場合は，地域の課題として普遍化し，資源の開発や政策提言につなげていく。こうした一連の成果は，あらためて個人の課題への取り組みにフィードバックされる。このように，カンファレンスは力動的であるとともに循環的な，ミクロ─メゾ─マクロの次元にまたがるソーシャルワークの方法として位置づけられる。

☐ 参加メンバーの構成

①　当事者・家族／専門職

　参加者に，(1)当事者・家族が参加する場合と，(2)専門職のみで実施する場合があり，両者ではカンファレンスの位置づけや内容が異なる。当事者・家族が参加する場合は，彼らが協議の中心的存在になり，わかりにくい専門用語は使わずに，彼らが率直に自分の意思や希望を話せるような工夫が必要になる。本来は，当事者のことを話し合うカン

⏵全人的（ホリスティック）
....
人間を，身体的・心理的，社会的，文化的，環境的，スピリチュアルなあらゆる観点からとらえること。

⏵グループ・ダイナミクス
....
集団力学とも呼ばれる。集団は個人の思考や行動に影響を与えると同時に，個人は集団の思考や行動にも影響を与える。集団と個人間の関係性や発達プロセス，集団の圧力や凝集性，集団間の関係なども検討の対象となり，チーム研究などに活用される。

図6-1　カンファレンスの構成要素とプロセス

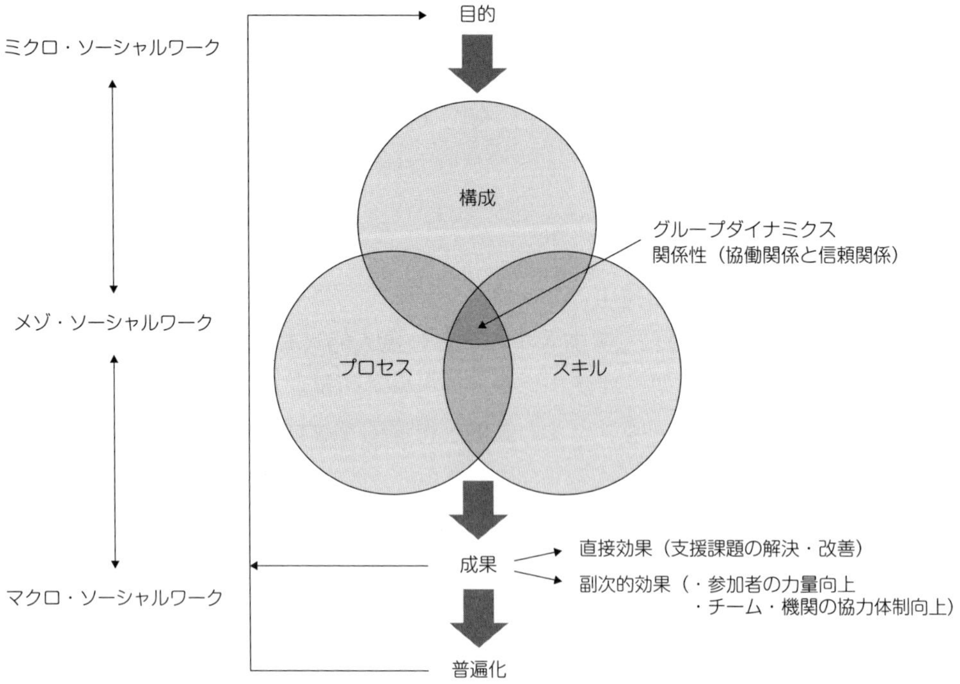

ミクロ・ソーシャルワーク

メゾ・ソーシャルワーク

マクロ・ソーシャルワーク

目的

構成

グループダイナミクス
関係性（協働関係と信頼関係）

プロセス　スキル

成果 → 直接効果（支援課題の解決・改善）
　　　→ 副次的効果（・参加者の力量向上
　　　　　　　　　　　・チーム・機関の協力体制向上）

普遍化

出所：筆者作成.

ファレンスであれば，当事者抜きに行わないことが原則であるが，当事者の心身の状況から同席が難しいことも多く，実際には当事者・家族を含めない場合もある。ただし，当事者・家族が参加しない場合であっても，当事者に本人の情報が共有されることを事前に了解をえておく必要がある。そのうえで，ソーシャルワーカーには，日頃の実践を通して把握している当事者の意思や自己決定を代弁する役割が求められる。

② 固定的／流動的

カンファレンスに参加するメンバーは，(1)固定的な場合と(2)流動的な場合がある。前者は，同一の機関などで定例的に設けられているものが多く，多職種が参加するものもあれば，特定の職種に限られる場合もある。一方，参加メンバーが固定されていない場合は，ケースの支援課題に応じて招集される。

たとえば，地域包括支援センターで実施される困難事例の個別地域ケア会議では，課題に応じて医療関係者，法律関係者，民生委員，介護支援専門員，介護サービス提供事業所，保健所職員，生活保護ケースワーカーなどが参加する。事例の課題に応じて，緊急に開かれる場合もある。

③　職種と機関

　参加メンバーの職種と所属により，カンファレンスは，(1)多職種・多機関，(2)多職種・単一機関，(3)単一職種・多機関，(4)単一職種・単一機関，の4つの参加類型に分けられる。

　(1)多職種・多機関で行われるカンファレンスは，主として在宅の当事者を支援する場合に開かれる。様々な価値観，役割，立場にある職種や機関が参加するため，意見や方針の対立が生まれ，合意の形成が難しい場合もある。こうしたカンファレンスでは，地域包括支援センター，児童相談所，介護支援専門員など中立的あるいは責任をもつ立場にいる専門職や機関がリーダーシップをとることで，対立や混乱を最小限に防ぐことが可能な場合もある。ただし，特定の参加者の権限が強くなると，参加メンバーが自由に意見を言えなくなることもあるため注意が必要である。

　(2)多職種・単一機関のメンバーが参加するカンファレンスは，入所施設や病院，児童相談所など多職種が包括的な支援を提供する機関で実施される。単一機関であるため，目的が明確で意思の疎通が図りやすい反面，定例化して新しい視点が出なかったり，施設や機関内の役職などの上下関係が発言に影響を与える可能性もある。

　(3)単一職種・多機関のカンファレンスは，特定の職種の専門職団体などが行う事例検討会や研修などでみられる形態である。同じ職種であることから，価値や方法論を共有しており議論が焦点化しやすく，教育的効果を図りやすいという利点はあるが，異なる視点をもつ意見や助言が限られるという制約もある。

　(4)単一職種・単一機関のカンファレンスは，日々の業務の一環として行われることが多く，より具体的に支援の方針が議論されるため，ベテランの力量あるスタッフからの直接的な助言が得られるというメリットがある。ただし，職場内の上下関係に縛られる可能性や，幅広い視野から事例を考えることが難しいという限界もある。

❏ 参加メンバーの役割

　カンファレンスには，参加メンバーにあらかじめ一定の役割が割り振られている定型的なカンファレンスと，進行役はいるが，それぞれの参加者が自由に意見を述べる非定型的な場合がある。定型的なカンファレンスでは，一般に①司会者／ファシリテーター，②事例報告者，③記録者，④事務局，⑤参加者があらかじめ設定される。

①　司会／ファシリテーター

　まず司会とファシリテーターは同義ではない。ファシリテーターは，

中立的立場にたって参加者の多様な意見を引き出し，意見の相違や対立を調整しながら，チームによる創造，変革，問題解決，合意形成を支援・促進する役割が期待される。そのために，場をデザインするスキル，対人関係のスキル，議論を構造化するスキル，合意形成のスキルなどが求められる(3)。一方，司会は一定の次第や時間的枠組みにそって議事を円滑に進行する役割をはたし，意見の混乱を防ぐ調整を行う。

② 事例報告者

事例報告者は，カンファレンスで議論が必要な事例について，事例の概要，背景，生活歴，ニーズとストレングス，本人の意思や希望，支援目標，支援の内容と経過，課題や問題点などをわかりやすく整理して報告する。表6-1のような書式が用いられる場合もある。

事例を報告する際には，本人の認識，支援者の認識，客観的な事実の3つの側面を，第三者である参加者が区別して理解できるように提示する。そのうえで，特に課題だと思っていること，迷っていること，議論して欲しい支援課題を焦点化し，限られた時間のなかで有意義な議論ができるようにする。なお，報告にあたっては，個人情報の保護には十分に注意し，内容が参加者以外の第三者に漏洩することがないよう徹底する。カンファレンス終了後は，必要に応じて資料を回収し，シュレッダーなどで廃棄する。

③ 記録者

記録者は，カンファレンスで話し合われた内容を記録し，それを参加者と共有する。記録は，ホワイトボードにリアルタイムで書くことで，話し合いを整理するツールになることもある。また，パソコンで作成したものを電子記録として共有し，議事録として欠席者に配布したり，正式な記録として機関に保存する。

④ 事務局

カンファレンスの事務局は，事前に日程や場所を調整，確保し，参加者への連絡を行う。場所や日程は，参加者が集まりやすいよう配慮し，会場はプライバシーが守られる空間を用意する。介護保険制度におけるサービス担当者会議のように，欠席者からも別途，事前に意見を書面で出してもらい，会議で報告するとともに，記録として残さなければならない場合もある。

⑤ 参加者

参加者は，それぞれの専門性や立場から見解を述べ，効果的な支援の展開に参加，協力する。参加者は，報告者の考えや支援方法を一方的に否定したり，批判しないことが重要であり，特に教育的な意味をもつカンファレンスでは，これを原則とする。参加者は，職種や立場

表6-1　カンファレンス・フェイスシート（例）

		報告者		報告日	
事例タイトル／検討課題					
対象者氏名		年齢		住所	
家族構成（ジェノグラム）	家族関係		エコマップ（地域資源との関係性）		
〈背景・生活歴〉					
〈疾病，入院歴〉				〈主治医〉	
〈要介護度〉		〈認知症〉		〈各種障害手帳等〉	
		ストレングス		ニーズ	
身体的状況					
精神的状況					
心理的状況					
社会的状況					
居住環境					
経済的状況					
スピリチュアリティ					
その他					
本人の認識・意思 家族の認識・意思					
支援経過 （サービス利用を含む）					
支援目標と支援プラン					
検討すべき支援課題					
残された課題					

を超えて対等な関係であることが望ましいが，特定の権限をもつ参加者が一方的な意見を述べ，他の参加者が意見を言えない状況を生み出すことがある。こうした弊害を防ぐため，あらかじめ発言のルールを決めたり，司会者が発言の少ない参加者にコメントを求めるなどの工夫をし，多くの参加者からインプットを得られるようにする。

□ カンファレンスのプロセス

カンファレンスには個別の目的があり，プロセスもそれによって異なるが，一般的に①目的の確認，②事例の概要把握，③当事者の全人的な理解の共有，④支援課題の明確化，⑤支援課題の検討と支援方針・プランの決定，⑥役割分担の協議・確認，⑦支援プロセスのモニタリングと評価，⑧残された課題への対応，⑨総括，といった内容が含まれる。

① 目的の確認

同じ当事者，参加メンバーによるカンファレンスであっても，初期の支援方針を決めるものなのか，緊急事態が生じたため開催されるのかなどによって，個々のカンファレンスの目的は変わってくる。限られた時間の範囲内で，今日のこのカンファレンスが何を目的とし，どの範囲で何について情報共有や合意をめざすのかを冒頭で全員で確認する。

② 事例の概要把握

議論される事例について，その概要を提示する。参加メンバーはいつも同じとは限らないため，はじめて参加したメンバーであっても，短時間で全体像を理解することにより，カンファレンスにスムーズに参加することが可能になる。前出の**表6-1**のように，概要が一目でわかるフェイスシートの活用も有効である。

③ 当事者の全人的な理解の共有

カンファレンスの対象となる当事者の生活歴とともに，様々なニーズとストレングスの双方を理解する。また，人間には，身体的，精神的，社会的，経済的，環境的，スピリチュアルな側面があるが，これらの諸側面を相互に関連しあうものとしてとらえ，全人的（ホリステック）な理解を共有することが重要である。その際，客観的と思われる事実と，本人が認識している現実があり，両者が一致しないことも少なくない。いずれも重要な「現実」であり，両者の乖離やそれが生じる背景や要因を探ることが全人的理解を深めるポイントになる。

④ 支援課題の明確化

当事者の全人的理解にもとづき，今，必要とされている支援課題を

明確にする。ここでは，個別の専門職が行うアセスメントではなく，カンファレンスに参加しているメンバーが多角的な視点から析出した支援課題を明確化して共有することが重要である。大きな支援課題のなかに，複数の小さな支援課題が絡み合っていることが少なくない。支援課題の明確化では，このように複雑な課題をブレークダウン（細分化）し，対応可能な個別課題に整理していくことが有効である。

　⑤　支援課題の検討と支援方法・プランの決定

　支援課題が明確化された後は，取り組むべき優先性に配慮しながら，支援課題の背後にある要因や課題間の相互関係も分析し，問題解決を可能にする働きかけやサービスの導入についても検討する。支援課題の構造的な検討にもとづき，支援の方向性や内容を比較検討しながら，最善な支援方法を取捨選択し，支援プランを作成する。

　⑥　役割分担の協議・確認

　支援計画の作成においては，誰が何をどのように担うのかという役割分担を決める。職種の専門性から自ずと役割が決まる場合もあれば，誰が何をするか協議が必要になる場合もあるだろう。虐待などの困難事例では，一人で対応しない方がよい場合もあり，個別の課題についても具体的な協力体制の構築を検討する。

　⑦　支援プロセスのモニタリングと評価

　カンファレンスでは，決定した計画にそって，支援プロセスが予想どおり展開しているか，どのような効果がみられるかを支援者らが報告し，その内容を多面的に評価する。このプロセスでは，報告者の実践の振り返りにもなると同時に，複数のメンバーも同時に実践している場合は，それぞれが支援の状況を報告することになる。支援が想定どおり進まない場合，何が原因でうまく進まないのか，何をどのように変えることで事態を変えることができるのかを多角的に検討する。

　ソーシャルワークの支援は機械的なものではなく，当事者，家族，支援者の複雑なコミュニケーションを含むプロセスである。モニタリングにおいては，こうしたプロセスに生じる目に見えない感情的，関係的側面もとらえなければならない。参加者は，当事者の視点や気持ちとともに，報告者の視点や気持ちの双方を共感的に理解する必要がある。カンファレンスは，何よりも参加者が相互に協力しあい，**燃え尽き症候群**■を予防し，支え合うサポート・システムでもある。報告者が困難に直面していれば，参加者は代替案を模索し，精神的サポートも提供しながら，チームとして支援計画の再検討を行う。

　⑧　残された課題への対応

　カンファレンスで合意が形成され，支援が展開されて一定の効果が

■ 燃え尽き症候群
バーンアウトシンドロームとも呼ばれる。仕事などに没頭していた人が，心身の極度の疲労の蓄積により燃え尽きたように意欲を失い，社会生活や役割を果たすのが難しくなること。

みられると，カンファレンスの終了が見えてくる。しかし，長年にわたって形成された課題は，短期間のうちにすべてが解決するとは限らない。当面の課題は解決しても，解決が難しい長期的な課題が残る場合もある。カンファレンスでは，こうした残された課題についても検討し，今後，どのように取り組むのか協議する。課題によっては，特定の専門職や機関に引き継いだり，地域の民生委員，家族などに支援や見守りを要請することもある。

⑨　総　括

最後に，このカンファレンスによって何がどこまで達成され，何が達成されなかったのかを全体で評価し，共有する。支援の成果は点数でとらえられるものではなく，その効果にはすぐにわからないものもある。総括においては，そのことを前提にして，当事者，報告者，参加者がカンファレンスというプロセスによって何に気づき，どのように変わったのかを相互に確認し，それぞれの成長を認め合い，反省点や課題を共有する。

❏ カンファレンスのスキル

カンファレンスには，ファシリテーション，コミュニケーション，アセスメント，スーパービジョン，記録などの多様なスキルが用いられる。これらのスキルは，ソーシャルワークのスキルでもあり，本書や本シリーズの他巻で詳述しているため，それらを参照していただきたい。ここで留意すべき点は，カンファレンスでは，担う役割によって発揮すべきスキルが異なることである。

たとえば，合意形成の技術であるファシリテーションは，特に司会を担当する者に求められるスキルであり，記録は事例報告者や記録を担当するメンバーに重要なスキルである。一方，コミュニケーションは，すべての参加者に必要なスキルである。質問や助言を通して，発言者はその意図を相手に伝え，受け手がその意図に応答することで，両者がともに変化するという点で，カンファレンスのグループダイナミクスやプロセスに影響を及ぼす。

また，カンファレンスには，目的や参加者によって程度の差はあるが，スーパービジョンの要素である支持的，教育的機能が求められる。参加者にスーパーバイザー的な役割を果たす者がいればその参加者が中心になることもあるが，そうでない場合ではピア・スーパービジョンの形態をとる。[4]

❏ 参加者の関係形成

　前出図6-1（106頁）の中心にあってカンファレンスの起点となるのは，参加者の関係形成とグループダイナミクスである。カンファレンスで求められるのは，相互の信頼関係を基盤とする協働関係の形成である。協働関係が構築されるためには，参加者がカンファレンスの目的と役割分担を理解，共有し，民主的なリーダーシップと対等な関係性のもとで相互的なコミュニケーションを図ることが重要になる。

❏ 成　果

　最後に，カンファレンスの成果はどのようにとらえることができるのであろうか。まず，直接的な成果として，本来の目的である，当事者のもつ課題の効果的な解決がなされたかどうかという観点から考える必要がある。同時に，カンファレンスの副次的な成果として，参加メンバー個人の力量とともに，参加者を含めたチームや機関相互の理解が促進され，チームとしての協力体制や支援能力が向上することも重要である。

③ 事例分析の方法

❏ 事例分析と事例研究

① 事例分析

　事例分析は，報告者が自らの実践を振り返り，参加者とともに課題や支援方法を多角的に検証することで，報告者および参加者がそれぞれの実践を省察し，専門職あるいは専門機関としての力量を高めることを目的とする。事例分析では，報告者は特定の事例について，個人的，環境的，制度的，歴史的，関係的な諸要因の関連を構造的にとらえて当事者の全人的な理解を深め，支援プロセスを対象化して記述する。そのうえで，参加者とともに支援のプロセスと効果を検証することで，報告者および支援チームの気づきを促し，それぞれの力量を高める方法である。また，事例分析を通して，特定の場面に有効な方法やスキルが検証されたり，事例分析の累積を通して，効果的な方法やスキルが普遍化されることもある。なお，事例分析は，1人で行う場合もあるが，多職種や多機関の複数のメンバーとともに実施されることが多い。

② 事例研究

　事例研究は，事例分析をもとに一定の仮説や新しい知見を抽出することを目的に行われる。『社会福祉実践基本用語辞典』（川島書店，1990年）によれば，事例研究は「主として研究や教育を目的として行われ，対象の特異な事象や個人に関わる様々な問題やその背景について，詳細な個別的，具体的な調査を実施し，その因果関係全体を究明していくことを意図している。さらに，これらの所見をふまえて，問題解決への手がかりや方向を個別具体的に見出していくことを目的に展開される」と説明されている。(5)

　事例研究は，事例分析をもとに，事例をめぐる因果関係などの「探索」，「記述」，「説明」などの目的に応じたリサーチ・クエスチョンを設定し，現象を構造的に説明したり，理論仮説の構築をめざすものである。事例研究で対象となる事例には，支援のあり方そのものの検討が必要な困難事例，理論の仮説を導きだすことが可能な典型的なモデル事例，定説に相反する内容を含む事例，特殊な事例などがある。(6) 事例分析がすべて事例研究へ発展するわけではないが，事例分析は事例研究の基礎といってよいだろう。

☐ 事例分析と省察的実践

　『広辞苑』（第7版）（2018年）で「省察」は，「自分自身を省みて考えめぐらすこと」と説明されている。(7) ソーシャルワークでは，支援者と当事者が相互作用しあいながら現実をとらえる過程が，双方に変化をもたらすという認識から，支援者と当事者の行動の原因—結果を評価し，実践の見直しを図るプロセスを意味している。省察的実践を提唱したショーン（Schön, D. A.）は，不確実性や葛藤のなかで難しい判断や対応を求められる専門職には，既存の技術や知識を活用するのみならず，日々の実践において「行為の中の省察」（reflection-in-action）によって問題設定し，解決策（知）を生み出すことが求められることを指摘する。(8) 事例分析は，問題設定から解決策（知）を生み出す実践につなげる可能性を拡げることから，こうした省察的実践を促す一つの方法であるともいえるだろう。

　ところで，ソーシャルワークの「省察的実践」が提唱される背景には，「エビデンスにもとづく実践」の提唱と，**社会構築主義**の台頭という2つの影響がある。エビデンスにもとづく実践は，これまで経験や勘によってなされてきた実践を見直し，科学的な根拠による実践への転換をめざすものである。厳密な科学的根拠は，**実験モデル**による検証を必要とするため，ソーシャルワークでは倫理上の難しさもあっ

▶社会構築主義
すべての意味や知識が，言語を媒介とする社会的プロセスによって創造され，歴史的，文化的文脈のもとで制度化され，現実世界が構築されるとする認識論。

▶実験モデル
バイアスを取り除き，科学的な効果評価を目指す観点から，ランダムに割り当てられた実験群と統制群への効果を統計的に比較分析する研究モデルなどをさす。

てその蓄積は限られているが，実践を「見える化」し，そのプロセス
や効果を科学的に示す努力は必要である。

　一方，社会構築主義は，近代科学が前提としてきた合理性や客観性
に疑問をなげかけ，社会的に生み出される「ことば」やそれによって
構築される一人ひとりの世界に着目する。当事者の視点からは，専門
職による一方的な判断や支援が批判され，当事者と支援者の協働によ
る問題解決プロセスが重視される。

　こうした2つの潮流は，事例分析のあり方にも変化をもたらしてい
る。第一に，エビデンスにもとづく実践が関連領域で普及するなかで，
ソーシャルワーク実践を体系的に分析し，当事者や他の専門職者へ説
明責任を果たす責務が従来にもまして求められる点である。第二に，
当事者の現実認識や語るストーリーを重視することである。当事者か
らみえる世界や想いを本人にとっての「事実」の一部であるととらえ，
その視点から事実の意味を解釈し，支援を考察しなければならない。
また，支援者にもそれぞれの視点とストーリーが存在する。事例分析
は，報告者や参加者がそれぞれの世界観を共有し，多様な視点から当
事者への支援を検討することで固定観念から脱却（脱構築）し，新し
い世界観の再構築を促して支援者とチームの力量を高める手段ともな
るのである。

☐ ソーシャルワークの事例分析プロセス

　事例分析は多様な場面で行われるが，ここでは，特にソーシャルワ
ークの事例分析で用いられるプロセスについて提示する。報告におい
ては，前出表6-1（109頁）のフェイスシートに加え，表6-2のよう
な事例分析フォーマットを使うとわかりやすい。

①　事例概要の提示

　事例分析は，報告者が自分が主に担当した事例について報告し，そ
の支援の内容を参加者が理解し，支援のプロセスを検討するものであ
る。その際，支援に直接関わっていない者が参加する場合もある。事
例の概要を提示することで，参加者が事例の全体像を理解し，短時間
で分析のプロセスに加わることが可能になる。

②　全人的な理解の共有

　ソーシャルワークの事例分析では，特に当事者がとらえる世界の理
解が重要になる。また，報告者／実践者に思い入れや葛藤などの複雑
な感情が交錯し，当事者理解に影響を与えている場合がある。参加者
は報告者のこのような感情についても理解し，報告者がとらえる世界
を理解することも重要である。そのために，質問や確認を行いながら，

表6-2 事例分析用シート（例）

本人の現状認識と意思		
家族の現状認識と意思		
支援者の現状認識と課題		
全人的アセスメントから みる課題の構造分析と ソーシャルワーク・ニーズ		
支援内容，経過，変化	本人・家族	報告者・他の支援者
支援における課題		
考　　察		
残された課題		
検討結果		

注：事例概要はカンファレンス・フェイスシート（表6-1）を併用。

多角的な視点から当事者の全人的理解の共有を図る。

③　ニーズの構造的分析

　当事者の全人的な理解にもとづき，ソーシャルワークによって取り組まれるべきニーズを明らかにする。ソーシャルワークのニーズはチェック表に記入するような単純なものではない。そこにいたる歴史的経緯と様々な人や環境の関与が複雑に絡み合い，生成される。ここでは，こうしたニーズの因果関係や生成プロセスを構造的に分析し，そ

の明確化を図る。

④　支援内容，支援経過，変化

明らかになったニーズに対して，どのような支援がどのように提供されたのか，その過程で当事者や支援者にみられた変化や困難などの経緯が示される。ソーシャルワークでは，支援は単なるサービスの提供では終わらない。サービスにつなげるソーシャルワーカーの働きかけの内容や当事者との間に築かれる関係性が，問題解決に大きな意味をもっている。支援内容や経過には，このような関係性やその背後にある双方の感情的側面にも着目する。

⑤　支援課題の焦点化

事例分析では，支援が思ったようになされず，報告者のみでは整理や解決がつかなかった課題や支援を焦点化して検討する。この検討プロセスが，参加者の貢献が求められる最も重要な場面である。なぜ，そのような状況に至ったのか，背景や要因を含めて多角的に検討する。参加者は，支援の意図を報告者の視点から共感的に理解し，課題と支援のミスマッチ，課題の複雑さ，報告者や支援者の判断やスキルを分析し，質問や助言を行う。助言を行う場合も，報告者のみならず参加者全員が自ら自分の課題として気づけるよう促していくことがポイントである。

⑥　成果の共有

事例分析は，報告者にとって自分の力量が参加者に評価される，心理的な負荷のかかる場面である。参加者は，こうした課題を乗り越え，貴重な支援の情報を提供してくれた報告者を尊重し，また，報告者は参加者の助言や意見に感謝する。このような共感的で支持的な相互交流やサポートによって，報告者も参加者も学びを実感し，専門職として成長していくことができる。その意味で，事例分析には教育的，支持的機能をもつグループ・スーパービジョンの要素が必要であり[9]，参加者間の信頼関係がその基盤になくてはならない。

☐ 倫理的配慮

カンファレンスおよび事例分析の双方において，ソーシャルワークの価値と倫理にもとづき，当事者の権利を守る観点から倫理的な配慮が必要になる。当事者が何らかのかたちでカンファレンスに参加することが望まれるが，現実的はそれが難しいことが多い。しかしその場合は，事例の当事者に支援者の間で情報が共有されることを説明し，同意をとることが必要である。その際には，同意しないことにより，本人が不利益を被ることがないことも伝える。

そのうえで，当事者本人のプライバシーがメンバー以外に漏洩しないよう，細心の注意を図らなければならない。支援に直接関わらない部分は，固有名詞を避けて必要最低限の情報の共有に留めるようにする。終結事例においては，メンバーに対しても個人情報は匿名化し，本人が特定されないように配慮する。

 # ミクロ―メゾ―マクロをつなぐカンファレンス

☐ 地域ケア会議とは何か

　地域ケア会議は，虐待や支援拒否など，介護保険サービスでは解決できない支援困難な事例の対応を個別に検討し，そのうえで解決が困難な課題を地域の課題として普遍化し，代表者レベルで開催される地域ケア会議につないで資源開発や政策形成をめざすものである。地域ケア会議は，**図6-2**のとおり，重層構造になっており，名称は各地域によって異なるが，たとえば個別ケースの検討を行う場合を「個別地域ケア会議」，日常生活圏域における課題の検討や抽出を行う場面を「地域ケア会議」，市町村などより広域な自治体レベルで課題解決の方法を検討する会議を「地域ケア推進会議」などと呼称する場合もある。

　地域ケア会議は，①個別課題解決機能，②ネットワーク構築機能，③地域課題発見機能，④地域づくり・資源開発機能，⑤政策形成機能の5つの機能を有し，それらが連動することによって，必要なサービスが切れ目なく提供される地域包括ケアシステムの構築をめざすしくみとなっている。これらの機能は，ミクロからマクロの領域に展開するソーシャルワークの機能にも対応する。

☐ 地域ケア会議の問題点

　介護保険法にも盛り込まれた地域ケア会議であるが，個別のケア会議が地域づくりや資源開発につながるという全体像が見えにくく，現場では混乱や形骸化も生まれている。足立里江はその原因を，①地域ケア会議の目的・内容・参加者のミスマッチ，②介護の目的が参加者全員で共有されていない，③ケアマネジメントを支援するための「アセスメント」の枠組みや，事例を検討するための「枠組み・ルール」が共有されていない，④個別課題と地域課題を同じテーブルで検討しようとしている，⑤「個別課題から地域課題」，「地域課題から資源開

図6-2　地域ケア会議の5つの機能

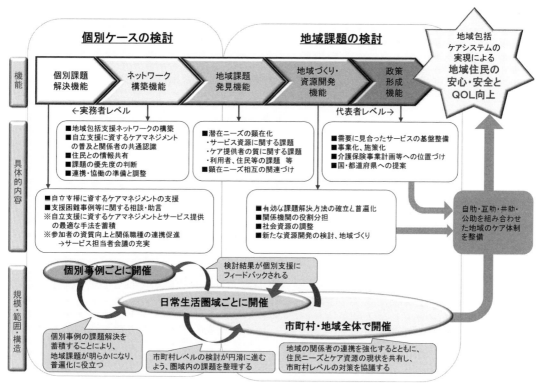

出所：厚生労働省老健局振興課（2016）「地域包括ケアシステムにおける地域ケア会議の役割について（資料）」（https://www.mhlw.go.jp/file/06-Seisakujouhou-12600000-Seisakutoukatsukan/0000114063_4.pdf）.

発・政策形成」へ結びつける道筋がない，という5点を指摘している。[10]
現在，多くの自治体に多様なカンファレンスや会議が存在しており，それぞれが似たような課題を対象としている場合も少なくない。しかし，現場では全体が俯瞰されず，参加者の間にミクロからマクロへの連動が意識されにくい状況になっている。

☐ ミクロ─メゾ─マクロをつなぐカンファレンスの意義と課題

　上述した課題に対応し，地域ケア会議が本来の機能を果たすために，地域ケア会議の全体のビジョンと各会議の位置づけの明確化が求められる。また，各会議の目的に応じた事例検討のための枠組みやルールが共有され，参加者がそれぞれの役割を確認する必要がある。そのうえで，会議間の情報の共有や流れを「見える化」し，相互のフィードバックを図る必要もあるだろう。地域課題への析出を行っても，それが代表者レベルの会議でどのように議論され，どのような結論が導きだされたのかがわからなければ，図式は絵にかいた餅になり，形骸化することになりかねない。地域ケア会議では，当事者，支援者（報告

者），参加者に加え，政策形成に携わる事務局となる行政がそれぞれの役割分担を明確化して，各カンファレンス／会議及び全体の課題解決機能が最大限発揮されることが求められる。

　こうした課題は，地域ケア会議のみならず，ソーシャルワークの現場で行われる多様なカンファレンスにもあてはまるものである。前出の**図 6 - 1**（106頁）で示したように，ソーシャルワークにおけるカンファレンスは，ソーシャルワークが社会的に形成されている課題を対象とする以上，その課題は特定の次元のみならず，あらゆる次元に関わっている。カンファレンスは，このような多次元の連関を明らかにし，目の前の具体的な事例の解決はもとより，その積み重ねによってより普遍的な課題解決の方法を析出したり，必要な資源の創出や政策的な対応にもつなげる活動＝方法であることを確認したい。そのことにより，カンファレンスや事例分析は，ミクロ─メゾ─マクロをつなぐ，ダイナミックなソーシャルワーク実践の一部として機能するのである。

○注 ───────

⑴　AAA 研究会（2019）『チーム力を高める　多機関協働ケースカンファレンス』瀬谷出版.

⑵　野中猛・高室成幸・上原久（2007）『ケア会議の技術』中央法規出版を一部参考にした。

⑶　中野民夫（2003）『ファシリテーション革命──参加型の場づくりの技法』岩波書店.

⑷　渡部律子（2007）『気づきの事例検討会』中央法規出版.

⑸　社会福祉実践理論学会編（1990）『社会福祉実践基本用語辞典』川島書店，78-79.

⑹　山本力・鶴田和美編著（2005）『心理臨床家のための「事例研究」の進め方』北大路書房.

⑺　新村出編（2018）『広辞苑〔第 7 版〕』岩波書店，1604.

⑻　Schön, D. A.（1983）*The Reflective Practitioner: How Professionals Think in Action*, Basic Books.（＝2007，柳沢昌一・三輪健二監訳『省察的実践とは何か──プロフェッショナルの行為と思考』鳳書房）

⑼　岩間伸之（2005）『援助を深める事例研究の方法──対人援助のためのケースカンファレンス〔第 2 版〕』ミネルヴァ書房.

⑽　足立里江（2015）『兵庫・朝来市発　地域ケア会議サクセスガイド』メディカ出版.

■第7章■

ソーシャルワークにおける
ICTと個人情報

急速なコンピュータ化や情報化により，2007年度の社会福祉士カリキュラムの改正から，ICT（情報通信技術）や個人情報保護に関する教育内容がソーシャルワークのシラバスに組み入れられることとなった。ICT化は，その後一層進んでおり，今では，ソーシャルワーカーは，ICTやそれに伴う個人情報保護の理解なくしては業務や支援ができなくなっている。さらには，2020年からの新型コロナ感染症の拡大により，できる限りICTを活用することが進められており，今後ソーシャルワークの業務に一層ICTが組み入れられていくことになる。本章では，ソーシャルワークとICTとの関連，また，ソーシャルワークでの個人情報の扱い方について学んでいく。

① ICTとソーシャルワーク

❏ 情報化とICT

　現在のソーシャルワークにおいて，コンピュータを活用することは一般的になってきており，その活用なしに実践するのは難しくなってきている。コンピュータ等による情報化が日常業務のなかに入り込んできており，本節ではまず，ICTとソーシャルワークとの関連を理解しておく。

　IT（Information Technology）という用語は，情報・通信に関する技術一般の総称であり，日本語では「情報技術」などと訳されている。2000年初頭までは，ITという用語が一般的に使用されていたが，近年，日本でもITに「コミュニケーション」が加えられたICT（Information and Communication Technology）という用語がITに代わる用語として使われ始め，現在はICTが「情報通信技術」と訳され，定着している。これには，海外においてはICTがすでに一般的に使われていること，また，総務省の「IT政策大綱」が2005年に「ICT政策大綱」と改称されたことが大きな要因となっている。そこで本章でも，近年の動向を踏まえ，ITではなくICTという用語を用いることとする。

　情報という語は，今や私たちの日常生活において，当然のように使用されている。しかし一体何を意味するのかというと，この用語を使用する領域等によって異なり，明確で統一的な定義をすることは困難である。

　『広辞苑』（第6版）によると，情報とは①「あることがらについての知らせ。②判断を下したり行動を起こしたりするために必要な，

種々の媒体を介しての知識」と定義されている。[(1)]

　社会福祉との関連で情報を考えると，生田正幸は，情報には，物事の動向などに関する「知らせ」と，何らかの判断や行動を起こす際に重要な要素となる「知識」の2つがあるとしている。[(2)]情報の「知らせ」としての機能とは，私たちが周りで起こる出来事を，マスメディア等によって供給される情報によって知ることができることである。それは人と人，組織と組織，人と組織などを結びつける役割を担っている。

　また，情報の「知識」としての機能とは，情報が蓄積され体系化されることにより，知識としての機能をもち，それが何らかの判断や行動を起こす際の重要な要素になる，と説明している。

　さらに生田は，情報の特質を6つの点からとらえている。[(3)]それらは，①複製の作成と形態の変換の容易さ，②伝達と保管の容易さ，③共有の容易さ，④アクセスのための条件整備の必要性，⑤価値や評価の相対性，⑥蓄積による価値の高まり，である。近年，インターネットの急速な普及により，コンピュータを通じて得ることができる情報は飛躍的に増大しており，しかも距離や地域性に関係なく，インターネットを通して情報が得られるという点から，今日的な特質として，伝達の速さ，安価さなどを加えることができる。

❏ ハードウエアの発達

　情報通信に関わるハードウエアには，様々なものがあるが，最も代表的なものとしてコンピュータがある。コンピュータは，そもそも1940年代に計算機物理学の「道具」として発明されたものであるが，この時代のコンピュータは，真空管による大型コンピュータであった。それ以降，技術の革新と共にコンピュータは高性能化・ダウンサイジング化されてきた。1970年代には，パーソナルコンピュータ（通称：パソコン）が登場しはじめ，1980年代から1990年代にかけて急速にシェアを伸ばすようになった。

　パソコンは，それまでの主流であった超大型コンピュータ（ホストコンピュータ）に取って代わるようになった。なお，パソコンは，登場しはじめた当初は，ワープロ機能あるいはデータベース機能をもつものとして主に使用されていたが，1990年代になると，コンピュータと電気通信が統合し，コンピュータは通信端末の機能をもつことで，インターネットが開発され，通信機能をもつ道具としても使用されるようになってきた。これは，「情報革命」とも呼ばれるもので，情報通信のあり方を大きく変化させることになった。

　21世紀に入ると，コンピュータによるインターネット通信が世界的

に広まり，情報通信は世界規模でボーダーレスなものとなった。日本でも，2000年前後の時代は「IT革命」と叫ばれ，インターネットを中心としたICT環境が飛躍的に整備されるようになった。

特に近年，通信テクノロジーの発達により，もともと電話機能が中心であった携帯電話は，大容量でしかも通信スピードが格段に速くなり，いわゆるスマートフォンが取って代わり，そのスマートフォンには電話機能に加えて，インターネット機能，テレビ機能，ゲーム機能，ミュージック・プレーヤー機能，GPS機能など，様々な付加的機能がつくようになった，今では，スマートフォンはパソコンに匹敵するICT媒体となっている。また，パソコンに近い機能をもち，しかも持ち運びが容易なタブレット端末は様々なタイプのものが登場し，学校教育の中でも採用されている。

パソコン，スマートフォン，タブレット端末を通したコミュニケーション手段は革新的に進歩し，E-mail，テキストメッセージ，ウエブへのアクセス，マルチメディアプレーヤー，デジタルフォト，ビデオ録画など，収集した情報，検索情報などを保存することができるようになっている。

情報通信に関する他の媒体としては，大学や研究機関において，まだ中心的な役割を果たしている図書や研究雑誌があり，マスメディア媒体としては，新聞・テレビ・ラジオなどがある。近年，これらの内容がインターネットを通じても配信されるようになってきており，情報の活用は従来の媒体を介してだけではとらえられなくなっている。その他の通信機能をもつ媒体として電話やファックスがあり，情報保存のためのメディアとしては，CD，DVD，USBメモリ，ハードディスク，クラウドサーバーなどがある。

❏ ソフトウエアの発達とソーシャルワーク

ハードウエアの発達とともにソフトウエアも著しく発達し，ウインドウズ，マッキントッシュ，リナックス等のOS（オペレーティングシステム）が出てきた。社会福祉やソーシャルワークの現場では，各種のワードプロセッサーソフト，スプレッドシートソフト，プレゼンテーションソフトが使用されている。これらのソフトはパッケージ化されて販売されていることもあり，基本的には共通の事務ソフトとして使用されている場合が多い。また，ホームページ作成ソフトも普及している。ソーシャルワーカーはこれらのソフトを活用し，ホームページや組織のニュースレターを作成したり，他組織のソーシャルワーカーや他専門職との情報を交換したり，統合したり，データを用いて表

やグラフを作成し，それを講演会や勉強会，学会等でスライドショーにして発表したりしている。

☐ ビッグデータとソーシャルワーク

　著しい ICT の発達により，近年，多種多様な情報を集めて一つのデータベースとするビッグデータが登場しはじめ，データ分析を人工知能（AI：Artificial Intelligence）を用いて行うようになってきている。介護保険領域では，介護支援専門員のケアプラン作成に，ビッグデータをもとに AI を活用する試みがはじまっている。また国レベルでは，介護サービスのデータベースを構築し，介護サービスの質を評価し，科学的な介護を進めるため，要介護認定情報，介護レセプト等の情報，地域支援事業の利用者情報に加えて，通所・訪問リハビリテーションに関する情報（VISIT）と高齢者の状態やケア等の情報（CHASE）の両者を一体的に運用する科学的介護情報システム（LIFE：Long-term care Information system For Evidence）の多様なビッグデータの収集がはじまっている。

　また，近年，オンライン会議が盛んに用いられるようになってきた。2020年に新型コロナウイルス感染症が世界的に流行し，大学を含め学校が全国的に一時期休校になり，大学の授業は，Zoom，Skype，Teams などのオンライン会議用のソフトを用いたオンライン授業によって行われてきた。他方，職場や地域における様々な事例検討会や多職種の会議もオンラインが用いられるようになり，新型コロナウイルス感染症の流行を発端として，今後，会議のあり方が大きく変わっていく可能性がある。また，同じ時期に医療の分野では，これまで技術的には可能であったが，制度上なかなか進展しなかった，オンライン診療もスタートすることとなった。

☐ ソーシャルワークにおける ICT の活用

　1970年代以降の情報化やコンピュータ化は，保健・医療・福祉の現場や福祉教育現場などの社会福祉分野にも大きな影響を与えることとなった。東京都三鷹市では，1990年代初頭に NTT と医師会や当時の三鷹福祉公社とが連携し，テレビ電話を活用して，かかりつけ医が高齢者の健康状態等をチェックするシステムの開発をするなど，ICT を活用した先駆的な試みがなされた。[4] 当時，これらの機器にかかる費用が非常に莫大であったため，ソーシャルワークの道具として普及しなかったが，現在では，Zoom，Skype，Teams などのオンライン通信ソフトの急速な発達により，実用化が急速に進んだ。

2000年代に入ると，高速通信の技術が発展したことにより，インターネットが一層普及し，社会の情報化システムを大きく変えることになった。福祉分野にもこの流れが大きく入り込み，福祉の現場においてもICT化は不可避となっている。この背景には，国や地方の行政機関や一般企業などにおいて，情報開示が広く求められており，福祉現場でも情報開示が必要とされていることがあげられる。特に，介護保険法においては，サービス事業者は，情報開示が義務づけられており，その多くがホームページ等で開示していることがあり，ICT化は避けがたいのが現状である。

② 福祉情報の種類

☐ 福祉情報の種類

　福祉情報の種類については，森本佳樹[5]や生田正幸[6]などが整理しているが，共通してみられる種類としては，①ニーズ情報，②サービス情報，③援助・支援情報，④運営・管理情報の4つがある。ここではそれらの4種類について紹介する。

① ニーズ情報

　ニーズ情報とは，福祉サービスの利用者や家族，あるいはニーズ保有者の状態やニーズに関わる情報であり[7]，利用者や家族の側で生みだされる情報である[8]。ニーズ情報には，心身の健康状態，ADL状況，家族状況，住宅状況，所得状況，サービス利用状況，サービス利用意向・要望・希望などに関する情報が含まれる。なお，ニーズには，利用者本人によって表明されたニーズ，利用者本人が自覚し，感得されたニーズ（フェルトニーズ），専門家や支援者などがニーズと判断する規範的ニーズ（ノーマティブニーズ）などがあるが，これら利用者のニーズに関する情報すべてが含まれることになる。

② サービス情報

　サービス情報とは，サービス供給主体の側において生みだされる情報である[9]。サービス情報には，社会福祉の法制度やそれらに基づいて提供されるフォーマルなサービス，社会福祉施設や相談機関などで提供されるサービス情報，地域社会の社会資源などに関する情報，多様な福祉機器や用具，バリアフリーマップに関する情報，社会福祉の知識や技術に関する情報など，非常に多様な情報がある。サービス情報のなかには，フォーマルなサービスだけではなく，知人，友人，隣人，

ボランティア，NPOなどのインフォーマルなサポートに関する情報も含まれることになる。

③　援助・支援情報

援助・支援情報とは，サービス提供者による支援に関する情報であり，サービス利用者や家族とサービス提供者である支援者との間のインターフェイスのなかで生みだされる情報である。援助・支援情報には，アセスメント，支援方針，支援計画やケアプラン，サービスの実施・提供，支援記録，効果や結果などの情報が含まれる。これらの情報については一般的に開示することは困難ではあるが，利用者やその家族にとっては極めて重要な情報であり，サービス提供者と当事者が共有する情報ということができる。

④　運営・管理情報

社会福祉施設や相談機関などの支援組織がその組織を効果的・効率的に，また円滑に運営・管理するための情報が運営・管理情報である。運営・管理情報には，施設の理念や運営方針，職員の勤務時間とスケジュール，業務体制，給与体系などの労務・人事に関する情報，施設の経理や財務などの経営に関する情報，物品や施設・機器などの管財に関する情報，利用者の家族状況，生活歴，ケース記録，サービス利用状況など，利用者に関する情報が含まれる。

☐　社会福祉施設・機関等で扱われる福祉情報

上述したように，社会福祉分野において，ICT化の波が押し寄せているが，どのような福祉領域でどのような福祉情報が実際に取り扱われているのか，あるいは必要とされているのか，ここでは代表的なものを取り上げて，簡単に整理してみる。

①　社会福祉施設

社会福祉法に基づいて法人格をもつ社会福祉法人の多くは，入所施設という施設機能と，通所系・訪問系サービスの提供という点において在宅機能の両面を持ち合わせているところが少なくない。その点では，社会福祉法人は，福祉サービスの供給の中心的な役割を担っているということができる。一方，社会福祉法人だけでなく，株式会社等の営利法人や非営利法人であるNPO等も，住宅等や通所系・訪問系サービスを提供している。これらの組織では，多様な情報を保有している。まず，利用者と家族に関する様々なニーズ情報やサービス情報を保有しており，また，それらの多くは個人情報に関することであり，慎重に取り扱うべき情報となっている。それ以外の情報には，施設の理念，方針，目標，事業計画，財務状況，設備，理事会や役員会，職

員体制，提供しているサービスなどの運営・管理に関する情報は，開示することができる情報である。また，実習生やボランティア，周辺地域の住民や地域での社会資源に関する情報がある。

② 相談機関

相談機関には，児童相談所，福祉事務所，身体障害者更生相談所，知的障害者更生相談所，精神保健福祉センターなどの行政上の相談機関として位置づけられているもの，地域包括支援センター，基幹相談支援センター，子育て包括支援センター，生活困窮者自立支援機関などの行政が直接実施していたり，他機関に委託している制度上の相談機関として位置づけられているもの，病院などの医療法人等の相談機関などがある。

これらの相談機関は，利用者とその家族との相談が主とした業務となるために，利用者と家族に関する様々なニーズ情報やサービス情報を保有している。そのため，社会福祉施設と同様，それらの多くは個人情報に関することになり，慎重に取り扱うべき情報となっている。また，各相談機関の運営・管理に関する情報，実習生やボランティア，周辺地域の住民や地域での社会資源に関する情報などがある。

③ 民間団体

民間団体の一つに，社会福祉協議会があるが，これは社会福祉法に基づいて設置されている社会福祉団体であり，地域福祉推進の中心的な役割を担う団体であることから，他の民間団体とは異なり，地域の様々な情報を集約している。地域の社会福祉施設や関係団体の様々な情報，地域住民の状況に関する情報，ボランティア団体やボランティア活動に関する情報，当事者団体や支援団体の情報，民生委員の情報，行政機関や相談機関に関する情報，公的機関や民間機関が提供しているサービス情報，サービス利用についての苦情や不満といった利用者からの情報，利用者とその家族の情報などがあり，その情報は開示できるもの，開示できないものなど，多岐にわたっている。

他の民間団体としては，NPOやボランティア組織，社会福祉士会や介護福祉士会の専門職能団体などがある。これらの民間団体は，利用者の情報も若干はあるが，むしろ民間団体の活動の主旨，理念，目標，組織体制，活動内容，組織体制など，管理・運営情報が中心であり，多くの団体ではそれらの情報を公開している。

④ その他の領域

その他の領域としては，市区町村などの行政機関，調査・研究機関などがあるが，行政機関は，地域住民の情報，福祉関連制度の情報，社会福祉計画策定に必要な情報などを保有している。一方，調査・研

究機関は，研究関連の報告や統計，研究論文や研究雑誌，図書，新聞などの文献・資料などの情報を保有しているが，福祉サービスを直接提供しているわけではない。そのためニーズ情報，サービス情報，運営・管理情報といった福祉情報をそれほど保有しているわけではない。一方，厳重に管理されなければならない実施した調査のデータベースの情報等を有している。

❑ 介護保険制度にみられる情報化の実際

社会福祉領域で特に情報化が進んでいるのは，介護保険制度とそれに関連する分野である。利用者とサービス提供者との契約でもってサービスを利用する保険システムのため，被保険者には情報の提供がより重要である。介護保険制度では，利用者が介護サービス事業所を比較・検討して適切に選択できるよう，2006（平成18）年 4 月から介護サービス情報公表システムを使って，全国のすべての介護事業所の情報が検索・閲覧できるようになっている。そのため，介護サービス事業所はサービスに関する情報（基本情報，運営情報）を都道府県知事に報告する義務が課せられている。その結果，利用者は様々な情報を得ることで，介護サービス事業者との間での**情報の非対称性**を回避することができる。

森本佳樹によると，介護保険制度では，①被保険者の管理，資格の喪失などの資格管理システム，②第 1 号被保険者保険料の管理などの保険料徴収システム，③要介護認定の一次判定の自動化に関する要介護認定システム，④要介護認定者の個人ファイルの管理などの介護保険認定者管理システム，⑤アセスメントやケアプランの作成支援に関するケアマネジメント支援システム，⑥介護事業者の情報提供システム，⑦給付上限管理などの実績管理システム，⑧国保連への請求の伝送に関する請求・審査・支払いシステム，などがある。それらの情報システムはすでに確立・活用されており，介護保険は情報システムなくして，運営・管理が成り立たない状況になっている。

また，前述したように，介護保険関係では，ビッグデータ化も取り入れられており，科学的介護情報システム（LIFE）での利用者に関する様々な情報を収集し，それらから明らかになった知見でもって，科学的な介護サービスの提供を志向している。

➡ 情報の非対称性
製品やサービスの販売側と購入側での情報量の格差のこと。医療や福祉領域では，提供者側と利用者側で，提供されるサービス内容についての情報の格差があることをいい，サービス提供にあたっては，提供者側が利用者側にインフォームド・コンセント（詳しく説明して，同意を得る）を実施する必要がある。

③ ソーシャルワークにおける ICT 活用の課題

❏ デジタル・デバイド

　デジタル・デバイド (digital divide) とは，日本語では「情報格差」と呼ばれているが，「情報強者」と「情報弱者」間における情報量に差があることを指す。つまり，インターネットなどの情報通信技術 (ICT) を使いこなせる者と使いこなせない者の間に生じる，待遇や貧富，機会の格差をいう。若者や高学歴者，高所得者などが情報技術を活用することによって高収入や良い雇用先を手にする一方，コンピュータを所持できない，あるいは十分に使いこなせない可能性のある高齢者や貧困者などの社会的弱者は，より一層困難な状況に追い込まれることになる。それは，ひいては様々な格差をさらに拡大し，格差を固定化することにつながる。

　この意味では，ソーシャルワークの対象者は情報弱者となる可能性が高いと考えられ，福祉情報の支援が必要となる。また，ソーシャルワーカーの側も，コンピュータが苦手などにより情報弱者となり得るため，ソーシャルワーカーに対する支援も必要である。

❏ 個人情報の漏えい

　ソーシャルワーカーが最も注意しなければならないことの一つに個人情報の漏えいがある。ソーシャルワーカーは，名前，住所，電話番号，所得や資産，家族構成，心身の状態，ケース記録など，利用者の様々な個人情報を保持している。

　倫理綱領上の秘密保持や個人情報保護制度などにより，ソーシャルワーカーは，個人情報を保護しなければならない。

　しかし近年，ケース記録などの個人情報関連の書類，CD や USB メモリなど個人情報や記録を保管している媒体を紛失したり，置き忘れたりする事件が報告されており，これによる個人情報の漏洩が問題となっている。ソーシャルワーカーは，後に記述する各機関・団体の個人情報保護のガイドラインに厳密に従うなどして，個人情報の漏えいに気をつけなければならない。

❏ コンピュータウイルス

　コンピュータウイルス (computer virus) とは，コンピュータに被害

をもたらす不正なプログラムの一種である。ウイルスに感染すると，システムを破壊されたり，ハードディスクを破壊されたりする。また，各個人にとっては非常に重要な ID やパスワードを抜き取られることもある。これらへの効果的な対抗策としては，ウイルス対策ソフトを導入することが不可欠である。また，インターネットサービスプロバイダーが，メールゲートウェイ型のウイルスチェックサービスを提供していたり，ルーターに，ウイルスや不正アクセスの検出・遮断機能をもたせるようなサービスを活用したりするが，いずれにせよ，一つの対策法で全ての種類のウイルスや不正アクセス等に対応できるわけではないため，複数の対策法を組み合わせて利用することが望ましい。

　以上の課題の解決のために，ソーシャルワーカーは ICT スキルを向上させることが必要である。

4　個人情報保護制度の概要

　前述したように，1990年代以降，ICT 化の急速な進展とともに，コンピュータ利用が一般的になり，様々な業務でデータの集積が進んでいる。個人のプライバシーに関わる莫大な情報が蓄積され，テクノロジーの発達のために，それらが第三者に容易に把握されてしまう危惧が高まってきた。その結果，個人情報の取扱いに関心が高まり，個人情報の有用性を配慮しつつ，個人の権利や利益を保護するために，日本では，2003年に個人情報保護法が成立・施行された。

　ソーシャルワーク業務においては，利用者や家族の氏名，住所，電話番号，携帯番号，メールアドレス，銀行口座番号，年金番号，資産・貯蓄・所得，家族関係，生活歴，障害の有無や程度，サービス利用情報など，様々な個人情報を扱うことになり，個人情報保護法等の個人情報関連法令の遵守は当然のこととなってくる。くわしくは，社会福祉士養成課程の科目「権利擁護を支える法制度」で学ぶが，ここでも，個人情報保護制度の概略を簡単に説明する。

☐ 個人情報とプライバシー

　個人情報の定義は，「個人情報の保護に関する法律（以下，個人情報保護法）」第2条によると，生存する個人に関する情報であって，当該情報に含まれる氏名，生年月日その他の記述等により「特定の個人を

識別することができるもの」をいう。

　個人情報の具体的な内容としては，①氏名，②性別，生年月日，連絡先（住所・居所・電話番号・メールアドレス），会社における職位又は所属に関する情報と本人の氏名を組み合わせた情報，③防犯カメラに記録された情報等本人が判別できる映像情報，④本人の氏名が含まれる等の理由による，特定の個人を識別できる音声録音情報，⑤特定の個人を識別できるメールアドレス（kojin_ichiro@example.com のように，example 社に所属するコジンイチロウのメールアドレスであることがわかるような場合），⑥個人情報取得後に新たな情報が付加・照合された結果，生存する特定の個人を識別できる情報，⑦官報，電話帳，職員録，有価証券報告書等，新聞，ホームページ，SNS 等で公にされている特定の個人を識別できる情報等が相当する。

　これら以外に，個人情報には，「個人識別符号」として，①指紋，DNA，顔の骨格などの身体の一部の特徴を電子計算機のために変換した符号，②マイナンバー，基礎年金，旅券，運転免許証の番号等の個々人に割り当てられた公的な番号がある。

　個人情報の中でも偏見や差別につながりうる，センシティブで取扱いに特に配慮を要する情報は，「要配慮個人情報」とされる。この情報を得る場合には原則として事前に本人の同意を得る必要があり，本人の同意なしに第三者への提供は不可能といった，一段と高い規律になっている。

　それらの情報には，本人の人種，信条，社会的身分，病歴，犯罪歴，犯罪被害歴等や，身体障害・知的障害・精神障害等があること，健康診断その他の検査結果や保健指導の内容，診療・調剤情報，差別や偏見につながる遺伝子検査情報，被疑者または被告人として刑事手続が行われた事実，非行少年としての少年保護処分の手続が行われた事実，が相当する。ソーシャルワーカーはこうした要配慮情報を扱う機会が多いことから，適切な対応が求められる。

　これらの個人情報は，現在ではコンピュータにデータベースの形で記録されていることが多く，データは CD や DVD，USB メモリやハードディスクなどのメディア媒体に容易にコピーできるため，それらのメディア媒体の紛失等により，個人情報の漏洩が起こりやすいという問題がある。

　個人情報のデータの紛失や漏洩に備えるために，まずは，USB メモリの紛失や置き忘れといった人間の過失を予防するために，データを職場外に持ち出さないことが基本である。また，使用するパソコン等にはセキュリティソフトを導入し，常に最新の状態に更新したり，パ

ソコンや USB メモリにはパスワードを設定し，定期的に変更していくことも必要である。同時に，パソコンの故障により個人情報を失うことも想定され，定期的にバックアップデータを取り，火災等に備えて別の離れた場所で保管したり，個人情報保護に基づく委託契約でもってクラウドサービスを利用して，データ保管を行っておくことが求められる。

　一方，プライバシー権とは，個人の私生活に関する事柄やそれが他から隠されており干渉されない状態を要求する権利，および自己の情報をコントロールすることができる権利ということができる。近年，出版・報道等による私生活の干渉に対抗する権利を古典的プライバシー権と呼び，国家・地方公共団体・企業・その他の組織等が保有する自己に関する情報を訂正，削除する権利を積極的プライバシー権と呼ぶことがある。個人情報保護との関連を考慮すると，個人情報は，後者の積極的プライバシー権と密接に関連する。

◻ 個人情報保護法の概要

　個人情報保護法は，総則，国及び地方公共団体の責務等，個人情報の保護に関する施策等，個人情報取扱事業者等の義務等，行政機関等の義務等，個人情報保護委員会，雑則，罰則，の全 8 章180条からなる。

　① 目的（第 1 条）

　個人情報保護法の目的は，個人の権利・利益を保護することと個人情報の有用性（社会生活やビジネス等への活用）とのバランスを図ることを目的にしており，民間事業者の個人情報の取扱いについて規定したものである。従来は，取り扱う個人情報の数が5,000人分以上の民間事業者に適用されていたが，2017年 5 月30日からは，すべての民間事業者に適用されている。

　② 定義（第 2 条）

　個人情報保護における個人情報とは，生存する個人に関する情報で，特定の個人を識別することができるものであり，「氏名」，「生年月日と氏名の組合せ」，「顔写真」等である。また，個人識別符号である，身体の一部の特徴を電子計算機のために変換した符号（DNA，顔認証データ，虹彩，声紋，歩行の態様，手指の静脈，指紋・掌紋等）やサービス利用や書類において対象者ごとに割り振られる符号（旅券番号，基礎年金番号，免許証番号，住民票コード，マイナンバー等）も個人情報に該当する。

　また，個人情報の中でも，不当な差別，偏見その他の不利益が生じないように取扱いに配慮を要する個人情報を「要配慮個人情報」とし

て，人種，信条，社会的身分，病歴，犯罪の経歴，犯罪により害を被った事実その他があること等が該当する。

③　基本理念（第3条）

　個人情報保護法の基本理念は，「個人の人格尊重の理念の下に慎重に取り扱われるべきものであることに鑑み，その適正な取扱いが図られなければならない」としており，個人情報が人格尊重の視点から取り扱われるべきであることを謳っている。

④　国及び地方公共団体の責務（第4条・第5条）

　国と地方公共団体の責務については，国及び地方公共団体は個人情報の適正な取扱いを確保するために必要な施策を総合的に策定し，これを実施する責務があるとしており，個人情報保護の施策を進めることが行政の責任であることを明記している。

⑤　基本方針（第7条）

　個人情報保護の施策の総合的かつ一体的な推進を図るため，個人情報保護法の基本方針が定められている。基本方針に掲げる事項は次の8つである。

- 個人情報の保護に関する施策の推進に関する基本的な方向
- 国が講ずべき個人情報の保護のための措置に関する事項
- 地方公共団体が講ずべき個人情報の保護のための措置に関する基本的な事項
- 独立行政法人等が講ずべき個人情報の保護のための措置に関する基本的な事項
- 地方独立行政法人が講ずべき個人情報の保護のための措置に関する基本的な事項
- 個人情報取扱事業者，仮名加工情報取扱事業者及び匿名加工情報取扱事業者並びに認定個人情報保護団体が講ずべき個人情報の保護のための措置に関する基本的な事項
- 個人情報の取扱いに関する苦情の円滑な処理に関する事項
- その他個人情報の保護に関する施策の推進に関する重要事項

　また個人情報保護法には，事業者が守らなければならない4つのルールがある（**資料7-1**）。

　さらに，ビッグデータ時代に対応して，特定の個人を識別することができないように個人情報を加工した情報を「匿名加工情報」や「仮名加工情報」という。前者は，個人情報を特定の個人を識別することができないように加工して得られる個人に関する情報であり，その情報を復元して特定の個人を再識別することができないようにした情報である。後者は，データ内の特定の個人を識別できる情報（氏名等）

資料 7 - 1　　個人情報取扱事業者等が守らなければならない 4 つのルール

① 個人情報を取得・利用し，正確性を確保するルール（第17条〜22条）
- 個人情報を取り扱う際には，その利用目的をできる限り特定しなければならない。
- 本人の同意なしに，特定された利用目的を超えて，個人情報を取り扱ってはならない。
- ただし，以下の条件に合致する場合は，本人の同意を得ずに，個人情報を取り扱うことができる。
  - ア　法令に基づく場合（例：捜査に必要な取調べや捜査関係事項照会への対応など）
  - イ　人の生命，身体又は財産の保護に必要で，本人の同意を得ることが困難である場合（例：急病や災害，事故の場合など）
  - ウ　公衆衛生の向上・児童の健全育成に特に必要で，本人の同意を得ることが困難である場合（例：疫学調査，児童虐待防止の情報など）
  - エ　国の機関等やその委託を受けた者が法令の定める事務を遂行することに対して協力する必要がある場合であって，本人の同意を得ることにより遂行に支障を及ぼすおそれがある場合（例：税務調査，統計調査など）
  - オ　学術研究機関等が個人情報を学術研究目的で取り扱う必要があるとき（個人の権利利益を不当に侵害するおそれがある場合は除く）
  - カ　学術研究機関等に個人データを提供する場合であって，学術研究機関等が個人データを学術研究目的で取り扱う必要があるとき（個人の権利利益を不当に侵害するおそれがある場合を除く）
- 違法又は不当な行為を助長や誘発するおそれがある方法により，個人情報を利用してはならない。
- 偽りや不正な手段により個人情報を取得してはならない。
- 本人の同意なしに，要配慮個人情報を取得してはならない。
- 個人情報を取得した場合は，あらかじめその利用目的を公表していない場合には，速やかに利用目的を本人に通知するか，公表しなければならない。
- 個人データは正確かつ最新の内容に保たれ，利用する必要がなくなったときは，遅滞なく消去するよう努めなければならない。

② 個人情報を保管する時のルール（第23条〜26条）
- 個人データの漏えい，滅失又は毀損の防止，その他の個人データの安全管理のために，必要かつ適切な措置を講じなければならない（例：施錠された引き出しにパスワードを付した USB 等で保管し，パソコン上ではパスワードを設定し，ウイルス対策ソフトを入れるなど）。
- 従業者に個人データを取り扱わせるに当たっては，個人データの安全管理が図られるよう，従業者に対する必要かつ適切な監督を行わなければならない。
- 個人データの取扱いを委託する場合は，委託した個人データの安全管理が図られるよう，委託を受けた者に対する必要かつ適切な監督を行わなければならない。
- 個人データの漏えい，滅失，毀損その他の個人データの安全の確保に係る事態で，個人の権利利益を害するおそれが大きいことが生じた場合は，個人情報保護委員会に報告しなければならない。

③ 個人情報を本人以外の第三者に渡すときのルール（第27条〜31条）
- 本人の同意なしに，個人データを第三者に提供してはならない。
- ただし，以下の条件に合致する場合は，本人の同意を得ずに第三者に提供することができる。
  - ア　法令に基づく場合（例：捜査に必要な取調べや捜査関係事項照会への対応など）
  - イ　人の生命，身体又は財産の保護に必要で，本人の同意を得ることが困難である場合（例：急病や災害，事故の場合など）
  - ウ　公衆衛生・児童の健全育成に特に必要で，本人の同意を得ることが困難である場合（例：疫学調査，児童虐待防止の情報提供など）
  - エ　国の機関等に協力する必要があり，本人の同意を得ることにより当該事務の遂行に支障を及ぼすおそれがある場合（例：税務調査，統計調査に協力する場合）
  - オ　学術研究機関等であり，個人データの提供が学術研究の成果の公表又は教授のためやむを得ないとき（個人の権利利益を不当に侵害するおそれがある場合を除く）。
  - カ　学術研究機関等であり，個人データを学術研究目的で提供する必要があるとき（個人情報取扱事業者と第三者が共同して学術研究を行う場合に限る）。
  - キ　第三者が学術研究機関等であり，第三者が個人データを学術研究目的で取り扱う必要があるとき（個人データを取り扱う目的の一部が学術研究目的である場合を含み，個人の権利利益を不当に侵害するおそれがある場合を除く）。
- あらかじめ本人に通知し，又は本人が容易に知り得る状態に置くとともに，個人情報保護委員会に事前に届出た場合には，個人データを第三者に提供することができる。ただし，要配慮個人情報については，この手続による提供は禁止されている。
- 個人情報を外国にいる第三者に渡す時には，本人の同意を得て，第三者は個人情報保護委員会が認めた国に所在し，個人情報保護委員会の規則で定める基準に適合する体制を整備していることが要件となる。
- 個人データを第三者に提供したときは，個人データを提供した年月日，第三者の氏名・名称等に関する記録を作成しなければならない。
- 第三者から個人データの提供を受ける時は，第三者の氏名・名称及び住所，法人にあっては代表者の氏名，第三者による個人データ取得の経緯について確認し，個人データの提供を受けた年月日等の記録を作成しなければならない。
- 第三者が個人関連情報を個人データとして取得することが想定されるときは，①第三者が個人関連情報の提供を受けて本人が識別される個人データとして取得することを認める本人同意が得られていること，②外国にある第三者への提供にあって

は，外国における個人情報の保護に関する制度，第三者が講ずる個人情報の保護のための措置やその他の本人に参考となるべき情報があらかじめ本人に提供されていること，を確認しないで，個人関連情報を第三者に提供してはならない。

④ **本人から個人情報の開示を求められた時のルール（第32条〜40条）**

・事業者の氏名・名称，保有している個人情報の利用目的，開示等に必要な手続，苦情の申出先等について本人に分かる状態（公表）にしておく。
・本人から，本人が識別される個人データの利用目的の通知を求められたときは，遅滞なく通知しなければならない。
・保有している個人情報の開示を本人から求められたときは，本人や第三者の生命，身体，財産その他の権利利益を害するおそれがある場合，個人情報取扱事業者の業務の適正な実施に著しい支障を及ぼすおそれがある場合，他の法令に違反することとなる場合を除いて，遅滞なく開示しなければならない。
・本人が識別される個人データの内容が事実でないときは，本人は個人データの内容の訂正，追加又は削除を請求することができ，請求を受ければ，必要な調査を行い，個人データの内容の訂正等を行わなければならない。
・個人情報を利用目的の制限や適正な取得の義務に反して取り扱っているとの理由で利用の停止や消去を求められた場合は，違反の是正に必要な限度で利用の停止や消去を行わなければならない。
・本人から請求された措置について，その措置をとらないことを通知する場合には，，本人に対して理由を説明するよう努めなければならない。
・本人は，個人情報の開示・訂正等を求めるため裁判所に訴えることができるが，被告となるべき者に対する請求をしてから2週間を経なければ，訴えることができない。
・個人情報に関する苦情に対する必要な体制を整備し，適切かつ迅速な対応に努めなければならない。

表7-1　個人情報から仮名加工情報作成，匿名加工情報作成の一例

個人情報の種類	個人情報	仮名加工情報	匿名加工情報
ID 番号	22-51	22-51	削除
氏名	情報太郎	削除	削除
年齢	89歳	89歳	80歳代
サービス利用状況	ヘルパーを利用	ヘルパー利用	在宅サービス利用

を，ガイドラインに従って削除または他の記述に置き換えた情報であり，他の情報と照合しない限り特定の個人を識別することができないように加工した情報のことである。両者の相違は元の個人情報へ復元可能か否かにある。

　仮名加工情報の作成は，①特定の個人を識別することができる氏名や住所の削除，②マイナンバー等の個人識別符号の削除，③不正利用により財産的被害が生じるおそれのあるクレジットカードの番号等の削除，である。匿名加工情報の作成は，①から③に加えて，④情報を相互に連結するID等の符号の削除，⑤108歳等の特異な記述等の削除，⑥位置情報の削除や，85歳以上といった上限値を設定するトップコーディングや，18歳未満といった下限値を設定するボトムコーディング等の適切な措置を行うことである。個人情報，仮名加工情報，匿名加工情報の関係は，**表7-1**のように例示できる。

　利用者のプライバシーを守るための仮名加工情報と匿名加工情報は個人識別符号を加工して作成することは共通しているが，利用目的の特定と公表の義務や第三者への提供の規制に違いがある。

　利用目的の特定と公表については，匿名加工情報では，利用目的を特定して公表する必要はなく，目的外で利用する場合でも，本人の同

意を得る必要はない。他方，仮名加工情報は，利用目的をできる限り特定して公表しなければならず，利用目的はあらかじめ公表しておけば，利用目的の変更を行ったうえで，変更後の利用目的を公表することが必要であるが，自由に変更ができることになっている。しかしながら，仮名加工情報は，本人の同意を得ても，目的外に利用することはできない。

　情報の第三者への提供の規制については，匿名加工情報では制約はないが，提供する際には第三者に提供する項目をあらかじめインターネット等で公開する必要がある。仮名加工情報の場合は第三者への提供が原則禁止されている。他の事業者と共に利活用を行う場合には，原則として委託契約を結び委託先に委託元の監督下で利用させるか，所定の事項を公表して共同利用の形態をとる必要がある。

　2017（平成29）年7月に個人情報保護法の改正で個人情報保護委員会が設置され，従来は主務大臣が有していた個人情報取扱事業者の監督権限が個人情報保護委員会へ一元化された。また，個人情報保護法での個人情報取扱事業者は，従来個人情報の数が5000以上である事業者に限られていたが，全ての個人情報取扱事業者になった。

　上記のように，個人情報保護法には，目的，定義，基本理念をはじめ，国及び地方公共団体，民間の事業者等が個人情報の取扱いに関して共通する必要最小限のルールを定めている。なお，個人情報保護法を理解し，遵守するためには，個人情報保護法のほか，行政個人情報保護法（国の行政機関），独立行政法人個人情報保護法（独立行政法人等），個人情報保護条例（地方自治体等），分野別ガイドラインを理解しなければならない。

❏ 個人情報保護のガイドライン

　2016年の個人情報保護法の改正で，法を一元的に所管する独立機関として個人情報保護委員会が設立され，新たにガイドライン（通則編，外国にある第三者への提供編，第三者提供時の確認・記録義務編，匿名加工情報編）」）が策定されることになった。それに伴い，従前の各事業分野のガイドラインは，原則として，全ての分野に共通して適用される汎用的な新たなガイドラインに一元化された。

　新しいガイドラインは，2022年4月から施行されることになった。ガイドライン通則編では，個人情報取扱事業者が個人情報の適正な取扱いの確保に関して行う活動を支援すること，当該支援により事業者が講ずる措置が適切かつ有効に実施されることを目的として，個人情報の保護に関する法律に基づき具体的な指針を定めている。

従来は24分野別に37のガイドラインが策定されており，医療・福祉関連の分野別ガイドラインとしては，「福祉関係事業者における個人情報の適正な取扱いのためのガイドライン」，「医療・介護関係事業者における個人情報の適正な取扱いのためのガイドライン」の2つがあったが，これらのガイドラインは廃止された。

分野別に求められる金融関連分野，医療関連分野，情報通信関連分野等においては別途ガイダンス等が新たに作成され，医療関連分野については，「医療・介護関係事業者における個人情報の適正な取扱いのためのガイドライン」が「医療・介護関係事業者における個人情報の適正な取扱いのためのガイダンス」となり，2017年5月30日より適用されることになった。このガイダンスの対象事業者は，①病院，診療所，助産所，薬局，訪問看護ステーション等の患者に対し直接医療を提供する事業者，②介護保険法に規定する居宅サービス事業，介護予防サービス事業，地域密着型サービス事業，地域密着型介護予防サービス事業，居宅介護支援事業，介護予防支援事業，及び介護保険施設を経営する事業，**老人福祉法に規定する老人居宅生活支援事業及び老人福祉施設を経営する事業**その他高齢者福祉サービス事業を行う者である。

医療分野は，医療機関等は個人情報の性質や利用方法等から，特に適正な取扱いの厳格な実施を確保する必要があり，また介護分野においても，介護関係事業者は，利用者やその家族について，他人が容易には知り得ない個人情報を詳細に知りうる立場にあり，個人情報の適正な取扱いが求められる分野であるため，ガイダンスを定めることになった。

ガイダンスでは，医療・介護関係事業者における個人情報の適正な取扱いが確保されるよう，遵守すべき事項及び遵守することが望ましい事項をできる限り具体的に示し，遵守すべき事項等のうち，「しなければならない」等と記載された事項は，法の規定により厳格に遵守することが求められる。また，その他の事項については，法に基づく義務等ではないが，達成できるよう努めることが求められるとしている。

☐ ソーシャルワークにおける個人情報保護の考え方

個人情報保護制度という国の制度によって規定される個人情報保護のあり方は，ソーシャルワーカーについては，「社会福祉士及び介護福祉士法」で，以下のような秘密保持義務が規定されている。

第46条　社会福祉士又は介護福祉士は，正当な理由がなく，その業

資料7-2　「社会福祉士の行動規範」の「Ⅰ．クライエントに対する倫理責任」の「8．プライバシーの尊重と秘密の保持」

① 社会福祉士は，クライエントが自らのプライバシーの権利を認識できるように働きかけなければならない。
② 社会福祉士は，クライエントの情報を収集する場合，クライエントの同意を得なければならない。ただし，合理的な理由がある場合（生命，身体又は財産の保護のために緊急に必要な場合など）は，この限りではない。
③ 社会福祉士は，業務の遂行にあたり，必要以上の情報収集をしてはならない。
④ 社会福祉士は，合理的な理由がある場合を除き，クライエントの同意を得ることなく収集した情報を使用してはならない。
⑤ 社会福祉士は，クライエントのプライバシーや秘密の取り扱いに関して，敏感かつ慎重でなければならない。
⑥ 社会福祉士は，業務中であるか否かにかかわらず，また業務を退いた後も，クライエントのプライバシーを尊重し秘密を保持しなければならない。
⑦ 社会福祉士は，記録の取り扱い（収集・活用・保存・廃棄）について，クライエントのプライバシーや秘密に関する情報が漏れないよう，慎重に対応しなければならない。

　　務に関して知り得た人の秘密を漏らしてはならない。社会福祉士

　　又は介護福祉士でなくなつた後においても，同様とする。

　第50条　第46条の規定に違反した者は，1年以下の懲役又は30万円

　　以下の罰金に処する。

　この規定は，精神保健福祉士法でも，精神保健福祉士について全く同様の内容で，第40条で秘密保持義務を，第44条で罰則が規定されている。

☐ プライバシーの尊重と秘密保持

　ソーシャルワーク実践において，プライバシーの尊重およびクライエントの情報についての秘密保持は，その職務の性質からも，基本的な倫理として位置づけられている。2020年に新たに採択された日本社会福祉士会の倫理綱領には，クライエントに対する倫理基準のひとつとして「社会福祉士は，クライエントのプライバシーを尊重し秘密を保持する」としている。2021年に採択された「社会福祉士の行動規範」の中では，「Ⅰ．クライエントに対する倫理責任」の「8．プライバシーの尊重と秘密の保持」として具体的には，7点の指針を示している（**資料7-2**）。

　また，「精神保健福祉士の倫理綱領」においても，倫理原則の「1．クライエントに対する責務」のなかの「(3)プライバシーと秘密保持」として，「精神保健福祉士は，クライエントのプライバシーを尊重し，その秘密を保持する」とし，7点の倫理基準を設けている（**資料7-3**）。

　以上のように，ソーシャルワークでは，クライエントに関する情報を厳重に管理することで，クライエントのプライバシーを尊重することとしている。

資料7-3 「精神保健福祉士の倫理綱領」の「倫理基準」の「プライバシーと秘密保持」

① 第三者から情報の開示の要求がある場合，クライエントの同意を得た上で開示する。クライエントに不利益を及ぼす可能性がある時には，クライエントの秘密保持を優先する。
② 秘密を保持することにより，クライエントまたは第三者の生命，財産に緊急の被害が予測される場合は，クライエントとの協議を含め慎重に対処する。
③ 複数の機関による支援やケースカンファレンス等を行う場合には，本人の了承を得て行い，個人情報の提供は必要最小限にとどめる。また，その秘密保持に関しては，細心の注意を払う。クライエントに関係する人々の個人情報に関しても同様の配慮を行う。
④ クライエントを他機関に紹介する時には，個人情報や記録の提供についてクライエントとの協議を経て決める。
⑤ 研究等の目的で事例検討を行うときには，本人の了承を得るとともに，個人を特定できないように留意する。
⑥ クライエントから要求がある時は，クライエントの個人情報を開示する。ただし，記録の中にある第三者の秘密を保護しなければならない。
⑦ 電子機器等によりクライエントの情報を伝達する場合，その情報の秘密性を保証できるよう最善の方策を用い，慎重に行う。

❑ 社会福祉における個人情報保護の留意点

　ソーシャルワークにICTの活用が進むなかで，個人情報を保護していくことが重要である。ソーシャルワークでは，利用者の多様な個人情報を扱う以上，利用者からの情報の取得・利用，保管，第三者への譲渡，利用者からの開示要求に対して，個人情報保護法に規定されているルールに準拠する必要がある。

　現状では，個人情報の保管について，利用者や患者の個人情報や資料・ケース記録などが入力されたハードディスク，USBメモリ，メモリカード，CDやDVDなどのメディア（外部記憶媒体），あるいはそれらの情報が入った書類・用紙の盗難，紛失，置き忘れなどの事故に関するニュースがあとを絶たない。直接の援助者を含めた社会福祉組織全体でこれらのメディアや書類の保管に最大の注意を払う必要がある。

　一方，個人情報保護における別の課題として，いわゆる「過剰反応」がある。過剰反応とは，「個人情報保護法の趣旨に対する誤解やプライバシー意識の高まりを受けて，必要とされる個人情報が提供されない，つまり個人情報を保護する側面が強調され，有益な活用が行われない」（内閣府）ことである。たとえば，社会福祉分野においては，地域の自治会役員に高齢者や障害者等の個人情報が知らせられないために，災害時や緊急時などに彼らの所在を把握できないことなどがあげられる。地域の自治会にはこれらの情報は必要不可欠であり，個人情報の取得・利用のルールに則り対応することで，「過剰反応」から抜け出すことが可能である。

◯注 ────────

(1)　新村出編（2016）『広辞苑〔第 6 版〕』岩波書店，1397.

(2)　生田正幸（1999）『社会福祉情報論へのアプローチ』ミネルヴァ書房.

(3)　同前書.

(4)　三鷹市は，昭和59年から昭和62年にかけて，NTT と協同し，INS モデル実験に取り組み，福祉医療実験研究と題して，在宅ケアをサポートする一つの手段として「テレビ電話」の利用を試みた。その詳細は，三鷹市の報告書である『INS モデルシステム実験報告──三鷹市の取り組み』に記述されている。

(5)　森本佳樹（1996）『地域福祉情報論序説』川島書店.

(6)　(2)と同じ.

(7)　(5)と同じ.

(8)　(2)と同じ.

(9)　(2)と同じ.

(10)　森本佳樹（2002）「ソーシャルワーカーのための福祉情報論」黒木保博・小林良二・坂田周一・森本佳樹編『ソーシャルワーク実践とシステム』有斐閣.

■第8章■

家族支援のソーシャルワーク

① 定義と意義

☐ 概念と定義

　家族を支援するソーシャルワークについては，家族支援のほかに家族福祉，家庭福祉，家族政策，家族療法，家族ソーシャルワークなど様々な類似の用語や概念がある。たとえば野々山は，家族福祉は「集団としての家族を単位とし，家族によるその家族機能についての家族生活周期における自律的遂行の援助の実践と，その援助サービスの体系である」と定義し，「その目指すところは，ひとりの犠牲もなく，すべての家族成員が自己実現できることを集団として家族が保障できるようにすることである」としている。[(1)]

　一方，得津は，家族福祉は家族政策を含めたより広義な概念であるとして，家族ソーシャルワークをより狭義にとらえ，「家族福祉のミクロな実践論として家族を志向し，固有の専門的な視点・技術を持ち，社会資源を活用して，関係機関との連携によって人と環境との相互作用に働きかけ，『全体としての家族』の生活に変化を生じることを目指すもの」であるとしている。[(2)] 本章では，幅広い領域で用いられる家族支援という用語を用いながら，ジェネラリスト・ソーシャルワークの視点からその展開を概観する。

☐ 家族支援が求められる意義

① 家族の変容と多様化

　そもそも「家族」とは何なのか。家族社会学では，家族は「夫婦，親子，きょうだいなど少数の近親者を主要な成員とし，成員相互の深い感情的かかわりあいで結ばれた，幸福（well-being）追求の集団である」という定義がよく用いられる。[(3)] この定義が示すように，家族の範囲は家族成員相互の感情的なつながりや関係性によって変化し，明確な線引きが難しい。そこで，行政によるサービスの提供や社会統計の指標には，住居および生計をともにする集団である「世帯」を単位とすることが多い。

　日本では，少子高齢化や都市への人口移動に伴い，世帯の小規模化や世帯の家族構成が大きく変化している。国勢調査によれば，平均世帯人員は1920年から1955年までの間は約5人程度で大きな変化はみられないが，それ以降は減少傾向が続き，2020年には2.21人まで低下し

ている。また，世帯の家族構成では，1975年には「夫婦と未婚の子の
みの世帯」が42.7％と最も多く，「単身世帯」(18.2％)，「三世代世帯」
(16.9％) と続いていたが，2020年には「夫婦と未婚の子のみの世帯」
は25.1％まで減少し，かわって「単身世帯」が38.1％に増加している。

　家族形態の変化とともに，家族に関する価値規範も変化している。
夫は仕事，妻は家事・育児・介護を担うという性別役割規範は依然と
して根強いものの，性別や年齢をとわず，個人が職業や役割を選び，
自己実現を追求できる余地は拡がっている。また，血縁により生計や
居住をともにする集団としての家族から，必ずしも同居を前提としな
い，関係性で構成される「ネットワークとしての家族」への変容も進
み，別居介護や遠距離介護を行う家族も珍しくない。さらに近年は未
婚，離婚，子どもをもたない選択をする人々が増えるとともに，同性
によるパートナーシップ宣誓制度を条例化する自治体もあらわれるな
ど，家族のあり方はますます多様化，流動化している。

② 　家族によるケア

　家族の変容や多様化は，家族による扶養やケアにも大きな変化をも
たらしている。国民生活基礎調査 (2019年) によれば，介護保険法で
要支援または要介護を認定され，在宅にいる者の世帯構造は，「核家
族世帯」(40.3％) が最も多く，次いで「単独世帯」(28.3％) であり，年
次推移をみても「核家族世帯」の割合が上昇し，「三世代世帯」の割合
が低下している。主介護者は「同居」が54.4％で最も多く，女性が
65％を占めている。

　一方，近年，ヤングケアラーと呼ばれる，両親や祖父母，きょうだ
いなどの家族をケアする若年世代の存在が明らかになっている。厚生
労働省と文部科学省が2020年12月から2021年1月にかけて実施した全
国調査によれば，中学生の5.7％，全日制高校の4.1％がヤングケアラ
ーであることが判明した。1日に7時間以上を世話に費やしている生
徒も1割を超えるが，「相談した経験がない」という生徒が中高生と
もに6割に及んでいた。

　世帯の規模が縮小し，家族員の高齢化や孤立化が進むなかで，地域
社会の相互扶助機能の脆弱化もあいまって，家族生活をめぐる様々な
負担が家族内での虐待を増加させている。日本における家族による虐
待は，児童，高齢者，配偶者など被虐待者の属性別に把握されている
が，いずれにも増加傾向にあり，児童相談所や地域包括支援センター
などの相談機関が対応に追われているのが現状である。

□ 家族支援のソーシャルワークにおける基本的視点

　こうした現代家族の抱えるニーズの高まりに対応するため，家族支援を行うソーシャルワーカーは，①家族全体（family as a whole）の力動をとらえる，②家族員それぞれの自己実現をめざす，③性別役割分業にとらわれない柔軟な役割分担を考える，④必ずしも同居を前提としない，ネットワーク化する家族を視野にいれる，⑤家族を地域で支援する視点をもち孤立を防ぐ，⑥介護者，虐待者も一人の人間として権利を保障し支援する，といった視点をもち，家族全体のウェルビーイングの向上を図る支援を展開していくことが求められる。

② 形成と内容

□ 精神分析から家族療法へ

　家族支援のソーシャルワークは，友愛訪問が創始された1990年代初頭より取り組まれてきたが，[6] その後，フロイトに代表される精神分析の影響を受けるかたちで，家族への支援は問題をもつ家族の病理を探る実践へと傾斜していく。しかし，戦後になり一般システム論の臨床への応用がはじまると，家族をシステムとしてとらえ，そのシステムの変容をめざす家族療法が興隆する。家族療法を実践するセラピストは，その家族システムに参入する（ジョイニングと呼ばれる）ことで，家族関係や構造の変容を促し，家族が抱える問題の解決を図っていく。

　家族療法は，その時代状況や依拠する理論によって多様な学派を形成して発展してきたが，家族療法学会（文献出版時は日本家族研究・家族療法学会）は，それらを第一世代から第三世代に分けて以下のように整理している。[7]

□ 第一世代の家族療法

　第一世代は，家族をシステムとみなし，システム論の考え方にもとづいて問題を理解し，解決をめざすアプローチで，構造的モデル，コミュニケーション・モデル，戦略的モデルなどがある。たとえば，ミニューチン（Minuchins, S.）は，家族システムを境界，連携，権力，役割などの「構造」としてとらえ，家族とセラピストとの交流や働きかけによりそれらを変容，再組織化するアプローチを提唱した。[8] また，ベイトソン（Bateson, G.）らは，家族問題の背景には悪循環のコミュニケーション・パターンが存在するとし，コミュニケーションのプロ

セスや関係の変容による問題の解決をめざした。[9]

❏ 第二世代の家族療法

　その後，1980年代後半になると，社会構築主義の影響をうけた，ポストモダンと呼ばれる認識論にもとづく家族療法へのシフトがみられ，「第二世代」と呼ばれるモデルが登場する。これらのモデルは，近代科学が前提としてきた合理性や客観性に疑問をなげかけ，現実認識の主観的側面や言語による社会の構築に着目する。さらに，フェミニズムや当事者主義の台頭により，治療関係に潜む差別や力関係にも批判がなされ，セラピストとクライエントの対等で協働的な関係にもとづく，エンパワーメントを志向するモデルへの転換が主張された。

　たとえば，アンダーソン（Anderson, H.）とグーリシャン（Goolishian, H. A.）は，クライエント（当事者）こそが自分自身を最もよく知る専門家であるとし，セラピストが自身の無知を認識する，いわゆる「無知の知」と呼ばれる基本姿勢を説き，セラピストとクライエントによる協働アプローチを提唱した。[10]さらに，ホワイト（White, M.）とエプストン（Epstein, N. B.）は，抑圧的な社会や文化のもつ文脈をドミナント・ストーリーと呼び，それを「私」自身に固有なもう一つの（オールタナティブ）ストーリーに語り直し，関係者や地域社会で共有するプロセスこそが，新しい人生の生き直しと新たな社会的リアリティの構築につながるとし，語りに着目するナラティブ・セラピーを提起した。[11]

　また，解決志向アプローチも，第二世代に分類される。[12]このアプローチでは，クライエントのストレングスに着目しながら，意図的な質問を適宜用いることでクライエントが自身の視点の転換を図り，問題への囚われから自らを解放し，未来志向で短期間の問題解決がめざされる。意図的な質問には，コーピング・クエスチョン（逆境のなかでうまく対処したエピソードを尋ねる），サバイバル・クエスチョン（逆境をどのように生きのびたのかを尋ねる），ミラクル・クエスチョン（眠っている間にミラクルがおきて問題が解決された時を想起し，その時の状況や生活を尋ねる），例外探しのクエスチョン（例外があった時の自分の対処法やスキルを尋ねる）などがある。

❏ 第三世代の家族療法

　第二世代の家族療法は，現実認識や支援関係に新しい視点や反省をもたらしたが，システム論にもとづく家族療法が否定されたわけではない。2000年代に入ると，特定のモデルに固執せず，家族のニーズに

焦点をあて，有用なモデルを組み合わせる統合的な家族療法が台頭する。第三世代と呼ばれる新しいモデルには，家族心理教育，メディカル・ファミリーセラピー，カルガリー家族アセスメント・介入モデルなどがある。

心理教育モデルは，偏見や無理解が生じやすい障害や疾患をもった人々やその家族を対象に，正しい知識や情報をもち，生活上の課題に対処する方法を修得し，主体的な生活が営めるよう支援する体系的なプログラムで，専門職や参加者同士の相互関係や相互交流による支援効果も取り入れる。[13]

また，メディカル・ファミリーセラピーは，バイオサイコソーシャル・モデルに依拠し，生物・医学的な知識をもつ医療関係者との協働によって実施されるもので，①生物学的次元を認識する，②病の体験を聞く，③防衛を尊重し，非難を取り去り，感情を受容する，④コミュニケーションを維持する，⑤家族の発達を考える，⑥患者と家族の（課題）遂行能力を高める，⑦ドアを開けておく（関わり続けること）の７つを基本的な技法とする。[14]

さらに，カルガリー家族アセスメント・介入モデルは，精神科看護を専門とするライト（Wright, L. M.）とリーヘイ（Leahey, M.）によって開発されたもので，システム理論をもとに構造，発達，機能の３つの側面から家族をアセスメントする。また，家族の機能を①認知領域，②感情領域，③行動領域に分けたうえで，アセスメントにもとづき必要な領域への介入を行う。[15]

なお，これらの第三世代と呼ばれるモデルは，近年，医学をはじめとする多くの領域で提唱されている，「エビデンスに基づく実践」を志向している点も特徴である。

☐ ジェネラリスト・ソーシャルワークの普及と家族支援

1970年代以降，欧米では，一般システム論の導入にともない，個人と環境の諸システムとの交互作用に着目し，ソーシャルワークの共通基盤のもとで，ケースワーク，グループワーク，コミュニティワークといった方法論を統合して展開する「ジェネラリスト・ソーシャルワーク」が主流となっていく。こうした潮流のなかで，家族支援のソーシャルワークは，スペシフィックな技法として発展した家族療法の技法を取り入れつつも，家族に対するソーシャルワーク（Social Work with Families）として，ジェネラリスト・ソーシャルワークに統合され，実践されるようになる。

たとえば，家族支援にシステム論と生態学的視点を導入したハート

図8-1　エコマップの例

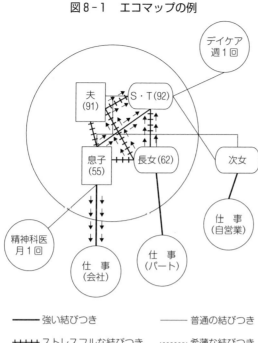

——— 強い結びつき　　　——— 普通の結びつき

++++ ストレスフルな結びつき　……… 希薄な結びつき

出所：和気純子（1998）『高齢者を介護する家族——エンパワ
　　ーメント・アプローチの展開にむけて』川島書店，118.

　マン（Hartman, A.）は，*Family Centered Social Work Practice*（家族
中心ソーシャルワーク）を著し，家族を環境のなかでとらえ，環境との
適合性を図るソーシャルワーク実践を提唱し，エコマップをそのツー
ルとして用いた。[16]エコマップは，家族と対外的に関わりのある人や機
関などをマッピングし，家族を取り巻く環境との関係性を分析する。
関係性は線や矢印で描かれ，たとえば強い関係は太線，ストレスのあ
る線はカギ裂きの線，希薄な関係には波線が用いられる。また，エネ
ルギーや資源の流れが線にそって矢印で描かれる。なお，エコマップ
は，家族の社会とのつながりを多職種で共有して理解するツールとし
ても優れており，時系列的な変化を見たい場合は，時期を区切りなが
らその変化を観察する（**図8-1**）。

　一方，福山は，日本のソーシャルワークにおける家族支援アプロー
チの変遷を4段階にまとめている。[17]第1段階は「人と問題アプロー
チ」である。ここでは問題は個人の内界にあるとされ，家族から個人
のみが取り出され，専門的支援が提供される。第2段階は「母子関係
修正アプローチ」で，発達や情緒の問題に関して，アタッチメント理
論などにもとづき母子の関係が重視され，障害受容や望ましい養育の
促進が支援される。第3段階は，「適応行動改善アプローチ」であり，
学習理論を適用し，環境内における個人の問題行動の改善が目標とさ

れ，家族はその共同治療者として位置づけられる。最後の第4段階は「システムズ・アプローチ」である。このアプローチでは，家族を一つのシステムとみなし，家族システムを人や環境をはじめとする複数のシステム間の相互作用のなかでとらえ，その適合やシステム全体の機能促進をめざすものである。たとえば，虐待を受けている子どもの課題を家族内の病理としてとらえるのではなく，本人，家族，学校，友人関係，地域の機関や制度，経済や政治状況などのシステム間の相互作用の課題としてとらえ，システム間の関係性への働きかけや資源の導入・活用を通して課題の解決がめざされる。

③ 展開の実際

❑ 家族システム論によるジェネラリスト・ソーシャルワーク

　ジェネラリスト・ソーシャルワークにおける家族支援は，家族システム論にもとづき，家族も社会システムにおける一つのサブ・システムであるととらえる。家族システムは，独自の構造と機能をもち，上位システムである環境に自らを統合させることで調和を図り，安定状態を保つが，同時に環境への適応を図るために自らを再組織化する動態性をもつ。こうした家族システムをアセスメントし，システムに変化をもたらすため，家族の「構造」，「機能・役割」，「発達・歴史」，「コミュニケーション」が着目され，働きかけの対象になる。[18]

①　家族の構造

　家族は，境界，連合，勢力といった構造的な観点から分析し，変化を促すことが可能である。たとえば，境界には，自我境界，世代間境界，家族─地域間の境界などがあり，その透過性や境界の明瞭性，柔軟性などがアセスメントや介入の対象になる。境界が不明瞭であることで，家族が拡散したり，境界が硬直し，外部からの情報や資源が届かないこともある。

　たとえば，ひきこもりの家族員がいるために外部の専門職が家庭内に入れず，必要なサービスが提供できない場合には，境界を緩める手立てを探り，開かれたシステムへの再組織化を支援する。また，家族内に序列が発生して勢力構造がうまれたり，連合が形成されて弱いものが仲間外れや虐待の対象になることもある。こうした場面では，本人たちがこうした構造に気づき，その変容へのプロセスに参加できるよう支援する。

表 8 - 1　家族機能

機能種別	対内的機能	対外的機能	
固有機能	性愛機能 生殖・養育機能	性愛統制 種保存（種の再生産）	
基礎機能	居住機能 経済機能	生活保障 労働力再生産	
副次機能	教育機能	文化伝達	
	保護機能 休息機能	心理的・身体的安定	社会的 安定
	娯楽機能 宗教機能	精神的・文化的安定	
	地位付与機能	地位付与機能	

出所：森岡清美監修（1997）『家族社会学の展開』培風館，171.

②　家族の機能・役割

　家族機能は，家族システムが社会システムの存続のためにはたさなければならない「対外的機能」と，家族が内部のメンバーの生理的・文化的欲求を充足するための「対内的機能」に大別される。

　これらは，さらに(1)固有機能，(2)基礎機能，(3)副次機能に細分化される。表 8 - 1 にみるように，大橋は，家族の対内的機能の固有機能として「性愛機能」と「生殖・養育機能」，基礎機能に「居住機能」と「経済機能」をあげ，副次機能として「教育機能」「保護機能」「休息機能」「娯楽機能」「宗教機能」「地域付与機能」をあげている。一方，対外的機能としては，固有機能として「性愛統制」と「種の保存」，基礎機能として「生活保障」と「労働力再生産」，副次機能として「文化伝達」「心理的・身体的安定」「精神的・文化的安定」「地位付与機能」を提起している。[19]

　また，野々村は，家族福祉の観点から，家族機能は「人間形成の拠点」「人間性回復の拠点」「生活保持の拠点」「生活向上の拠点」「地域連帯の拠点」であることから派生し，期待される諸活動を意味していると述べている。[20]家族が機能不全の状態にある場合は，その機能を分析し，機能を代替する支援やサービスを提供するなどして機能の改善を図る。

　さらに，家族が安定した対応関係を築くために，家族は家族内に下位システムとして地位や役割を設け，内部構造を構築する。石川によれば，役割とは「地位に付随した規範的期待に沿う行為」とされる。[21]たとえば「妻」という地位には社会的に期待される行為があり，それを正しく認知して行ってこそ役割を遂行したとみなされる。家族内には様々な役割があり，家族メンバー間の地位や勢力構造，性差，年齢，

パーソナリティなどによって決定されるが，必ずしも明文化されたものではなく，各家族の歴史や生成過程のなかで変容する。その変容がうまくなされない場合，家族内外からのサポートを導入して役割の変更や代替を促すといった支援が必要になる。

③ 家族の発達

　家族システムは，家族メンバーの成長に伴い，変容・進化する，「発達」のプロセスとしてとらえられ，その移行過程や発達課題がスムーズに達成されないと，家族システムの機能不全がもたらされる。このプロセスは，家族メンバーのライフサイクルと連動して進むことから「家族周期」とも呼ばれる。カーター（Carter, B.）らは，家族周期を(1)独立した若者としての巣立ち，(2)結婚による家族としての参加，(3)子どもの誕生によって親になる，(4)子どもが青年期の家族システムの変容，(5)中年期の家族：子どもの巣立ちと別れ，(6)晩年の家族という6段階に分け，それぞれの段階で求められる心理的な移行過程と発達に必須の家族システムの第2次変化をあげている[22]。ただし，近年は個人や家族がたどる人生は多様化しており，結婚，出産などの家族周期を経験しない者も少なくないことから，家族周期が多様化している点には留意が必要である。

　また，家族の発達は世代を超えて受け継がれ，世代間関係が形成される[23]。その関係性を理解するために有用であるのがジェノグラムである。ジェノグラムは，多世代にわたる家族構成と家族関係を一つの図に示すもので，男性は「□」女性は「○」で描くなど，共通ルールで描かれる。基本的には三世代まで遡って作成し，必要に応じて妻側のジェノグラムもあわせて図式化したり，支援を提供する重要な他者も加えることもある。ジェノグラムは，家族と一緒に目にみえるかたちで作成することで，支援者が家族の歴史を理解するとともに，家族自身が自分たちを対象化してとらえなおすことを促進するという臨床的効果をもっている[24]。また，多職種が連携するソーシャルワークの現場では，専門職間での情報を共有するツールにもなる（くわしくは，同シリーズ第5巻『ソーシャルワークの理論と方法Ⅰ』の第3章を参照）。

☐ 家族内コミュニケーション

　コミュニケーションとは，「メッセージの送り手の意図が相手に伝わり，受け手がその意図に沿って応答するプロセスを通して，送り手と受け手が共に変化する」プロセスである[25]。家族システムの視点でみれば，コミュニケーションは家族内外の個人やシステム間をつなぎ，各システム内部およびシステム間に変化を与える活動である。

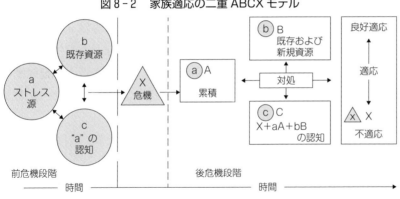

図8-2　家族適応の二重 ABCX モデル

出所：McCubbin, H. I. & Patterson, J. M.（ed.）（1981）*Systematic Assessment of Family Stress, Resources, and Coping: Tools for Research, Education and Clinical Intervention*, University of Mineesota, 9.

　佐藤は，コミュニケーションの一般的枠組みとして，メッセージの①方向性，②脈絡性，③レベル性，④明晰性をあげている[26]。メッセージが向けられるべき人に向かわなかったり，間接的に置き換えられたりすると受け手が混乱したり，あるいは一般化されてメッセージ性が弱まることもある。また，メッセージの応答が送り手の意図や意味（脈絡）にそってなされていなければ，送信側は「わかってもらえた」とは感じないであろう。支援においては，「会話がない」「人の話をきかない」「一方的に決めつける」といった家族内コミュニケーションのパターンやプロセスを明らかにし，その変化を促すことで家族内の意思疎通を改善し，家族システムの機能改善を図っていく。

☐ 家族ストレス論による家族支援

　家族社会学の領域では，心理学的なストレス認知理論で提唱された「適応」や「対処」の概念を取り入れ，家族のストレス・プロセスを説明するモデルが提起されている。代表的なモデルである「二重 ABCX モデル」（**図8-2**）は，家族の危機発生までを前危機段階，危機発生後の再組織化を再適応過程と位置づけ，家族のストレスへの適応を時間軸にそって連続するプロセスとして説明する[27]。家族の危機は，ストレス源「a」に対する既存資源「b」と「a」の認知である「c」によって生み出されるが，「a」の累積によって「ⓐA」となったストレッサーに対し，家族は既存の「b」に新規資源を追加した「ⓑB」と，「c」の認知が変容した「ⓒC」を用いて対処することで，ストレスのアウトカムとしての適応の程度「X」が形成されるというものである。

　このモデルは，家族の危機を回避して望ましい適応を促進するため

に，新規資源と家族の認知＝考え方・とらえ方の変容が重要であることを示したもので，実際のソーシャルワーク実践にも役立つものである。家族が活用しうる資源には，インフォーマルなソーシャルサポートを含めた人的資源，各種手当などを含めた経済的資源，保健医療福祉サービス資源，環境的資源，知識や技術などの教育資源などが含まれる。

　ソーシャルワーカーは，これらの多様な資源を活用，創造し，家族のサービス利用を支援する。一方，認知の変容については，正しい知識や情報をもってもらい，生活上の課題に主体的に取り組めるような対処方法を修得する心理社会教育的なプログラムや，同じ課題を抱える参加者同士の相互交流によるエンパワメントを促進するセルフヘルプ・グループへの参加支援などが有効である。

□ 家族のレジリエンスを志向する実践

　レジリエンスとは，本来，物理学で使用される言語で，圧力やストレスを跳ね返し，それらによって歪んだ形をもとに戻す弾性を意味し，「回復力」「抵抗力」などとも訳される。子どもを対象にした大規模調査から発案された概念で，逆境にあっても健全に成長し生き抜く子どもたちが有する強さや可能性を機能させる動態的なプロセスとして注目されるようになった。レジリエンスの構成要素は，生得的なものから環境的なものまで多岐にわたり，それらが複雑に相互作用しあっている。

　家族レジリエンスとは，家族が直面する危機的状況からの回復力をさし，家族員個人，家族員間の相互作用，家族の環境や資源要因との相互作用によって形成される。家族レジリエンス志向実践では，こうした家族のレジリエンスをアセスメントし，その機能が作用・促進されるよう家族や環境に働きかける。代表的な論者であるワルシュ（Walsh, F.）は，家族のレジリエンスの構成要素を，①家族がもつ信念体系，②家族組織のパターン，③家族のコミュニケーション・プロセスの3次元で示している。[28]一方，アンガー（Unger, M.）は，レジリエンスを保護・促進する資源に着目し，レジリエンスは心理的・社会的・文化的・物理的資源を個人が活用する力であり，これらの資源と交渉する個別的，集団的な能力であるとし，社会生態学的なレジリエンスの概念を提起した。[29]

　家族支援においては，多元的なレジリエンスの構成要素に着目，評価し，必要な資源の醸成や活用を図りながら，家族が主体的にそれらを活用，発揮できるよう促し，支援することが重要になる。

☐ 家族介護者支援の取り組み──市町村・地域包括支援センターによる包括的支援

　ここでは，家族支援のソーシャルワークを実践する地域包括支援センターとその設置者である市町村を事例に，家族介護者支援の実際について考えてみたい。これまで介護保険制度のもとでは要介護高齢者が主たる支援対象とされ，家族介護者は介護を提供するインフォーマルな資源とみなされることはあっても，仕事や生活を全うする権利とニーズを有する人としてとらえる視点は必ずしも十分ではなかった。

　厚生労働省の委員会が実施した調査からは，家族介護者が抱える多様な「家族介護と仕事，生活・人生の両立継続」に関する様々な課題の存在が明らかになっている。それらは，①相談に関する課題，②介護に関わる課題，③自分自身の課題，④世帯全体の課題，⑤地域，専門職等との関係に関する課題，⑥介護離職・仕事との両立に関する課題に大別される。[30]

　こうした課題を取り組むために，上記の委員会では，介護者本人の人生の支援にむけて，以下の4つの考え方を盛り込んだ総合的な支援の展開を提案している。[31]第1は，介護者アセスメントの導入である。現在，標準的なアセスメント・ツールはないが，たとえば一般社団法人日本ケアラー連盟が開発したツールがある。[32]このツール（**表 8-2**）は，介護者本人に記入してもらう「ケアラーアセスメント申請書」と支援担当者が介護者と面談して記入する「ケアラーアセスメントシート」の2部構成となっているのが特徴で，介護者（ケアラー）の視線からみるケアの現状や悩みを把握したうえで，支援担当者がそれらをふまえてあらためてニーズやリスクを評価し，その後の支援プランを書き込めるようになっている。支援者は，介護が介護者の人生と生活に与える影響を，健康，ウェルビーイング，役割，経済，環境，リスクなどの点から多面的にとらえるとともに，介護者を支えてくれる人や資源を重層的に把握し，介護の負担や継続性について介護者の視点から評価し，介護者と被介護者の関係性も視野に入れながら介護者を支援するプランを作成する。

　第二は，多様な専門職とのネットワーク形成である。早期発見のためには，介護支援専門員や病院のソーシャルワーカー，あるいは介護予防や地域へのアウトリーチを実施する地域包括支援センターのソーシャルワーカーの果たす役割が重要になる。早期に把握されたニーズにもとづき，これらの相談機関や専門職に加え，介護保険事業所，医療機関，民生委員，介護者の雇用先など関連する多様な関係者が加わる支援ネットワークを構築し，チームアプローチによって支援を展開

表8-2　一般社団法人日本ケアラー連盟──ケアラーアセスメントツール

■ケアラーアセスメント申請書 （本人用）	■ケアラーアセスメントシート （アセスメント担当者用）
1　ご自身について	1　ケアラーについて
2　あなたがケアしている人について	2　ケアを受けている人について
3　あなたとの関係	3　あなたがしているケアについて
4　あなたがケアしている人が利用しているサービス	4　ケアがあなたに与える影響について
5　ケアラーとして援助している内容	5　ケアラーを支えてくれる人について
6　あなたを手伝ってくれる家族や親戚，友人	6　ケアの継続の意向について
7　ケアについてあなたが信頼して相談できる人や窓口	7　緊急時の対応について
8　ケアの他にあなたがしなければならないこと	8　急用時の対応について
9　ケアラーとしての問題や悩み	9　災害時の対応について
10　あなたの生活を楽にする支援とは	10　あなたのケアをもう少し楽にする支援
11　その他	11　望んでいる生活をするための必要な援助

出所：日本ケアラー連盟（2012）「平成24年度老人保健事業推進費等補助金老人保健健康増進等事業報告書　ケアラーを地域で支えるツールとしくみ」124-125（http://carersjapan.com/careresearch2012.html）.

する。

　第三は，介護者を地域から孤立させないよう，地域づくり・まちづくりの一環として行う包括的な支援である。たとえば，ケアラーズ・カフェといった，地域で介護者の孤立を防ぐ居場所をつくったり，地域住民，企業などに対して家族介護と仕事の両立にむけた情報提供や啓発活動を行うことも有効であろう。さらに，地域における介護者むけの相談会を設けたり，見守り活動を組織化していくことは，地域全体で介護者を支援する基盤を形成することになる。

　第四に，介護者の自己実現（仕事の継続を含む）と社会参加の支援である。介護者が一人の人間として，その人らしい生活を継続するために，企業や地域の理解が不可欠である。こうした土壌を生み出すために，地域住民や企業に対する啓発や広報活動を行い，ソーシャルアクションや政策提言につなげる活動も重要である。

☐ 家族支援の事例

　ここでは，複合的な課題を抱える家族に対し，ジェネラリスト・ソーシャルワークによって支援する事例を紹介する。

① 事例概要

　Bさん（82歳，女性）　Aさん（48歳，女性）　C君（15歳，男子）の同居家族

　Aさんは，最近，夫のDVが原因で離婚し，息子のC君とともに実家に戻り，5年ほど前に夫と死別し，一人暮らしをしている母のBさんと同居することになった。Aさんは一人娘であるが，両親はともに厳格で，Aさんは母親と一緒にいると気持ちが落ち着くことがないと感じていた。そのこともあり，結婚後は実家とは長い間，疎遠であっ

た。

　2 年前より夫が体調不良で退職して以降，Ａさんに暴力をふるうようになり，またＣ君が中学 2 年生の頃からいじめをうけて不登校となり，自室にひきこもりとなったことから，これ以上は結婚生活を続けていくことはできないと考え，離婚に至った。

　ところが，実家に戻り生活を始めると，母親のＢさんの言動の異変に気がつき始めた。神経質であった母が，部屋を片付けず，汚れた服を着ていても平気なようである。また，同じことを何度も質問してきたりする。一方，Ｃ君は転校により新しい気持ちで学校に通えるのではないかと期待していたが，相変わらず自室にこもり，食事だけ取りに来て自室で食べているような状況で，必要最低限の会話しかしない。

　こうした状況で，一人暮らし高齢者への訪問調査を行っている地域の民生委員が尋ねてきた際に，Ｂさんの最近の状況を話したところ，地域包括支援センターへの相談を勧められた。Ａさんから電話連絡を受けた相談員のＹ（社会福祉士）が，Ａさん一家への支援を担当することになった。

②　家族アセスメント

　Ａさんは，10代の頃から母親の前では緊張して本音を言えない状況で，相互のコミュニケーションが乏しく，結婚後は長らく疎遠な関係にあった。また結婚後，夫は家事や育児をＡさんに任せきりで，ひきこもりになった息子（Ｃ君）のことを相談しても，「お前の育て方が悪いからだ」と一方的にＡさんを責めるのみで，夫婦間の溝は増すばかりであった。夫が体調を崩して退職してからはＤＶを受けるようになり，離婚に至った。養育費の支払いも不十分なため仕方なく実家に身を寄せたが，自立するために仕事を探している。Ｃ君は，こうした父母の関係も影響して次第に口数が少なくなり，学校でもいじめにあっていたようで，家族や友人との関わりを拒絶し，自室に閉じこもるようになっていった。

　一方，一人暮らしの生活が続いていた母親のＢさんは，地域や娘との交流も乏しく，1 年に一度訪問調査にくる民生委員のほか，本人と話す相手はなく，地域から孤立していたようである。ただ，日常会話に支障はないことから，民生委員もＡさんから話を聞くまでは，本人の変調には気づかなかったということである。

③　支援の経過

　Ｙ相談員は，Ａさんと母のこれまでの関係や，夫との離婚に至る苦しい思いを含め，Ａさんのこれまで体験した家族との葛藤や孤立感を共感的に聴くとともに，その状況から自ら離婚という選択をし，自立

を目指そうとするＡさんの意思を受け止めた。そして，家族３人がそれぞれの課題に対処し，安心して生活できるよう共に考え，取り組んでいくことを確認し，センターで実施されている家族介護者教室への参加を提案した。ここでは，認知症をはじめとする高齢者の疾患や変化，介護のスキルや介護者の負担軽減のための資源や対処方法のあり方を学ぶことができる。また，家族との関係を振り返りながら，自分の思いを見つめ，要介護者と自分，他の家族員それぞれの自己実現を図るための手立てを相談員と一緒に考えるセッションや，参加者同士で気持ちを分かち合う時間も設けられている。

　また，Ｂさんの状況についてもアセスメントを行った。Ｂさんは自分の体調の異変を明確に認識はしていなかったが，Ａさん親子のことが心配で不安であり，自分も体調がすぐれないと感じているといった話をした。Ｙ相談員は，センターの保健師（認知症初期集中支援チームにも所属）とともに再度訪問し，Ｂさんの通院をすすめた。後日，認知症専門医よる診察が行われ，アルツハイマー型認知症の診断がなされるとともに，要介護認定が実施され，要支援２の判定が決定した。今後，定期的な通院と近隣の認知症デイサービスに週２回程度，通うことになっている。

　一方，Ｃ君については直接話はできなかったが，ひきこもり支援（居場所支援，学習支援等を実施）をしている地域のＮＰＯを紹介し，ＮＰＯのスタッフが訪問調査に来られるよう連絡・調整した。ＮＰＯのスタッフは扉越しではあるがＣ君と話ができるようになり，今後，定期的な訪問が行われることになった。また，ひきこもりの家族による自助グループである「語る会」を紹介し，Ａさんは月１回のミーティングに参加するようになった。

　Ｙ相談員は，Ａさんの許可をうけ，Ａさん家族の状況を，地域包括支援センターで実施される個別地域ケア会議で取り上げ，関係者で今後の支援の方向性について協議した。会議には，地域包括支援センターの職員（社会福祉士，保健師）のほか，担当区域の民生委員，Ｂさんのケアマネジャー，ひきこもり支援を行うＮＰＯスタッフが参加した。それぞれの実践状況を確認し，今後とも情報を共有しながら家族全体を支援していくことが確認された。また，会議では，認知症の家族会やＡさんの就労支援にむけた補助金のでる講座の情報なども共有され，Ａさんの将来的な自立にむけた支援が必要である点も確認された。さらにＢさんについては，今後，Ｂさんの認知症の進行に伴うＡさんの介護負担を定期的にモニタリングしながら，宿泊もできる小規模多機能型居宅介護サービスの利用についても検討していくことになった。

また，C君については，NPOが定期的な訪問を行い，区域を担当するスクールソーシャルワーカーとも連携し，市が運営する不登校生徒のための学級に所属できるよう支援を継続する予定である。

④ 考察

本事例は，DVを理由に離婚したAさん，認知症を患うBさん，ひきこもりで不登校となっているC君のそれぞれが，家族関係や地域社会からの孤立や疾患を抱える，複合的な課題を抱える家族の事例である。家族は，Aさんにとって若い頃から居心地の良い場所ではなく，長年にわたり意思疎通が図られていなかったことがBさんの認知症の発見の遅れをもたらす一因ともなっていた。また，Aさんの父親や夫は伝統的なジェンダー規範をもっていたことがうかがわれ，家族が協働して問題解決にのぞむような関係性を構築することは難しかったようである。こうした環境のもとで，Aさん家族，一人ぐらしとなったBさんともに地域から孤立し，交流や支援を得ることが難しい状況におかれていた。

しかしAさんの同居を契機に，民生委員を通して地域包括支援センターにつながり，介護保険サービスやひきこもり支援のNPOなど複数の機関や専門職が加わり，多世代への支援が展開された。また，Aさんの地域の当事者グループへの参加が促され，Aさんが自分自身の思いを共有できる場や仲間をえる取り組みも行われている。さらにこれらの多元的な支援は，個別地域ケア会議で関係者・関係機関によって情報共有され，家族のそれぞれが自己実現にむかって取り組み，家族全体のQOLを高めることができるよう，連携が図られている。なお，個別地域ケア会議で検討された地域課題として，ひきこもり支援における学校との連携や，介護と育児のダブルケアを抱えるひとり親の心身の負担軽減や就労支援の必要性が提起され，今後，市レベルで実施される地域ケア会議でも取り上げてもらうよう働きかけている。このように，複合的な課題をもつ家族事例では，家族全体を対象とし，多元的な方法や資源を活用するジェネラリスト・アプローチが重要となる。

④ 課題と展望

　日本では，戦後の福祉六法体制が，児童，障害者，高齢者，母子などの対象別に法制化され，それぞれの領域で家族への支援が展開されてきた。そのため，家族への支援が体系的に議論される機会は少なく，確立された領域となっていないのが現状である。増大する家庭内暴力への対応についても，児童虐待の防止等に関する法律（2000年），配偶者からの暴力の防止および被害者の保護等に関する法律（2001年），高齢者虐待の防止，高齢者の養護者に対する支援等に関する法律（2005年）などが，縦割り行政のもとで個別に施行され，家族支援のソーシャルワークが提供されている。しかし，高齢者虐待の事例のなかには，虐待者自身が幼少期に親である被虐待者から虐待を受けていたり，児童虐待の以前から夫から妻に対する暴力がはじまっていたという事例は少なくない。このような事例からも，家族を世代を超えて形成される継続的なシステムであるととらえ，包括的なアセスメントと，家族に関する専門的な知識や技法を有するソーシャルワーカーらによる適切な介入や支援のプログラム化が必要である。

　一方，家族のあり方が多様化するなかにおいても，ジェンダー規範にもとづく介護や育児などのケア役割が期待／強要される規範や文化は依然として残っている。こうした規範意識は，女性や子どもへの暴力や抑圧を生む温床となり，家族システムの健全な働きを阻害している。家族支援のソーシャルワークは，このような抑圧を生む意識や社会構造の存在やその変容をも視野に入れ，家族員がこうした呪縛から自己や家族を解き放ち，個人の自己実現を図りながら家族全体の関係や機能を最適化できるよう取り組むことが求められる。

　最後に，様々な疾患や課題を抱える家族への相談支援や，家族会の組織化などもなされているが，家族支援の効果（エビデンス）にもとづく構造化・標準化された実践やプログラムは少なく，財政的な支援も乏しいのが現状である。このような現状から，あらためて変容する現代家族の特性をふまえた，家族全体を視野にいれた家族支援のソーシャルワークの確立が求められている。

◯注

(1)　野々山久也編著（1992）『家族福祉の視点』ミネルヴァ書房，15-16.

(2)　得津慎子（2018）『家族主体ソーシャルワーク論』ナカニシヤ出版，191-192.

(3)　森岡清美・望月嵩（2020）『新しい家族社会学〔4訂第28刷〕』培風館，4.

(4)　(2)と同じ，159-187.

(5)　三菱UFJリサーチ＆コンサルティング（2021）「ヤングケアラーの実態に関する調査研究報告書」令和3年3月.

(6)　Richmond, M.（1917）*Social Diagnosis*, Russel Sage Foundation.（＝2012, 佐藤哲夫監訳・杉本一義監修『社会診断』あいり出版）

(7)　日本家族研究・家族療法学会編（2013）『家族療法テキストブック』金剛出版.

(8)　Minuchin, S.（1974）*Families and Family Therapy*, Harvard University Press.

(9)　Bateson, G.（1972）*Steps to an Ecology of Mind*, Ballantine.（＝1990, 佐藤良明訳『精神の生態学』思索社）

(10)　Anderson, H. & Goolishian, H. A.（1988）Human Systems as Linguistic Systems: Preliminary and Evolving Ideas about the Implications for Clinical Theory. *Family Process*, 27, 371-393.；アンダーソン，H.・グリーシャン，H.／野村直樹著・訳（2013）『協働するナラティヴ──グリーシャンとアンダーソンによる論文「言語としてのヒューマンシステム」』遠見書房.

(11)　White, M. & Epston, D., *Narrative Means to Therapeutic Ends*, W. W. Norton.（＝1992, 小森康永訳『物語としての家族』金剛出版）

(12)　Berg, I. K. & Miller, S. D.（1994）*Family based Services: A Solution-focused approach*, W. W. Norton.（＝1998, 磯貝希久子監訳『家族支援ハンドブック──ソリューション・フォーカス・アプローチ』金剛出版）

(13)　(7)と同じ，128-131.

(14)　(7)と同じ，132-135.

(15)　森山美知子編（2001）『ファミリーナーシングプラクティス──家族看護と理論と実践』医学書院.

(16)　Hartman, A. & Laird, J.（1978）*Family Centered Social Work Practice*, The Free Press.

(17)　福山和女（2000）「医療・保健・福祉の対人援助にみる家族の理解」伊藤克彦・川田誉音・水野信義編『心の障害と精神保健福祉』ミネルヴァ書房.

(18)　得津慎子編著（2005）『家族支援論』相川書房，80-81.

(19)　大橋薫（1997）「家族機能の変化」森岡清美監修『家族社会学の展開』培風館.

(20)　(1)と同じ，16.

(21)　石川実編（1997）『現代家族の社会学』有斐閣，79.

(22)　Carter, B. & McGoldrick, M.（1989）*The Changing Family Life Cycle*, Allyn & Bacon.

(23)　小林奈美（2011）『家族アセスメント Part I ──ジェノグラム・エコマップの描き方と使い方』医歯薬出版.

(24)　同前書.

(25)　佐藤悦子（1986）『家族内コミュニケーション』勁草書房，18.

(26)　同前書，140-158.

(27)　McCubbin, H. I. & Patterson, J. M.（ed.）（1981）*Systematic Assessment of Family Stress, Resources, and Coping: Tools for Research, Education and*

Clinical Intervention, University of Mineesota, 9.

⑱　Walsh, F.（2016）*Strengthening Family Resilience*（3rd ed.）, The Guilford Press.

⑲　Unger, M.（ed.）（2013）*The Social Ecology of Resilience*, Springer.

⑳　厚生労働省（2018）「市町村・地域包括支援センターによる家族介護者支援マニュアル」（平成29年度介護離職防止のための地域モデルを踏まえた支援手法の整備事業），4.

㉛　同前，10-22.

㉜　日本ケアラー連盟（2012）「平成24年度老人保健事業推進費等補助金老人保健健康増進等事業報告書　ケアラーを地域で支えるツールとしくみ」124-125.

■ 第 9 章 ■

災害とソーシャルワーク

1 定義と意義

☐ 災害とは

本章では，災害とソーシャルワークをテーマに，災害時のソーシャルワークについて学ぶ。災害時のソーシャルワークは，その対象者や向き合う状況，展開過程などについて，平常時のソーシャルワークと異なるのか，違いがあるとすれば，何がどのように違うのだろうか。

まずは災害時という状態あるいは状況について学ぶために，災害の定義を以下のように2つあげてみる。

災害の定義（災害対策基本法第2条第1号）

「暴風，竜巻，豪雨，豪雪，洪水，崖崩れ，土石流，高潮，地震，津波，噴火，地滑りその他の異常な自然現象又は大規模な火事若しくは爆発その他その及ぼす被害の程度においてこれらに類する政令で定める原因により生ずる被害をいう」

災害の定義（DMAT標準テキスト[1]）

「突然発生した異常な自然現象や人為的な原因により人間の社会的生活や生命と健康に受ける被害とする。災害で生じた対応必要量（Needs）の増加が通常の対応能力（Resource）を上回った状態である」

災害対策基本法では，主に災害の種類についてあげ，それによる被害と説明している。DMAT（災害派遣医療チーム：Disaster Medical Assistance Team）においては，ニーズとリソースがバランスを崩した状態として説明している。特に災害医療においては，マスギャザリング（集団形成[2]）における事故やテロ，パンデミック（広範に及ぶ感染症の流行）等への対応も災害として想定されている。

☐ 災害ソーシャルワークの定義

ソーシャルワークにおいても同じく，生活課題をニーズ（N）とし，地域の社会資源をリソース（R）とすると，これらの関係は**図9-1**のようにあらわすことができる。

たとえば利用者の生活介護や家族の介護負担軽減というニーズに対し，地域には通所介護施設というリソースがある。もちろん平常時からそこには人や建物や送迎車両，専用機器やサービス，相談窓口など

図９-１　災害時のニーズとリソースの関係

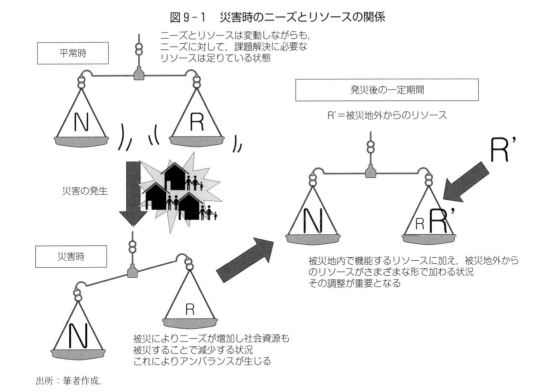

ニーズとリソースは変動しながらも，
ニーズに対して，課題解決に必要な
リソースは足りている状態

出所：筆者作成．

様々なリソースを含んでいる。

　災害が起きたとしたらどうだろう。施設の建物が使えなくなるかも
しれない。建物は大丈夫でも，機器の故障や停電，送迎車の通行する
道路の被害，職員の通勤も困難となる。リソースが減少するという意
味はそうした状況である。

　一方，利用者の心身の状況や家族の安否も心配される。近隣地域で
は平常時に通所介護施設を必要としない高齢者，それだけでなく一般
住民も一時的に避難することもある。台風による豪雨災害時に，ふだ
んの利用者の人数をはるかに超えた避難者を受け入れたという福祉施
設の事例などは各地に存在する。これがニーズの増加という状況であ
る。

　もちろん災害の種類や規模によって，被害状況は異なるが，発災後
の一定期間続くと思われるこのような状況に対し，被災地外のリソー
スが求められる。大規模自然災害では，警察や消防，自衛隊による救
出や救命，福祉専門職による支援，さらにはボランティアによる多様
な支援も重要なリソースとなる。

　このように，平常時のソーシャルワークを基本としながらも，災害
時に展開されるソーシャルワークのことを，ここでは「災害ソーシャ
ルワーク」とし，次のように定義する。

図9-2　被災者がおかれる状況（被災による様々な側面）

物理的な側面 家屋や家財の損害，インフラの破壊	経済的な側面 生業の喪失，収入の減少や途絶，生活費の増加
身体的な側面 けがや体調の悪化，災害関連死	社会関係の側面 家庭や地域の絆の弱体化，社会との断絶
精神的な側面 恐怖や不安，フラッシュバック，認知症の進行	情報に関する側面 情報の不足，申請・契約手続きの増加

出所：粟原英文作成資料をもとに篠原辰二改変.

「被災した地域とそこに生きる人々が災害によって起こった環境の変化との相互関係のなかで直面する課題に対し，その解決に向けて取組む支援のプロセスそのものをいう。狭義の災害ソーシャルワークは，災害によって直接生じた課題に対し，一定の期間，専門職や非専門職が行う援助や支援活動を意味し，広義では，災害時を意識した平常時のソーシャルワーク（防災・減災活動）や，災害によって顕在化した平常時からの課題への取り組みも含んだ長期的で連続性をもつ援助や支援活動のことをいう」。

☐ 被災者がおかれる状況

　平常時のソーシャルワークの対象者は，環境との関係において何らかの生活課題を抱えている。それに対して，フォーマル，インフォーマル，様々なサービスが提供される。この点は災害時も同じである。では災害時，被災者はどのような状況におかれるのだろうか。災害による被害，つまり被災による様々な側面を整理したものが**図9-2**である。

　主な6つの側面を一つひとつみると，平常時のソーシャルワークにもあてはまるものばかりである。しかしそれは，一定の時間の流れのなかでゆるやかに生じるものがほとんどである。災害の場合は，ここにあげた生活課題が一瞬にして起こる。たとえば大規模な地震は家屋を破壊し，住民の生命を危険にさらし，地域のつながりを断絶してしまう。被災によって，命は救われても，家や仕事を失い，精神的なダメージから立ち直れないということもあるだろう。

　地震ならば一瞬であり，豪雨災害等でも短時間に事態は変わる。広域同時多発となることもあり，被害は多重・複合問題として広がっていく。この"速さ"と"量"，"複雑さ"に対する働きかけが災害ソーシャルワークに求められるといえる。

☐ 災害ソーシャルワークの意義

　ソーシャルワークを学ぶということは，平常時を想定した内容であり，災害時はあくまでも特別な状況としてとらえられてきた傾向がある。しかし平成の30年間は阪神・淡路大震災（1995年），東日本大震災（2011年）に代表されるように，大規模自然災害が多発し，近年は台風などによる豪雨災害が毎年，複数発生している。異常気象や地殻変動なども原因となって，日本だけでなく，世界的にも災害多発時代を迎えている。

　大規模の地震，毎年のように起こる豪雨災害は私たちにとって，被害状況やそこから生じる生活課題とその解決策など，多数の経験を蓄積する機会にもなっている。平常時のソーシャルワークで対象とする人と地域は，災害時においては被災者と被災地に置き換えることができる。

　災害の発生により，私たちは平常時のソーシャルワークに加え，"災害による新たな課題"や，"平常時には潜在していた課題"に向き合うことが求められてきたのである。

　ソーシャルワークの過程としてのアウトリーチは，被災地域の巡回や避難所内で行われる。避難者の状況を観察し，対話しながら福祉避難所や医療機関での対応が必要な人がいれば，**スクリーニング**➡することもある。被災者がおかれる状況ごとに，**福祉支援**➡についてプランニングやモニタリングも必要となる。

　また，被災によって失われた社会資源，機能する資源を把握するため，あらためて地域アセスメントを実施し，あらたな資源開発を進めねばならないこともある。発災後の状況からのネットワーキングやコーディネーション，その際には支援の調達のためのネゴシエーションやプレゼンテーションが求められる（本書第5章参照）。

　以上のように，災害があたりまえのこととして起こる時代において，平常時に学んだソーシャルワークを，災害ソーシャルワークとして応用できる力が重要となっている。それは決して新しい知識や技術ではなく，ソーシャルワークをよりていねいにかつ迅速に災害という状況に合わせて展開することである。

➡**スクリーニング**

辞書的には，「ふるいにかけること。選抜。選別」を意味し，医療の分野では集団のなかから特定の病気が疑われる人を選び出すことを，スクリーニング検査と呼ぶことがある。避難所へ避難した人々には多様な状況がみられる。医療機関への搬送や応急手当が必要な人，また介護等の支援が必要なことから福祉避難所や福祉施設へ移動することが望ましい人等である。災害時に多数の避難者のなかからこうした状態の人々を見極めることもスクリーニングと呼ばれている。

➡**福祉支援**

福祉ニーズ（社会福祉が対象とする問題）に対する支援。

② 形成と内容

☐ 大規模自然災害の歴史と災害福祉

　歴史をさかのぼると，私たちの社会は様々な災害を経験している。地理的事情や気候による被害がある。当時は"天災"と呼ばれた自然災害により，飢饉や生活困窮という危機的な状況が，人々の暮らしを定期的に襲っていたとされている。

　明治期には濃尾地震（1891［明治24］年），明治三陸沖地震津波（1896［明治29］年）という時期に当時の社会事業家，石井十次らが活躍している。生江孝之は社会福祉の対象に①自然貧，②個人貧，③社会貧）の３つの貧困形態があるとし，災害によるものを自然貧とした。この時代の被害も多様であり，生命の危機や生活の変化による心理的な影響が災害弱者（高齢者・障害者・児童・外国人など）に及ぶという深刻な状況であった。

　大正時代以降は昭和も含め，特に地震災害や風水害が頻発した。具体的な例では関東大震災（1923［大正12］年），室戸台風（1934［昭和9］年），南海地震（1946［昭和21］年），伊勢湾台風（1959［昭和34］年），そして前にも述べた阪神・淡路大震災や東日本大震災へと続いていく。災害は医師や救護看護婦（当時の呼称）らによる災害時の医療とともに福祉としての相互扶助や社会制度が生みだされる機会にもなっていった。

　西尾祐吾は災害福祉の定義を「災害福祉とは，災害を契機として生活困難に直面する被災者とくに災害時要援護者の生命，生活，尊厳を守るため，災害時要援護者のニーズをあらかじめ的確に把握し，災害からの救援・生活支援・生活再建に対し，効果的な援助を組織化する公私の援助活動である」[3]としている。

☐ 災害ソーシャルワークの形成

　平成の時代は災害医療や災害看護といった医療領域が飛躍的に発展している。そのきっかけは阪神・淡路大震災における500人の「防ぎ得る災害死」（preventable disaster death：PDD）の存在ともいわれている。当時被災地の多くの医療機関で水やガスなどのライフライン障害により，診療機能がダウンした。そこへ患者が殺到して十分な医療を受けられずに命を落としたり，患者搬送や医療物資の提供が滞った

り，医療機関の被害状況の把握そのものが困難だったりということが起こった。

　阪神・淡路大震災以降の災害医療は外傷による PDD をいかに少なくするかということを課題とし，DMAT（災害派遣医療チーム）の発足や EMIS（広域災害救急医療情報システム）の整備，災害拠点病院の設置，広域医療搬送計画など，災害医療体制が進化を遂げてきた。

　そして東日本大震災は，まさにこうした災害医療体制が活かされる機会となった。しかし，都市型地震とは全く異なる医療ニーズが，沿岸部の地震津波で発生した。この時は災害直後の外傷患者はほとんど発生せず，長期化する避難生活における公衆衛生対応や要配慮者に対する生活支援，災害関連死を防ぐ取り組みなどが求められた。命に関わる72時間だけでなく，さらに継続して健康や生活を支援するアプローチが見直されてきた。

　一方，災害医療や災害看護の実践方法や教育が行われるなか，災害時の福祉については体系的に学ぶ体制もなく，東日本大震災においても災害時のソーシャルワークは，平常時の実践を災害という状況に応用し，試行錯誤しながら展開せざるをえなかった。

　この動向をふまえ，東日本大震災の翌年，2012年度には「災害時ソーシャルワークの理論化に関する研究」がはじまった。その背景の一つは，東日本大震災において，被災地あるいは外部から派遣されて生活支援にあたった様々な福祉専門職の存在がある。被災地での多様かつ複雑な状況のなかでのソーシャルワーク，つまり災害ソーシャルワークの展開とその実践方法，災害発生直後から諸段階に対応し，被災者の生活を支援するプロセスを体系的に学ぶ必要性が明らかになったことにある。

　以降，災害ソーシャルワークの理論と方法，実践事例をまとめたテキストの発刊や[4]，DMAT 等，専門職チームと連携した支援を視野に入れた DWAT（Disaster Welfare Assistance Team：災害派遣福祉チーム）の発足，研修・養成事業が進められてきた。

🔲 災害ソーシャルワークの内容

　ソーシャルワークの主体や対象，何をどのように実践するのかということは他の章でも述べられている。ここでは災害ソーシャルワークについて具体的な内容について学ぼう。

　平常時と同様に災害ソーシャルワークの対象は社会のあらゆる問題ともいえる。人でいうならば，それは何らかの支援を必要としている者であり，具体的な生活課題に対してフォーマル，インフォーマルな

➡ EMIS
Emergency Medical Information System の略。災害拠点病院をはじめとした医療機関，医療関係団体，消防機関，保健所，市町村等の間の情報ネットワーク化及び国，都道府県間との広域情報ネットワーク化を図り，災害時における被災地内，被災地外における医療機関の活動状況など，災害医療に関わる情報を収集・提供し被災地域での迅速かつ適切な医療・救護活動を支援することを目的としたシステムのことをいう。

支援がなされていく。災害ソーシャルワークの対象は平常時と異なるものではなく，平常時の対象を含み，それがさらに拡大すると考えられる。地震や豪雨災害が，被災地の人々の生活全般やあらゆる社会資源に打撃を与えるのである。抱えていた生活課題は災害発生前の状況よりも悪化することは明らかであり，より複雑化，重篤化することとなる。また被災地の多くの住民が非日常の生活を送ることになり，新たな生活課題が生じるのである。

　このように被災者が抱える生活課題（ニーズ）は災害発生直後に一斉に発生するが，時間的経過の段階（フェーズ）とともに変化する。このフェーズごとのニーズを可能な限り把握することが重要となる。ニーズを生活領域で分類し，フェーズごとに整理した**表9-1**を参考に，災害ソーシャルワークの内容を確認してみよう。

　表9-1では，時間の経過とともに変化するニーズを整理するにあたり，以下のフェーズに分類している。

① 救出・避難期（災害直後～1週間）
② 避難所生活期（災害発生から約半年間）
③ 仮設住宅生活期（～約2年）
④ 復興住宅生活・自宅再建期（～長期）

　災害の発生場所や被害の規模によってこれらのフェーズの詳細は異なるが，およそこのような時系列で災害ソーシャルワークは展開されていく。それぞれのフェーズの具体的な展開については次節で述べることとする。

　また災害ソーシャルワークの主体，つまり災害時にソーシャルワーク機能を担うのは，行政の福祉担当職員や社会福祉協議会（以下，社協），地域包括支援センターや地域内の福祉施設職員など様々である。特に災害直後は被災地内の福祉専門職に期待されるが，大前提として被災地内福祉専門職も被災者となっていることを忘れてはならない。

　被災者が抱える生活課題への対応は，災害が発生した地域の特性や地域の社会資源（地域資源）をふまえて考えられるため，個別性が高く多様である。被害が広範囲であるほど，地域資源の多くが被災することにもなる。災害ソーシャルワークの主体である福祉専門職だけでは限界が生じる。前に述べたDMATをはじめ，様々な専門的支援が組織化，派遣され，多職種連携による支援が機能している。

　また災害時には地域住民，自治組織を中心とした相互の支援も重要である。災害ソーシャルワークの定義に「広義では，災害時を意識した平常時のソーシャルワーク（防災・減災活動）や，災害によって顕在化した平常時からの課題への取り組みも含んだ長期的で連続性を持つ

表9-1　震災時に想定される被災者ニーズの時系列変化（例）

時期	被災直後～1週間	～半年	～数年	～長期
ニーズの大分類	救出・避難	避難所生活	仮設住宅生活	復興住宅生活・自宅再建
住む・暮らす	・住居の喪失 ・水、食料、電気、通信、衣服、暖房等の喪失 ・家族の喪失（葬儀等も含む）	・生活上の諸物資の不足 ・将来生活への不安 ・避難生活の不便 ・母親喪失等による衣食機能低下・喪失	・引っ越しの負担 ・新たな生活環境の学習 ・母親喪失等による衣食機能低下・喪失 ・便乗詐欺や宗教勧誘 ・移動・交通手段の不自由 ・通院、施設利用、通学等への対処 ・行政諸手続のための頻繁な公的機関通い	・引っ越しの負担 ・新たな生活環境の学習 ・母親喪失等による衣食機能低下・喪失 ・便乗詐欺や宗教勧誘 ・移動・交通手段の不自由 ・通院、施設利用、通学等への対処 ・行政諸手続のための頻繁な公的機関通い
費やす	・財産（動産・不動産）の喪失	・衣食生活費の不足 ・動産（車等）の購入費用	・家計の再構築 ・借金返済の見通し ・多重債務の負担 ・金融機関との交渉や公的助成制度の探索、発見、申請 ・教育費の捻出	・家計の再構築 ・多重債務の負担 ・金融機関との交渉や公的助成制度の探索、発見、申請 ・教育費の捻出
働く	・仕事（家業・会社）の喪失	・仕事の再開・復帰 ・求職	・仕事の再開・復帰 ・転職 ・新たな仕事への順応	・仕事の再開・復帰 ・求職 ・新たな仕事への順応
育てる・学ぶ	・育児・保育困難 ・学校喪失／休校 ・遊具おもちゃの喪失	・育児・保育困難 ・学齢児の教育保障 ・転校	・学齢児の教育保障 ・転校	・学齢児の教育保障 ・転校
参加・交わる	・知人・友人との死別	・避難に伴う知人・友人との離別	・孤立・孤独、ひきこもり ・転居に伴う知人・友人との離別	・孤立・孤独、ひきこもり ・転居に伴う知人・友人との離別
体の健康	・怪我への対処 ・持病等への対処（薬や医療機器の確保） ・排泄や入浴	・介護や保育困難 ・療養者の医療保障 ・エコノミー症候群 ・要援護者の排泄入浴の配慮 ・感染症のリスク軽減	・介護者等家族の孤立 ・ハイリスク者や持病者の管理	・介護者等家族の孤立 ・ハイリスク者や持病者の管理
心の健康	・家族の喪失や離別 ・ペットの喪失や離別	・プライバシー確保 ・人間関係調整 ・集団生活のストレス、他者への遠慮 ・集団生活上のルールへの服従ストレス ・PTSDやフラッシュバック	・新たなコミュニティ・環境への不安・負担・孤独・ひきこもり ・PTSDやフラッシュバック ・自殺／自殺企図 ・アルコール等への依存 ・介護者等家族の孤立	・新たなコミュニティ・環境への不安・負担・孤独・ひきこもり ・PTSDやフラッシュバック ・自殺／自殺企図 ・アルコール等への依存 ・介護者等家族の孤立
その他		・避難所内での差別問題 ・被災者への差別問題	・被災者への差別問題	・被災者への差別問題

注：災害の種類や規模などによって、時期・場面の区切りやニーズは大きく変わってくる。
ここにあげた例示のほかにも、被災前からの生活の連続性や損失に関わるあらゆるニーズに対応する必要がある。

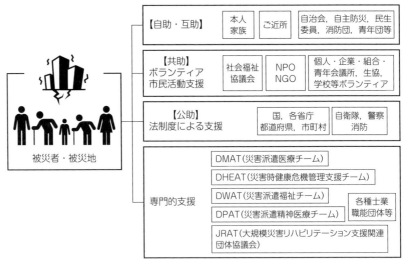

図9-3　被災者支援の様々な主体

【自助・互助】	本人家族	ご近所	自治会, 自主防災, 民生委員, 消防団, 青年団等

【共助】ボランティア市民活動支援	社会福祉協議会	NPO NGO	個人・企業・組合・青年会議所, 生協, 学校等ボランティア

【公助】法制度による支援	国, 各省庁都道府県, 市町村	自衛隊, 警察消防

専門的支援	DMAT(災害派遣医療チーム)
	DHEAT(災害時健康危機管理支援チーム)
	DWAT(災害派遣福祉チーム)
	DPAT(災害派遣精神医療チーム)　各種士業職能団体等
	JRAT(大規模災害リハビリテーション支援関連団体協議会)

被災者・被災地

出所：桒原英文作成資料をもとに篠原辰二改変.

援助や支援活動のことをいう」としたように，地域において自助，互助，共助，公助の意識やしくみを学びあう機会を創出することも災害ソーシャルワークであるととらえねばならない。

　専門職だけではなく，地域全体による被災者支援の主体は，①被災者個々あるいは住民相互による自助・互助による支援，②災害ボランティアや企業の社会貢献等の共助による支援，③国や地方公共団体が法制度に基づき実施する公助による支援，④専門職や専門機関による支援と整理することができる（**図9-3**）。

③ 展開の実際

☐ 災害ソーシャルワークの展開

　災害ソーシャルワークは，ソーシャルワークと同様に，「人と環境の交互作用に働きかけ，生活上の問題を抱えるクライエントの状況をよりよく改善する手助け」を目的とする。ただし"災害時という状況"であるために，ソーシャルワークの展開過程にはいくつかの留意点が考えられる。

　「災害時という状況」は被災地に集中し，その被害は多重・複合問題として広がっていく。維持することすら困難になったウェルビーイングをもとの状態に戻すには，地域資源や強み（ストレングス）を見極め，人や地域のエンパワメントを支援することを通じて被害からの

図9-4 災害ソーシャルワークの留意点

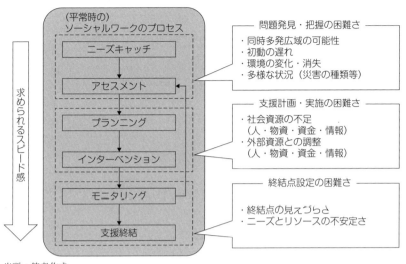

出所：筆者作成.

回復力・復元力（レジリエンス）を高めていく必要がある。

　ソーシャルワークのプロセスについては，様々な説明がなされるが（本シリーズ第5巻『ソーシャルワークの理論と方法Ⅰ』参照），ここでは**図9-4**のように，ニーズキャッチ，アセスメント，プランニング，インターベンション，モニタリング，支援終結の6段階で説明する。

　各段階において，災害ソーシャルワークは各段階において個別支援と地域支援を同時・一体的に進める。つまり人と環境の交互作用に働きかけることで課題解決へと向かっていくという点では平常時のソーシャルワークと同様である。

　この図をもとに，災害ソーシャルワークの留意点を3つあげ，被災地の状況を例示したもので整理してみよう。

　①　問題発見・把握の困難さ

- 交通インフラの破壊により問題が発生している地域まで行けない
- 浸水や土砂，家屋の倒壊により，問題が発生している地域まで行けない
- リソース（車両，パソコン，システム等）に制限がかかり実情を把握しにくい
- 余震や天候悪化による二次被害の恐れがあり，ワーカー自身の行動にも制限がかかる
- 被害の状態によって抱えている問題に差がある
- 福祉支援を中心としたニーズ以外にも，**必要欲求**，**デマンド欲求**が多く寄せられる

→必要欲求

災害時に限らず，生活をするうえで必要不可欠な欲求のこと。

→デマンド欲求

必要欲求に対し，必要不可欠ではないが，あったほうがよいと考えられる欲求のこと。

② 支援計画・実施の困難さ

- 個別支援，地域支援，制度構築の視点が同時に求められる
- 支援に必要なリソースに被害が生じる
- 新たなリソースに対する無知や対応力の低下
- 資源調達を行うためのコーディネート機能が新たに必要になる
- 支援を求める数量が急増する

③ 終結点設定の困難さ

- 個々の生活再建は長期化する
- 地域社会の再建は長期化する
- 居所や環境の変化が著しく，その都度問題が発生するため支援終結までにはさらなる問題が積み重なっている
- 福祉による支援だけでは解決できない問題も多く，ワーカーの終結点と被災者が求める終結点に差が生じやすい

　以上のように，災害ソーシャルワークの留意点は，平常時のソーシャルワークの展開を基本としながらも，災害時特有の困難にいかにして対応するかである。

　また平常時のソーシャルワークの様々な場面で基本となる PDCA サイクル（Plan 計画→ Do 実行→ Check 評価→ Action 改善）も災害時には通用しないことが多い。くりかえしになるが，災害ソーシャルワークが対象とするニーズ（生活課題）には，①発生と変化の速さ，②被災地全体に同時に発生する量，③複雑な要素による多重化・複合化という特徴がある。

　筆者は災害支援の先遣隊の役割のなかで，「"変化する状況" に向き合い，五感（あるいは第六感も）をフルに使って，それを "観察" し，"認識" します。場面から気づき，意味づけし，情勢判断したうえで "決定" し，"行動" するのです」とし，OODA（ウーダ）ループについて述べている。

　災害時はスピード感をもって，人や地域を観察し，状況を見極め，あるべき支援を決定して実施する。このあるべき支援の計画や準備に時間を割けない緊急時には OODA ループ（Observe 観察→ Orient 状況判断→ Decide 意思決定→ Act 行動）が有効である。災害支援の現場において「時間をかけたベストより，タイミングを逃さないベターを選択することが重要」といわれる理由がそこにある。この PDCA と OODA を比較したものが図9-5である。

　次に，それぞれのフェーズにおいて展開される災害ソーシャルワークについて考えてみよう。

図9-5　PDCA サイクルと OODA ループの比較

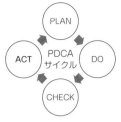

Plan(計画)：目標を立てる
Do(実行)：決定した計画の通りに実行する
Check(評価)：目標がどの程度達成できたかを評価する
Action(改善)：評価時の反省を生かし，改善点を考える

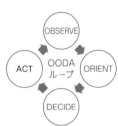

Observe(観察)：本質を見極め，判断に必要な情報を集める
Orient(状況判断)：どのような状況かを正確に把握し判断する
Decide(意思決定)：直観的，論理的に状況に応じた意思決定をする
Act(行動)：決定したことを実行する，仮説を実際に検証する

出所：筆者作成.

☐ 災害ソーシャルワークの実際①救出・避難期（災害直後～1週間）

　被災者，被災地の状況は災害の種類と規模によるところが大きい。気象情報により，事前対応が可能な豪雨災害については，避難の遅れさえなければ，人命を失う可能性は低いといえる。地震は発生時期，時刻などによって被害状況には違いがあり，事後対応となる。

　災害直後は自助，互助による対応であるが，少しずつ被害の大きさが明らかになる。また大小様々な避難場所への避難の他，家族の状況によって在宅避難，軒先や車中避難などを選択することもあり，被災地全体の被害状況把握とともに，個々の状況を把握することが求められる。アセスメント，ニーズキャッチが重要な時期といえる。

　避難行動要支援者への対応や避難所開設に関する知識は福祉教育（防災・減災をテーマに）として，平常時の災害ソーシャルワークの実践と考えねばならない。

　災害発生時に開設される避難所のうち**指定避難所**は市町村長により指定し公示されている。大規模災害発生時には指定避難所だけでは被災者を収容できないことが明らかで，小地域の公民館やコミュニティセンター等が活用される。また民間施設においても避難所利用を想定したり，福祉施設についても災害時を想定して一時的に避難所化することに備えることが必要である。

　ここ数年はプッシュ型（支援要請に関わらない支援の開始）の支援が想定され，被災地では早期に外部支援者との調整を実施する。多職種間の連携は行政の災害対策本部や保健所等で調整されることが多いが，被災地内外のボランティアは地元社協が中心となった災害ボランティ

▶ **指定避難所**

避難者が一定期間滞在し，生活環境を確保できる場所として，市町村長が指定する避難所のことをいう。災害対策基本法では指定避難所の指定について，以下のように記述されている。
第49条の7　市町村長は，想定される災害の状況，人口の状況その他の状況を勘案し，災害が発生した場合における適切な避難所（避難のための立退きを行つた居住者，滞在者その他の者（以下「居住者等」という。）を避難のために必要な間滞在させ，又は自ら居住の場所を確保することが困難な被災した住民（以下「被災住民」という。）その他の被災者を一時的に滞在させるための施設をいう。以下同じ。）の確保を図るため，政令で定める基準に適合する公共施設その他の施設を指定避難所として指定しなければならない。

アセンターがその中心機能を果たすこととなる。行政やNPOとともに協働の体制を平常時から描くことが重要な課題といえる。

□ 災害ソーシャルワークの実際②避難所生活期（災害発生から約半年間）

避難所の運営責任者については，発災直後は施設管理者や行政職員が担い，徐々に避難者による自主的運営に移行する想定がされている。東日本大震災では災害直後より地域住民による運営管理とした指定避難所（1,000名以上の規模）もあり，避難所内の医療，保健体制や物資管理，食事提供，対外的な情報発信など，工夫がなされていた事例もある。

一方で行政担当者も業務上，交代制でシフトが組まれることが多く，入退時の名簿管理以外は住民の自己責任というスタンスの避難所もあり，災害救助法適用にもかかわらず「過度な支援は避難者の自主性を奪ってしまう」という誤った方針での運営もみられる。

こうした事例は各被災地の避難所にはありうるものであり，避難所運営支援にあたる福祉専門職が災害関連法を理解することで，運営管理者に対する相談や助言が可能となる。今後の新たな役割として期待できる。

このフェーズ（段階）でも初期は特に避難者のアセスメントが重要である。医療機関への搬送が急がれる避難者や，福祉避難所の対象（高齢者，障害者，妊産婦，乳幼児，病弱者等避難所生活において何らかの特別な配慮を必要とする者）となる避難者を把握する役割がある。こうしたスクリーニングは医療，保健など多職種との連携が重要である。

近年は避難所で最優先すべき環境整備として，「避難所・避難生活学会」がTKB（トイレ，キッチン，ベッド）の重要性を提唱している。避難所生活期は大規模災害の場合，長期となることが多く，避難者のアセスメント，環境整備，被災地外も含めた社会資源調達や交渉，調整など，災害ソーシャルワークの役割は大きい。

避難所は一定数の住民が集まっていることから，行方不明家族の安否確認や，生活支援物資，施設，復旧に関する行政手続きの情報，さらには地域の防犯情報などが集約される。一方，在宅避難者にはそうした情報が届きにくく，支援の手が届かないことになりがちである。必要な情報や生活支援物資を持参した戸別訪問など，アウトリーチ型の支援が重要である。

このフェーズに様々な申請書類を作成，提出することも多い。一例として災害対策基本法にある「罹災証明書」は災害による自宅の損壊

など，災害による被害の程度を証明する書面である。被災者からの申請によって自治体が発行する義務があり，多くの制度がこれを参考に運用される。また公共料金の減免や災害特有の融資，義援金の受け取りにも影響するものである。

　災害発生時は情報へのアクセスが困難である状況が多いことから，個別に声をかけることや，避難所内に相談窓口を設けるなども，環境整備の一環として心がける必要がある。

☐ 災害ソーシャルワークの実際③仮設住宅生活期（～約2年）

　避難生活は被災者に対し大きな負担である。生活の質の向上，ウェルビーイングの状態を高めるために，「避難から居住へ」と移行する重要なフェーズである。**応急仮設住宅**の供与は災害救助法（第4条第1項1号）に定められている。

　このフェーズは，入居期から退去期まで長期にわたることもあり，種類としては，①建設型応急住宅（プレハブ，木造など），②賃貸型応急住宅（民間賃貸住宅，いわゆる"みなし仮設"），③その他（トレーラーハウス，コンテナハウスなど）がある。迅速な対応が望まれるが，災害の種類や地域事情によって違いがある。たとえば，東日本大震災のような地震と津波の場合は，高台への建設，できる限り多くの戸数が必要であり，建設型応急住宅が多く存在した。賃貸型応急住宅は，民間賃貸住宅等の空き家・空室が存在する地域における比較的規模の小さい災害や，応急建設住宅のみでは膨大な応急住宅需要に迅速に対応できないような場合に積極的に活用される。また広島土砂災害（2014年）のように大都市圏で起きた災害では，応急建設住宅の建設スペースが確保できないことも多く，賃貸型応急住宅が活用される。賃貸型応急住宅は従前の地域から離れざるを得ないことが多く，あわせて転居先でのサポートが重要となる。

　入居決定にあたっては，要支援者を優先すべきであるが，応急仮設住宅での生活が長期化することも想定し，地域による互助等ができるように配慮する。従前の地域コミュニティを維持することは重要だが，実際は困難であることが多い。被災地全体だけでなく，応急仮設住宅の各区域において，入居期からしばらくはコミュニティ形成支援が課題となる。

　特に大規模災害では，建設型応急住宅の団地ごとの戸数をみても，多いところは数百戸に及ぶ。まさに新たなコミュニティとなることから，集会施設（おおむね50戸に1施設，それ未満でも小規模な集会施設の設置可）を活用してサロン活動や相談支援の拠点とするなど，さまざ

➡ 応急仮設住宅

災害救助法は災害時に応急的に，必要な救助を行い，被災者の保護と社会の秩序の保全を図るという目的がある。被災者は，応急的に避難所に避難するが，一時的に受け入れるためのものであり，その後，自らの資力では住宅を確保することができない者に対して提供されるのが応急仮設住宅である。制度上は災害発生の日から20日以内に着工し，速やかに設置され，供与期間は建築工事が完了した日から最長2年3か月以内とされている。
この供与期間は被災地の復興状況や被災者の実情等により，自治体の判断で延長が可能である。

まな実践がなされている。

　また退去期は，自宅再建や居住先が確定した世帯から順に転居をはじめるため，住民間に様々な感情が生じることが想定される。東日本大震災の際の生活支援相談員のように，被災による環境の変化や多様な生活課題の解決に向けた寄り添い型の支援が重要となる。

　総じて仮設住宅生活期は，多様な生活課題への対応が求められる。仮設と表現されるが，住民一人ひとりにとって，ここでの生活は決して"仮"ではない。それぞれのウェルビーイングを実現するためのかけがえのない毎日がここにある。そのことを常に意識した災害ソーシャルワークが実践される。

□災害ソーシャルワークの実際④復興住宅生活・自宅再建期（～長期）

　応急から復旧，復興へと変化する時期は被災者間にも様々な格差が生じやすい。平常時のソーシャルワークにおいて各種の支援制度を活用するように，災害ソーシャルワークにおいても各種制度の存在を把握し，被災者を適切な窓口へとつなぐことが重要となる。

　「被災者支援に関する各種制度の概要」（内閣府WEBサイト）では被災者支援制度を網羅して記載しているため，平常時から目を通し，全体像とともに，関連する内容の詳細を学んでおきたい。

④ 課題と展望

➡激甚災害
大規模な地震や台風など，著しい被害を及ぼした災害のことをいう。指定基準は，激甚法または激甚災害法と略して呼ばれる「激甚災害に対処するための特別の財政援助等に関する法律」で示されており，大規模な災害が発生した場合，内閣総理大臣が都道府県知事等の報告に基づき，中央防災会議の意見を聞いて，激甚災害として指定すべき災害かどうか判断する。

　東日本大震災以降，日本で**激甚災害**➡に指定された災害は約30である。[7]主な被災地は34都道府県，実に7割以上が激甚災害の被災地となっている。特に2014（平成26）年以降は毎年，大規模自然災害が各地を襲い，同時多発かつ広域という状況で災害ソーシャルワークは試行錯誤の中，実践されてきたといえる。

　前にも述べたとおり，災害ソーシャルワークは「被災した地域とそこに生きる人々が災害によって起こった環境の変化との相互関係の中で直面する課題」と向き合うが，それはあまりにも多様である。平常時のソーシャルワークを災害時という状況に応用するという説明も加えたが，現場の実践を検証し，理論的，体系的にまとめることが大きな課題である。

　さらには東日本大震災を超える規模とされる災害，たとえば首都直下地震や南海トラフ地震を想定した場合，これまでの実践知では対応

しきれない事態が起こりうる。大規模広域同時多発といった災害規模
では，災害ソーシャルワークの担い手の被害が甚大となり，外部支援
者もゼロとなる可能性がある。この時に問われるのは，被災地となっ
た地域の力である。

　ドミネリ（(Dominelli, L.)は自然災害へのソーシャルワーカーの関
わりについて「もし人々とコミュニティの間に，災害そのものへの対
応と被災後の生活復興のためのレジリエンスを築こうとするのであれ
ば，そうした災害への対応はもっと予防的に焦点を合わせることを提
案したい」[8]と述べている。まさに，地域の力とは，平常時から実践す
べき，防災・減災を意識した広義の災害ソーシャルワークである。

　これだけ多発する災害，そこに生じる数限りない生活課題と災害ソ
ーシャルワークの実践を検証し，今後も起こるであろう災害に備える
ことが重要である。備えることは生活や環境そのものに与えるリスク
や被害を大きく軽減する。被害の軽減はアンバランスの緩和であり，
多くの命を救うことにつながる。「災害時へとつながる平常時の実践」
こそが重要なのである。

○注 ────────

(1)　日本集団医学会（2015）『DMAT標準テキスト〔改訂第2版〕』へるす出
　　版.
(2)　一定期間，限定された地域において，同一目的で集合した多人数の集団
　　（日本災害医学会の定義）。
(3)　西尾祐吾・大塚保信・古川隆司編著（2010）『災害福祉とは何か』ミネル
　　ヴァ書房.
(4)　上野谷加代子監修（2013）『災害ソーシャルワーク入門──被災地の実践
　　知から学ぶ』中央法規出版.
(5)　山本克彦編著（2018）『災害ボランティア入門──実践から学ぶ災害ソー
　　シャルワーク』ミネルヴァ書房.
(6)　災害発生後，被害状況等を確認するために，先に派遣されるチームのこと。
(7)　内閣府防災情報ホームページ「最近の激甚災害の指定状況について」
　　（http://www.bousai.go.jp/taisaku/gekijinhukko/status.html）.
(8)　ドミネリ, L.／上野谷加代子・所めぐみ監訳（2017）『グリーンソーシャル
　　ワークとは何か──環境正義と共生社会実現』ミネルヴァ書房.

■ 第10章 ■

スピリチュアリティと
ソーシャルワーク

ソーシャルワーク専門職は，社会正義，人権，集団的責任および多
様性を尊重する。全米ソーシャルワーカー協会は倫理綱領で「ソーシ
ャルワーカーは文化や民族の多様性に敏感であり，差別・抑圧・貧
困・その他の社会的不正義をなくすように努めなければならない」と
述べ，ソーシャルワーカーが適切な実践を行っていくために必要な態
度として，文化的コンピテンスをあげている。文化的コンピテンスと
は「あらゆる文化，言語，階層，人種，民族的背景，宗教，スピリチ
ュアルな伝統，在留資格，その他の多様性の要因をもつ人々に対して，
個人，家族，コミュニティの価値を認識し，肯定し，尊重するととも
に，それぞれの尊厳を守り，維持するような方法で，敬意をもって，
効果的に対応する」ことである。

　日本のソーシャルワーカーの倫理綱領も「ソーシャルワーカーは，
すべての人々を，出自，人種，民族，国籍，性別，性自認，性的指向，
年齢，身体的精神的状況，宗教的文化的背景，社会的地位，経済状況
などの違いにかかわらず，かけがえのない存在として尊重する」とし
ている。

　読者は本章で扱う「スピリチュアリティ」になじみがないかもしれ
ない。しかし，ソーシャルワーカーが性的マイノリティの人々がどの
ような経験をしているのか，認知症をもつ人々がどのような世界を生
きているのかを理解しようとするのと同じように，人々のスピリチュ
アルな信仰や生活を理解することも文化的コンピテンスの一つとされ
ている。本章では，第1節で困難に直面する人々が抱える痛みを全人
的（身体的，精神的，社会的，スピリチュアル）に理解する。また，スピ
リチュアリティは人間の生と発達にどのように関わっているのか，定
義を含めて学ぶ。第2節ではスピリチュアリティとソーシャルワーク
の関係，第3節ではスピリチュアルケアの実際を紹介する。以上を通
して，ソーシャルワーカーとしての文化的コンピテンスを備えていく
ための知識を学ぶ。

① 定義と意義

❏ もしもあなただったら

　2019年11月30日，京都市内に住む林優里さんの自宅に医師2人が訪
れた。その後，ヘルパーが異変に気づき，病院に搬送されるも林さん
は亡くなった。林さんは筋委縮性側索硬化症（ALS）を患い，一人暮

らしで24時間の介護が必要な状態だったが，病状は安定していた。林さんは生前「海外で安楽死を受けるため始動したい」とSNSで語っており，SNSを通じて知り合った医師とやりとりをするなかで，殺害を依頼したとみられている。林さんの死因は急性薬物中毒で，薬物を投与して殺害したとして医師2人は嘱託殺人で逮捕，起訴された。林さんが亡くなった後，SNSには「良かったよね」「生きててもしょうがないよね」という投稿があふれたという。[5]

　もしあなたが病院のソーシャルワーカーで，患者さんから「身体が動かず，話すこともできず，自分に生きている意味はあるのだろうか。もう早く死なせてほしい」と言われたら，どうするだろうか。

☐ ソーシャルワーカーに問われていること

　経済成長率，競争力・生産性の向上，効率性に絶えず駆り立てられている私たちの社会では，生きる意味やいのちの価値は，どのくらい役に立つかという有用性，労働力によって実体のある（目に見える）幸福の総量を国や社会にどのくらい増やせるかという功利性で量られがちである。そして，何もできず，何も役に立たなければ，社会の資源を減らし，他者の負担や迷惑になるだけだという社会に支配的なストーリーは，何もできず，何も役に立たなければ生きている意味はなく，価値のないいのちであるという考えと，その考えによる自分自身や他者の排除を生み出している。

　どれだけ役に立つかでいのちの価値が量られている社会のなかで，自分や他者の存在の大切さ，いのちのかけがえのなさを自分はどのようなまなざしで見ているだろうか。苦しみや死，病気や障害とともに生きることに自分だったら意味を見いだせるだろうか。「どうしたらよいのか」という問いの前に，本当は，ソーシャルワーカー自身のまなざし（認識や価値観）が問われている。そして，スピリチュアリティはこうした問いに関わっている。

☐ 全人的な人としての痛み

　林優里さんは，仕事をしていた8年前に筋萎縮性側索硬化症（ALS）を発症し，家族に無理を強いず生活保護を受けて一人で暮らすことを選んだ。しかし，バリアフリーが条件で，生活保護受給者に貸してくれる物件はそうそうなく，部屋探しに苦しめられたという。また，林さんは24時間の介護を必要としていたが，常に介助者が足りず「万年のヘルパー探しはかなりのストレス。いつ穴が空くか分からない不安にいつもさいなまれている。はじめは男性は拒否してたがす

ぐにそんなことも言えなくなった」とSNSに綴っていた。林さんは数年前から話せなくなり，文字盤を使ってコミュニケーションをとっていた。苦労を減らすため自然と必要最小限のことしか話さなくなったという。林さんはツイッターやブログに，周りの人たちとの温かなやりとりとともに，厳しい現実も赤裸々に綴っていた[6]。

「ネコが大好き。でも自分の世話も他人にしてもらってるのに飼えるわけがない。見かねた訪問看護師さんのネコ好きの方が，私のとこに連れて来るために保護ネコの子猫，おとなしそうな子を引き取ってくれた。でもケチをつけられ，大事になってしまった。私達重度障害者の生活は思わぬ制約が多いのだ。なんで?! と納得がいかないこともしばしばある」

「やっと何も思わなくなったけど，ずっと周りの人が来た人にお礼を言うのが不快で仕方なかった。私が言うなら分かる，なぜあなた達が？　友人同士でも訪問してくれて，ごめんなありがとうって，何？　私はやっかいな仕事かなんか？　こんなショーモナイこと気にしてるから死にたくなるんやろなー」

「何も出来ない私の身体，でも自力で息だけはしてる。頑張ってくれてるのかな？　悔しくて愛おしいこの身体。でもこの身体で生きてはいけないんだよ。生きてるとは思えないんだよ」

　終末期にある患者の疼痛緩和に取り組んだソンダース（Saunders, C.）は，ある患者が自分の痛みについて語ったことを聴いて，患者が身体的，精神的，社会的，スピリチュアルなニーズに対するケアを必要としていることを知った[7]。瞼の力が弱くなり，きちんと目が閉じられないことで目がヒリヒリする身体的な痛み。介助者不足で，介助にいつ穴が空くかわからない不安に常にさいなまれている精神的な辛さ。生活保護を受けていることで部屋探しに苦しめられ，重度の障害を持っているためにネコを飼うことも大ごとになってしまう，普通の（ノーマルな）生活も許されない社会的な障壁，友人が訪問するたび介護者が「ごめんなありがとう」と謝り，そして，自分の存在は「やっかいな仕事かなんか」と思われる社会的排除。「この身体では生きていけない，生きているとは思えない」というスピリチュアルな痛み。「早く終わりにしたい」という叫びには，人としての全人的な（身体的，精神的，社会的，スピリチュアルな）痛みが訴えかけられている。それでは，スピリチュアルな痛みとはどのようなものなのだろうか。

スピリチュアルな痛みとは何か

　藤井理恵・藤井美和によれば，スピリチュアルな痛みは「人のお世

話にならなければ生きていけない自分に生きる意味があるのだろうか」というような命の意味（生きている意味）への問い，「どうして自分がこんなに苦しい目に遭わなければいけないのか」といった形で表現される苦しみの意味への問い，そして，苦しみの原因を自分自身と結び付けて苦しむ「こんな病気になったのは私が悪いことをしたからに違いない」といった罪責感，そして，これまでの自分が絶対的に価値をおいてきたもの（健康，経済的基盤，社会的地位など）が崩れてしまった苦しみ，そして自分自身の力では自分を支えられなくなった限界状態の苦しみ，また「死んだらどこへ行くのだろう」といった死後の問題，死と生の意味への問いといったかたちで表現されるという[8]。

　それは，現代の高度な医療や精神医学によっても薬物や治療によって取り除いたり，最新の心理療法・技術によっても苦しい状況を納得させたり，生きていることや人生の意味を悟らせたり，希望をもたらすことはできない，そのような性質のものである[9]。

　ソーシャルワーカーが，困難に直面している人々に出会うとき，その人は困難を人として全人的に経験している。たとえば，ある高齢者は，身体の障害のため特別養護老人ホームに入所し，自分がこのような状態でいるのだから子どもや孫が訪ねてきてくれてもよいはずと毎日待っているが，「昨日も今日も来ない。自分は見捨てられている」という叫びを抱えて生活しているかもしれない。リストカットを繰り返す若者は，親や周囲の大人たちに「こんなことして，もう知らん」と言われ，精神科に入院させられるたびに「見捨てられた」という思いを強め，自分を傷つけることで「自分はどうでもいい命だから」と叫んでいるかもしれない。スピリチュアルな側面は人間にとって根本的なもので，身体，精神，社会的な側面に浸透している。ソーシャルワーカーはその人の言葉や行動に表されている目に見えるものだけでなく，その人の奥底にあるスピリチュアルな痛み，呻（うめ）きを聴く必要がある。

☐ 人間（＝人格）の条件としての理性

　社会福祉士の倫理綱領では，「社会福祉士は，すべての人が人間としての尊厳を有し，価値ある存在であり，平等であることを深く認識する」こと[10]，精神保健福祉士の倫理綱領でも「精神保健福祉士は，個人としての尊厳を尊び，人と環境の関係を捉える視点を持ち，共生社会の実現をめざ」すことが宣言されている[11]。改めてよく考えてみると，すべての人が人間としての尊厳を有しているとはどのようなことなのだろうか。

哲学者デカルトは「われ思う，ゆえにわれ在り」と語って，人間を理性的（精神的）存在者として身体と区別し（心身二元論），動物とちがって人間だけが思惟（精神）をもつ特別な存在だとした[12]。バイオエシックスの創始者の一人である神学者フレッチャー（Fletcher, J.）は「動物も心（mind）すなわち意識をもつが，それは本能的意識であって，理性的批判的意識ではない。動物は真の意味での知識をもつことは出来ないし，真の選択をすることはできない。（中略）要するに動物は人格的ではない。しかし精神的道徳的存在である人間は，目的と手段の何れをも選ぶことができる[13]」とし，精神的道徳的存在として，真の（＝理性的な）選択ができることが人間であって，動物とちがう「人格」であるとした。

このように，精神と身体を別々に切り離し，人が人（＝人格）であるのは精神的道徳的存在である（理性をもっている）からであるとする人間理解は，西洋近代哲学において支配的であり，私たちの社会でも大きな影響力をもっている。しかし，小松美彦は「人間が動植物よりもはるかに優れているのは精神（理性）を備えているからであり，精神（理性）を身体より上位のものとみなす」ことが「生きるに値する」いのちと「生きるに値しない」いのちを区別してきたと指摘している[14]。

フレッチャーの言うような，「人が人（＝人格）であるのは精神的道徳的存在である（理性をもっている）」からであるという主張は，パーソン論と呼ばれている。パーソン論では，精神的道徳的存在である人（＝人格）は，人として扱い尊重されなければならないが，精神的道徳的存在でないと見なされる人は人として扱い尊重しなくてもよいことにされている。すなわち，人に「精神的道徳的存在である（理性をもっている）こと」という資格条件をつけ，そうではないと見なされる，重度の認知症や知的障害をもつ人，**遷延性植物状態**の人は，人として扱い尊重することから排除されてしまうのである。

□ 理性による排除

実際，フレッチャーは，脳出血で寝たきりとなりしゃべることのできない女性や，経鼻管で栄養補給しながら４年の間，昏睡状態にある20歳の男性を"生きた屍"（living death）であるとみなしている。脳血管障害によってコミュニケーションのできない人，昏睡状態の人は人（＝人格）ではなく「ただの生命」（life as such）で植物や獣と同じだとする。だから，"生きた屍"として，あるいは植物や獣と同じように「ただの生命」（life as such）として尊厳なく生きる苦痛を引き延ばし

▶ 遷延性植物状態

遷延性植物状態（persistent vegetative state, PVS）とは，アメリカの Multi-Society Task Force on PVS の診断基準によれば，1．自己・周囲を認識しておらず，コミュニケーション不可。2．様々な刺激に対して再現性のある，目的を持った反応なし。3．言語理解と表出ができない。4．睡眠─覚醒のサイクルは保たれている。5．脳幹に損傷なし。6．し尿失禁状態。7．反射機能はある程度保たれている。という上記の症状が発症から1か月以上，続いている状態をいう[15]。

しかし，遷延性植物状態は，不可逆的に脳機能を失った脳死とは完全に異なる病態である。遷延性植物状態の患者は，正常な睡眠と覚醒の周期を見せ，瞬きをし，目を動かし，嚥下し，声を出し，呼吸をし，顔をしかめ，手足を動かすことができる[16]。

ている装置（心臓のペースメーカー，人工呼吸器，臓器移植，抗生物質，静脈内栄養補給）から人々を解放すること，死をコントロールすることが「人間の尊厳」であるとする[17]。

　しかし，林さんと同じ ALS の当事者である増田英明は，「私たちが生きることや私たちが直面している問題や苦悩を安楽死や尊厳死という形では解決できないし，そうやって私たちの生を否定しないでほしい」と言っている[18]。安楽死はそもそも，治癒の見込みがなく他者や社会全体にとって役立たない（効用のない）状態で生きていることを否定し，尊厳死は精神（理性）的道徳的でない（と見なされている）状態で生きていることを否定するものである[19]。そのため，その人の「自分は生きていても尊厳がないのではないか」という苦しみに応えられるものではないばかりか，そのような苦しみのなかにある人を自分の排除に追い込む。しかし，その人を死なせることによって，「自分は生きていても尊厳がないのではないか」という苦しみに希望をもたらすことはできない。

　終末期にある患者の身体的，精神的，社会的，スピリチュアルなニーズに対するケアに取り組んだソンダース（Sounders, C.）は，「もう早く死なせてほしい」というような解放要求に至る苦悩は，やわらげられるか，かなりやわらげられるものである[20]と言っている。ケアの具体的な展開については本章の第3節で述べる。

☐ 全体性としてのスピリチュアリティ

　人間の存在を理解するときに，理性（精神）＝人間であるのではなく，全人的な存在として認識するとはどのようなことなのだろうか。

　カンダ（Canda, E. R.）とファーマン（Furman, L. D.）は，スピリチュアリティのもっとも広い概念（全体性としてのスピリチュアリティ）を次のように定義している。

　「私は，スピリチュアリティを人間生活の全体プロセスの**ゲシュタルト**として概念化している。それには，生物学的，精神的，社会的，スピリチュアルな観点を包含する発達概念を含んでいる。それはどんな要素にも還元できず，むしろ人間の実在の全体を包括するものである[21]」

　ここには，人間の存在とは，身体的，精神的，社会的，スピリチュアルな全体であって，各側面を切り離すことはできないし，全体を一つの側面にすることはできないということがいわれている。また，多くの研究者は，どんな部分にも還元できない（身体＝人間とすることはできないし，精神（理性）＝人間とすることもできない）ような，人間の

▶ **ゲシュタルト**

ゲシュタルトとは，たとえば，音楽のメロディーのように，個々の要素の寄せ集めとしてはとらえられない，全体として成り立っているような形態のことをさす。

187

特質をスピリチュアリティと呼んでいる。すなわち，人間は身体的，精神的，社会的，スピリチュアルな全体であり，人間の全体（whole）を神聖（holy）な存在にしているものがスピリチュアリティである[22]。こうした人間存在の理解は「全人的人間」（the whole person）と呼ばれている。

❏ 人間の中心としてのスピリチュアリティ

スピリチュアリティという言葉は，ラテン語のスピリトゥスに由来し，その意味は，「息」「霊」である。ヘブライ語のルーアッハも同じく「息」と「霊」を表す。私たちが呼吸する息である身体的・物理的なものと霊的なものは区別されていない[23]。

創世記の著者は「主なる神は，土（アダマ）の塵で人（アダム）を形づくり，その鼻に命の息（ルーアッハ）を吹き入れられた。人はこうして生きる者となった」（「創世紀」2章7節）と記し[24]，ユダヤ教，キリスト教の伝統では，人間は土によって形づくられ，神の「息」が吹き込まれて，生きる者となった存在である。

中国思想でも『淮南子』という書物に「気者生之充也（気とは生の充つるなり）」とあり，気が身体中を回って生命が保たれているとされる。日本思想でも命の語源は「イノウチ」「イキノウチ」であり，死ぬことを「息を引き取る」といい，息をもとにして命が把握されている[25]。このように「息」は，世界共通で人間の生命の根幹として理解されている。「息」で表現されているように，スピリチュアリティとは生命の根源であり，人間の中核をなすものとして認識されている。

❏ 側面（超越性）としてのスピリチュアリティ

WHOは専門委員会報告書で「"スピリチュアル"は，人間の生の側面であり，超越的な感覚の経験に関連している。これは"宗教的"と同じではないが，多くの人々にとっては，スピリチュアルな側面は宗教的な要素を含んでいる」とし[26]，人間の生（life）には超越的な感覚の経験に関連したスピリチュアルな側面があると述べている。

また，カンダも，人間のスピリチュアルな側面では「人生の意味，目的，つながり，道徳性を探求する際に，とくに神聖で，超越的で，究極的と見なされているものとのかかわりが重視される」としている[27]。

カンダとファーマンは，こうした人間のひとつの側面としてのスピリチュアリティを，次のように定義している。

「スピリチュアリティとは，人間の生と発達のひとつの過程であり，意味，目的，道徳性，ウェルビーイングの探求を中心とし，自分

自身，他者，他の存在，宇宙，そして，それがどのように理解されていようとも（たとえば，アニミズム的，無神論的，非有神論的，多神論的，有神論的，その他のように）究極的な実在（ultimate reality）との関係のなかで，その探求がなされ，それが中心的に重要な優先事項とされ，そのなかには，超越の感覚がふくまれている（それは，とても深遠で，神聖で，トランスパーソナルなものとして経験される）」（傍点ママ）

　カンダとファーマンが述べているように，人間は生きているなかでまた人生のなかで，意味や目的，道徳性（善悪），幸せを探求する。そして，金田諦應が『諸法の実相』（神仏の言葉）である大きな命の源のなかで，震災で亡くなった私の，あなたの，彼／彼女の生と死の意味を見いだし，水野源三が，母を失った嘆き苦しみを究極的な実在に向かって叫び，生きていく意味を見いだしているように，（たとえ他の人には実在ではなくても）その人が究極的な実在との関係のなかで，意味や目的，道徳性（善悪），ウェルビーイングを見いだし，生きていることが人間の生と発達のひとつの過程としてある。このことが人間のひとつの側面としてのスピリチュアリティである。

2　形成と内容

❑ スピリチュアリティとソーシャルワーク

　今日，社会福祉サービスは個人の権利──日本では「生命，自由及び幸福追求に対する権利」（日本国憲法第13条），「健康で文化的な最低限度の生活を営む権利」（日本国憲法第25条）──を論拠に提供されている。しかし，歴史的にはソーシャルワークの起源である西欧の慈善活動は，神の愛（アガペー）に応答する個人的，社会的責任にその論拠があった。

　19世紀になって，神の愛（アガペー）に対する応答をアダムズは人間による横の連帯（博愛事業）に転換し，リッチモンド（Richmond, M.）は慈善を行う衝動を効果的にする科学的な方法を考案しソーシャルワークが誕生した。1920年代以降，科学化の追求のなかで，ソーシャルワークにおいて宗教や信仰についての事柄はほとんど言及されなくなった。しかし，そのなかでもトール（Towle, C.）は共通する人間のニーズの一つとして，個人のスピリチュアルなニーズが認識され，理解され，尊重されなければならないことをあげた。スピリチュアル

なニーズには，教会で礼拝することや教会の資源を利用すること，そして個人の宗教的な信念を尊重することが含まれている。[33]

　また，カトリックの司祭でもあったバイステック（Biestek, F. P.）は，クライエントをその身体的，経済的，社会的状況の如何にかかわらず人間として尊厳と価値をもつ存在として「受けとめる（受容）」ことの根拠を「神の形になぞらえて創られた」ことに置いた。バイステックは「いかなる人も人間すべてに普遍的に共通する価値を持っている。この普遍的に共通する価値は，創造主である神がわれわれに与えたものである」と述べている。[34]

　科学化の追求のなかでソーシャルワークにおいて宗教や信仰についての事柄はほとんど言及されなくなったが，1980年代になって，サイポリン，ジョセフ，カンダらは，人間の，身体的，精神的，社会的，スピリチュアルな“全人的”存在としての特質を取り上げるものとしてスピリチュアリティを概念化した。特にカンダは，これまでの宗教のドクマ主義，宗派（セクト）主義を排して，多様な宗教的，非宗教的なスピリチュアルな視点を尊重し，かつそれらに共通性を見出す基盤としてスピリチュアティを概念化した。

☐ スピリチュアリティの内容

　本章第 1 節では，「人間の全体性（wholeness）としてのスピリチュアリティ」「人間の核（center）としてのスピリチュアリティ」「人間のスピリチュアルな面（spiritual aspect）＝超越性としてのスピリチュアリティ」の内容を各々述べてきた。そのようにスピリチュアリティは 3 つの内容を含むが，カンダ（Canda, E. R.）とファーマン（Furman, L. D.）はそれを**図10－1**のように示している。

　そして，スピリチュアリティと宗教が，有害なかたちであらわれる場合もあることを前提としたうえで，宗教的および非宗教的な形式のスピリチュアリティを，ソーシャルワークの援助過程に創造的に取り入れるための価値・知識・技術の枠組みを提供している。スピリチュアリティに配慮したソーシャルワークを，さらに学びたい人はカンダらのテキスト等を参照してほしい。[35]

図10-1　スピリチュアリティのモデル

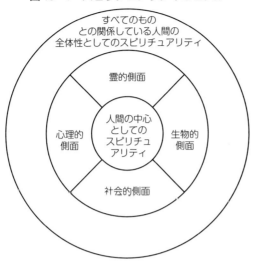

靈的側面

人間の中心
としての
スピリチュ
アリティ

心理的
側面

生物的
側面

社会的側面

すべてのもの
との関係している人間の
全体性としてのスピリチュアリティ

出所：カンダ，E. R.・ファーマン，L. D.／木原活信・中川吉春・
藤井美和監訳（2014）『ソーシャルワークにおけるスピリ
チュアリティとは何か』ミネルヴァ書房，131.

 展開の実際

　それでは，「自分に生きている意味はあるのだろうか」とスピリチ
ュアルな痛みをもつ人に，ソーシャルワーカーはどのように関わるこ
とができるだろうか。

痛みのアセスメント

　ソンダース（Saunders, C.）は，まず第一に，その人とその人を実際
に困らせているもののアセスメントがとても重要だと述べている。そ
れは，診断を下して治すことが目的ではなく，その人を実際に苦しめ
ているものごとを軽減するためである。

　人は痛みによって圧倒されているとき，自分らしくいることはでき
ない。適切な医療や看護やリハビリにつなげ，その人を実際に苦しめ
ている痛みや不快感を軽減することは重要である。また，その人が重
い病気や障害をもっていても，普通の（ノーマルな）生活を続けられ
るように支援することは重要で，これまでしてきたことを続けられる
ことは本人の自己尊重にもつながる。

　また，病気や障害，生活の困難を抱えると，これまで家族や周囲の
人間関係のなかにあったその人の居場所が失われてしまうことがある。

家族も自分自身の恐れや大切な人が苦しむのを見る苦痛のために遠ざかってしまうかもしれない。

　先述した林さんは，訪問してくれた友人に周囲の介護者が「ごめんなありがとう」と言うたび，私は友人同士ではなくて「やっかいな仕事」なのかと感じていた。家族や社会的集団のなかでその人が居場所を取り戻せるように助けることが必要になる。また，家族や人間関係という絆そのものを失ってしまっているという問題を抱えている人もある。路上生活からの自立だけがゴールではなく，たとえ食べられるようになったとしても「だれと食べるのか」，念願の畳の上で眠ることができたとしても，「自分が死ぬとき，だれがそこにいてくれるのか」ということがさらに重要な問題となる[37]。

☐ 全人的な視点

　痛みを抱えた人のケアにおいて，ソンダースは，その人の身体，その人が含まれているグループ（特に家族）とともに，その人の本質（最も重要なもの）に気を配らなければならないと述べている。援助する人は，その人が何を「している」人なのか（仕事，趣味，業績などの多くの人が自分のアイデンティティとしているもの）に関心をもつが，その人の本質に気を配るというのはそれ以上のことで，「その人の内面での懸念や価値あるものは何か」「その人にとって最も深い意味で，自分自身とは何か」「その人のスピリット（spirit）はどこに向けられているのか」といったことである。実際，そうしたスピリチュアルな領域で「真実で，価値あるものに手を伸ばしたいのに（自分は）そうすることができないし，その価値もない」と感じ，「今起こっていること，過去に起きた多くの出来事の不公平さに対する怒り，そして無意味さ」が引き起こされるという。ソンダースはそこにスピリチュアルな痛みの核心があるといっている[38]。

　ソーシャルワーカーは，その人に「早く終わりにしたい」と言わせている，その人を実際に苦しめているものごとを全人的な視点でアセスメントする必要がある。そして，その「早く終わりにしたい」ほどの苦しみは，医療や看護につなげて身体的な痛みを緩和するとともに，普通の生活を続けられるよう支援し，居場所やつながりを感じられない社会的な排除を家族やその人の社会的ネットワークのなかにあるいは新たな居場所につなげ，不安や孤独といった精神的痛みに寄り添うという，ソーシャルワークの支援で軽減することができる。スピリチュアリティを原理とする対人援助の実際は，他の書籍（『対人援助の福祉エートス』等）で，学んでほしい[39]。

❏ スピリチュアルな痛みと聴くこと

しかし，その人の最も重要なところで，「自分に生きる意味があるのだろうか」と苦しむ人々が希望を見出すのを助けることはできるだろうか。

ソンダースは，まず問題は援助者の時間やタイミングだという。つまり，援助する人が何かをしたり，自分が話すのに忙しかったり，無視したり，立ち去ってしまったりするのではなく，スピリチュアルな痛みが表現されるときに，立ち止まり，耳を傾け，そこにとどまることだという。(40)

東日本大震災の前から自殺予防活動に取り組んでいた金田諦應は，膨大な面積の被災地に点在する避難所や仮設住宅にこちらから出向いて「聴く」空間を作ろうと，傾聴移動喫茶「カフェ・デ・モンク」を始めた。カフェで人々を迎えたのは「もとの平穏な日常に戻るには長い時間がかかると思います。「文句」の一つも言いながら，ちょっと一息つきませんか？　お坊さんもあなたの「文句」を聴きながら，一緒に「悶苦」します」というメッセージだった。

うどんの炊き出しの時は食べ終わると御礼を言って仕事に戻っていった人々が，カフェでは１時間近くそこに座り，やがて尋ねるともなく苦しい胸の内を語り出したという。(41) 私たちもカフェを物理的に開くことはできなくとも，厳しく辛い状況にある人が立ち止まってもよく，たどたどしい語りでも耳を傾けられ，一緒にとどまって一緒に「悶苦」してくれる関係や場を作ることができたら，苦しみを抱えた人や子どもも自分の最も深いところにあるスピリチュアルな呻きを表現することができるのかもしれない。

しかし，ソンダースは，スピリチュアルな痛みに対して，援助する人が何かをすることによって問題解決すべきだと思うことは欺きだという。(42) その人の最も深淵なところにある呻きは，誰も，またどんなに最先端の技術や技法も，その人の生きる意味を悟らせたり，人生にともなう苦痛から解放したり，永遠の希望を与えたりすることはできない。苦しむ人と一緒にいるということは，援助する人自身もそこで立ち止まって，私たちは本当に無力であることを知るということである。(43) しかし，私たちは本当に無力であるということを知るとき，そこに他者や超越的な存在との関係が生まれる。

❏ "弱さ" から生まれる関係性

スピリチュアルな痛みというのは，援助者が問題解決できるような対象ではなく，その苦しみのほとんどは，それを生きることで，まさ

にその痛みや苦しみ自体が新しいビジョンにその人を導くような痛みである[44]。しかし，スピリチュアルな痛みとともに生きるためには，自分の苦しみが自分だけの孤独なものではなく，すべての人が分かち合っている人間的状況から起こってくるものだということを悟らせてくれる仲間が必要である。

　AA（アルコホーリクス・アノニマス）では，人々が「私たちはアルコールに対し無力であり，思いどおりに生きていけなくなっていたことを認めた」と自分の限界を告白することで共同体が生まれ，自分を超えた大きな力に自らをゆだねることによって，回復がはじまっている[45]。また，北九州市でホームレス支援に取り組むNPO法人「抱樸（ほうぼく）」では，ホームレス問題を，「ハウスレス」（経済的・物理的困窮）との闘いであると同時に，人と人との関係である「絆」を失っている「ホームレス」（無縁）との闘いであると考えている。無縁状態では「自分は生きていていいか——俺なんか死んだほうがいい」と世界が自分だけの枠組みで完結され，希望も絶望も自分次第になっていく。しかし，だれかが自分のために傷ついてくれるとき，自分は生きていてよいと知ることになる。だから，抱樸では傷つくことを含めて樸（持ちにくく扱いづらく，ささくれ立ち，とげとげしい荒木）を抱くことによって，ホーム（絆）を創っている[46]。

☐ スピリチュアルケア（＝全体性の回復）

　傷つくことを含めて他者に出会うというのは自己を無償にしたり，犠牲にする関わりに聞こえるがそうではない。抱樸の理事長で牧師でもある奥田知志は，支援の現場で「キリスト教的な無償の愛（アガペー）」を実践しているのでは決してなく，むしろ，彼らを路上に残したまま暖かい部屋へ戻り，何事もなかったかのように眠りにつく自分がいかにアガペーから程遠い存在であるかを思い知らされている，それが本当のことで現実だと告白している[47]。

　奥田は，自分がアガペーからいかに程遠い存在であるかを思い知らされるとき，イエスが刑場の十字架の上で自分を殺そうとする人たちのために「父よ，彼らをお赦しください。彼らは，何をしているのか自分でわからないのです」（「ルカによる福音書」23章34節）と祈ったことにたどりつくという。イエスの十字架は，彼自身の罪のさばきの十字架ではなく，彼にとって他者の罪，すなわち私の罪のためのものだった。私のために傷つく者が私に出会い，私のホームになった。だから，私も自分という枠組みだけで生きることをしないで，傷つくことを含めて他者に出会って共に生き，共に生きるなかでの十字架を負う。

そのような「自分という枠組み」だけで生きることしないで，神（究極的実在）との関係のなかで生き，他者に出会うスピリチュアルな道を人間存在の究極の現実だと奥田は述べている。[48]

　AAや抱樸の実践からは，自分の限界の告白から他者性，超越性が生まれ，究極的実在とのあいだの関係性から他者とのつながりやかかわりが生まれていることがわかる。そのように，スピリチュアルケアとは自分の限界告白を起点として，新たに自分自身，他者，他の存在，宇宙，（それがどのように理解されているにしても）究極的な実在とのつながりが生まれること，すなわち全体性を回復する取り組みであるといえる。そしてその関係性のなかで新しい意味や目的，道徳性，ウェルビーイングが見いだされていくものである。

 # ４　課題と展望

☐ スピリチュアリティに配慮するという課題

　カンダらは，スピリチュアリティに配慮するというのは，全体的人間とは何か，全体的環境とは何かを再考することだと述べている。[49]これまでソーシャルワーカーは人間を身体的，心理的，社会的存在として理解し，個人と環境との関係性に関わってきた。本章で学んできたように，スピリチュアリティは，人間の身体的，心理的，社会的，スピリチュアル的な側面をすべて包み，それらを超越する視点を提供している。すなわち，スピリチュアリティは個人と，その家族，コミュニティ，国家，国際社会，地球生態系，宇宙，（それがどのように理解されていようと）究極的実在とのあいだの関係性に関わっている。

　初めに紹介したように，ソーシャルワーカーには文化的に適切な実践として，宗教やスピリチュアルな伝統をもつ人々に対しても，それぞれの尊厳を守るような方法で，敬意をもって，効果的に対応することが必要とされるようになってきている。[50]ソーシャルワーカーは，特定の宗教を信仰していない人々だけでなく，特定の宗教やスピリチュアルな信仰をもっている人々に関わる可能性もある。ソーシャルワーカーには，その人にとって重要なスピリチュアルな信仰や生活を理解しようとすることや，その人のスピリチュアル，宗教的なニーズにも感受性をもつ文化的コンピテンスが必要とされるだろう。

□ スピリチュアルな感受性に向けた展望

　2020年1月に中国の武漢市で確認された原因不明のウイルスは，誰も思いもしなかった規模の世界的大流行となった。新型のウイルスは，致死率の高さや感染力の強さも恐ろしいが，私たちをもっと苦しめたのは，これまでの人間関係の結びつきが引き裂かれたことだった。この危機のなかで，私たちは本来「自分という枠組み」だけで生きているのではなかったことを知ることになった。そして，これまで目に見える豊かさと便利さを追求してきたシステムがコロナ下で動きを止められると，東京でも空にきれいな星が見えるようになった。人間の自分たちのためだけの幸福の追求は，動物の生息域を脅かして新しいウイルスの出現を引き起こし，温室効果ガス放出による気候変動と甚大な自然災害を引き起こしている。私たちはこの危機のなかで，人間は本来自分たちだけで生きているのではなかったことも知った。ソーシャルワーカーは「環境のなかの人」の視点を持っている。見えるものだけでなく，目に見えないもののなかで生かされていることを見上げるまなざしが必要とされている。

○注 ───────

⑴　IFSW（2014）Global Definition of Social Work（https://www.ifsw.org/what-is-social-work/global-definition-of-social-work/）（2022.2.19）.

⑵　NASW（2015）*Standards and Indicators for Cultural Competence in Social Work Practice*, 13（https://www.socialworkers.org/LinkClick.aspx?fileticket=PonPTDEBrn4%3d&portalid=0）（2022.2.19）.

⑶　日本ソーシャルワーカー協会（2020）「倫理綱領」（http://www.jasw.jp/about/rule/）（2020.2.19）.

⑷　Furness, S. & Gilligan, F.（2010）*Religion, belief and social work*, Policy Press.（＝2020，陳麗婷監訳『ソーシャルワーク実践のためのカルチュラルコンピテンス』明石書店）

⑸　NHKハートネットTV「シリーズ京都ALS患者嘱託殺人事件　第1回」2020年11月3日放送.

⑹　同前.

⑺　Saunders, C.（1964）Care of patients suffering from terminal illness at St. Joseph's Hospice. *Nursing Mirror*, 14, vii-x.（＝2017，小森康永編訳『シシリー・ソンダース　初期論文集：1958-1966』58-59）

⑻　藤井理恵・藤井美和（2010）『増補改訂版　たましいのケア』いのちのことば社，22-26.

⑼　The NHS Confederation, Spiritual care in NHS.（＝2003，キッペス，W.監修／関谷英子訳『NHSにおけるスピリチュアルケア』サンパウロ，53）

⑽　日本社会福祉士会（2020）「社会福祉士の倫理綱領」（https://jacsw.or.jp/citizens/rinrikoryo/documents/rinri_koryo.pdf）（2022.1.5）.

⑾　日本精神保健福祉士協会（2018）「精神保健福祉士の倫理綱領」（https://www.jamhsw.or.jp/syokai/rinri/japsw.htm）（2022.1.5）.

⑿　小松美彦（2012）『生権力の歴史』青土社，212.

⒀　Fletcher, J. (1964) *Morals and Medicine*, Princeton University Press. (＝1965，岩井祐彦訳『医療と人間』誠信書房，232-233)

⒁　注⑿と同じ，341.

⒂　戸田聡一郎（2012）「意識障害における尊厳死で何が問われるか」『現代思想』40(7)，223.

⒃　Bernat, J. L. (2002) *Ethical Issues in Neurology* (2nd ed.), Butterworth-Heinemann. (=2007，中村裕子監訳『臨床家のための生命倫理学』協同医書出版社，327)

⒄　Fletcher, J. (1960) The patient's right to die. *Harper's Magazine*, 138-143.

⒅　朝日新聞デジタル（2020年7月26日）「『安楽死の望み』，生きたいという叫び　嘱託殺人　ALS患者は思う」.

⒆　Williams, S. D. (1872) Euthanasia (reprinted from Essays by the members of the Birmingham Speculative Club).

⒇　Saunders, C. (1961) And From Sudden Death. *Frontier*, Winter, 1-3. (＝2017，小森康永編訳『シシリー・ソンダース　初期論文集：1958-1966』北大路書房，32)

㉑　Canda, E. R. & Furman, L. D. (1999) *Spiritual Diversity in Social Work Practice*, 43.

㉒　Canda, E. R. & Furman, L. D. (2010) *Spiritual Diversity in Social Work Practice* (2nd ed)., Oxford University Press. (＝2014，木原活信・中川吉春・藤井美和監訳『ソーシャルワークにおけるスピリチュアリティとは何か』ミネルヴァ書房，132)

㉓　Mursell, G. (2001) *Story of Christian Spirituality*, Lion Hudson plc. (＝2006，青山学院大学総合研究所訳『キリスト教のスピリチュアリティ』新教出版社，5)

㉔　『聖書〔新共同訳〕』日本聖書協会.

㉕　信楽峻麿（2014）「浄土真宗の生命観と生命倫理」香川知晶・小松美彦 編『生命倫理の源流』岩波書店，282-283.

㉖　WHO (1990) *Cancer pain relief and palliative care: report of a WHO expert committee*, World Health Organization technical report series, 804, WHO, 50.

㉗　㉒と同じ，113.

㉘　同前.

㉙　金田諦應（2021）『東日本大震災——3.11 生と死のはざまで』春秋社，85-86.

㉚　水野源三（2013）『わが恵み汝に足れり——水野源三精選詩集』日本基督教団出版局.

㉛　究極的な実在とは，原始仏教でいえば法（ダルマ），イスラム教でいえば唯一の絶対神，キリスト教でいえば創造者である神と救い主イエスを指す。そして，それは伝統宗教で理解されているようにだけでなく，アニミズム的，無神論的，非有神論的，多神論的，有神論的，その他のように人々に理解されている存在を指している。

㉜　Leiby, J. (1985) Moral Foundations of Social Welfare and Social Work: A Historical View. *Social Work*, 30(4), 323-330.

㉝　Towle, C. (1957) *Common Human Needs* (Revised ed.), National Association of Social Workers, 4-8.

㉞　Biestek, F. P. (1957) *The Casework Relationship*, Loyola University Press. (＝2006，尾崎新・福田俊子・原田和幸訳『ケースワークの原則〔新訳改訂版〕』誠信書房，114-115)

(35) (22)と同じ.

(36) (7)と同じ, 59-61.

(37) 奥田知志（2011）『もう，ひとりにさせない』いのちのことば社.

(38) Saunders, C. (1988) Spiritual Pain. *Journal of Palliative Care*, 4(3), 29-32.

(39) 木原活信（2003）『対人援助の福祉エートス』ミネルヴァ書房.

(40) (38)と同じ.

(41) (29)と同じ, 28.

(42) (38)と同じ.

(43) Saunders, C. (2003) *Watch with Me*, Observatory Publication, 4.

(44) (38)と同じ.

(45) Kurtz, E. (1979) *Not God: A History of Alcoholics Anonymous*.（＝2020,
      葛西賢太ほか訳『アルコホーリクス・アノニマスの歴史』明石書店）

(46) (37)と同じ.

(47) 同前書, 62.

(48) 同前書, 186.

(49) (22)と同じ, 329.

(50) (2), (3)と同じ.

■第11章■
多文化主義とソーシャルワーク

□ 多文化主義と多文化ソーシャルワークとは何か

　多文化主義は，ソーシャルワークにおいて，「社会が多様な文化集団から構成されており，それらを認め，平等な立場で受け入れるべきであるという考え方」として定義されている。[1] 日本では，類似した言葉として，「多文化共生」もよく使われている。異なる少数文化を拒絶し，多数文化の優越性を主張する単一文化主義と違って，多文化主義は，文化の違いを受容し，肯定的に評価し，活用することを意味する。

　多文化主義の社会では，全ての人々の尊厳とあらゆる文化が平等であるという価値に基づいて，少数文化は存在権を得ている。すなわち，多様な価値観，世界観，生活様式，言語の共生が可能である。その実現には，多数文化の人々が文化の多様性を認め，少数文化の人々の変容や支配的な社会規範への同化を求めないことが必要である。つまり，多数文化の人々は，異なる文化との新しい関わり方を学ばなければならないことになる。

　日本でも，社会の文化的な多様化が進んでおり，ソーシャルワーカーは，あらゆる文化に対応できることが期待されている。増え続けている外国人など，少数文化の人々に対しても，基本的な態度として，単なる労働力としての存在ではない，という認識に立つことが求められている。いまや外国人は介護現場を中心に同じ福祉職として，一緒に働く同僚や連携・協働するパートナーとなっている。また，一日24時間中8時間は労働者であっても，16時間は地域の生活者となる。

　このような生活者としての外国人などに対して，石河久美子は，以下の3つの場合に分けて**多文化ソーシャルワーク**を提唱している。[2]

① 多様な文化的な背景をもつクライエントに対して行われるソーシャルワーク

② クライエントとワーカーが異なる文化に属する援助関係において行われるソーシャルワーク

③ クライエントが自分の文化と異なる環境に移住，生活することにより生じる心理的・社会的問題に対するソーシャルワーク

□ グローバリズムとソーシャルワーク対応

　日本でも多文化主義と多文化ソーシャルワークが必要になってきた主な理由は、**グローバリズム**である。グローバリズムは、ソーシャルワークにおいて、「世界的な相互依存関係と交流関係の構築とその実感、またそれらの本質である情報、考え方、知識、技術、資本、労働力、物と文化的な規範及び価値観の国境間移動」と定義されている。[(3)] グローバリズムは新しい現象ではなく、歴史的にはすでに古代からみられてきた。しかし、近年のグローバリズムは、人類の歴史上、類をみない規模と速さで進んでいる。その影響は、政治や経済だけではなく、日常生活においても現れている。

　グローバリズムの正の側面には、国際貿易による経済成長と、経済成長による貧困撲滅に必要な財源の確保が挙げられる。グローバリズムは、途上国において現地の就労機会の確保と賃金の向上に加え、先進国へ国際移住する出稼ぎ労働者からの送金により、母国の家族をより高い生活水準に到達させることと、経済の発展につながる。また、グローバリズムは経済を超えて、各国の文化的及び知的な隔離状態を改善し、豊かな文化交流や文化的な多様性を促し、先進国と途上国間の知的格差の軽減にも貢献している。したがって、グローバリズムは、貧困や児童労働、男女格差などのグローバルな社会問題と人権に関する国際的な社会運動、さらには世界規模での感染症予防の普及や環境保全などの国際活動に良い影響を及ぼしてきた。それらによって、グローバリズムは民主主義、多様性の尊重、社会正義、人権などの考え方の世界的な普及をもたらしてきたのである。

　しかし、グローバリズムは負の側面もあり、各種格差の拡大や伝統的な文化及び生活様式の崩壊ももたらす。また、過去にみられなかった経済の不確実性とリスクをもたらし、生産の海外移転に伴って、特に先進国において失業や賃金低下に対する不安の原因になっている。

　社会福祉からみた負の側面として、**福祉国家**の縮小、多国籍企業に対する課税や環境規制などの国民国家レベルの行政機能の限界、文化の均質化による各地文化の破壊、労働組合や労働者の権利の後退、社会関係や人間関係の商品化、職場における非人間的な管理主義の支配、過剰な消費主義の進展などが挙げられる。

　このように、グローバリズムは二面性をもっている。たとえば、経済や貿易の発展によって感染症に対する予防策及び技術の国際的な普及に影響する一方、活発な国際移動によって感染症の国際的な普及にも影響している。同じく、経済成長を促す反面、場合によっては経済格差の拡大にも加担している。

➡ グローバリズム

人々、あらゆる物やお金の他に、様々な情報や考え方などの国際移動によって、相互依存関係と交流関係が世界規模で深まっていくプロセス。

➡ 福祉国家

人々の生活の維持・向上のために、社会保障・福祉・医療・雇用・教育などの制度やサービスの整備に政策的に取り組む国家。

ソーシャルワーカーは，その正の側面を促進し，負の側面を防止・軽減することで，よりよいバランスをとれたグローバリズムに貢献することができる。そのなかで，公平性，包摂性，当事者の参加，人々の尊厳，多様性の尊重，人権，民主主義，社会正義の原則に沿ったグローバリズムを促すことで，全ての国々の全ての人々の利益になるグローバリズムの進展に努めることがソーシャルワークに期待される役割である。ソーシャルワークの価値からして望ましいグローバリズムは，持続可能な開発と社会正義の実現を目標に，経済成長と同時に環境保全と社会開発を前進するグローバリズムである。この考え方は，国際連合の持続可能な開発目標（SDGs）とも一致している。

▢ 日本社会の多文化化の歴史と現状

多文化主義とグローバリズムへの対応が日本のソーシャルワーカーにも求められる背景に，日本社会の多文化化，すなわち文化的な多様化がある。現代とは規模が異なるとはいえ，日本社会の多文化化は長い歴史を辿ってきた。[4]

近代国家形成の時代からみても，多様な文化をもつ人々の，日本社会への受け入れが続いてきた。明治維新後に，北海道開拓や沖縄征服によって，本土と異なる文化をもつアイヌ民族と琉球民族が日本社会の一部となった。その後の領土拡大の下，植民地化によって台湾と朝鮮半島の人々が日本の支配下におかれた。このような歴史は，アイヌに代表される日本の先住民族と在日コリアン等の旧植民地出身者及びその子孫が日本社会のなかで生活している現代社会につながる。

戦後における文化的に多様な人々の受け入れは，1970年代からはじまった中国（旧満州国）からの残留孤児や残留婦人及びその家族の帰国，また1980年代以降のベトナム戦争などから逃れたインドシナ難民の来日と続いた。同じく1980年代には，バブル経済において生じた労働力不足のなかで，在留資格をもたないまま雇用される非正規滞在外国人が一時的に増えた。

1990年代に入ってから，前述の不法就労問題の解消策を含め，入国管理法が改正された。過去に中南米等へ移住した日本人の子孫や家族等の日系人，また人材不足の分野において外国人技能実習生等の受け入れが始まった。このような労働者の流入と同時に，国際結婚及びそれにおける出産，また家族統合のための移住も増加がみられた。

現代日本において多文化ソーシャルワークの対象となり得る人々は次のとおりである。2021年6月現在，日本に住んでいる外国籍者（在留外国人）は，282万3565人（総人口の約2.3%，約43人に1人）で，長期

的にみて増加傾向にある。上位2国籍（中国とベトナム）で全体の
42.3%，上位5国籍（中国，ベトナム，韓国，フィリピン，ブラジル）で
全体の74.1%を占めている。

　なお，在留資格別の統計では，永住者（29.0%），特別永住者
（10.6%），定住者（7.1%），日本人の配偶者等（5.0%），永住者の配偶
者等（1.5%）のほぼ生涯の在住が見込まれる人々は，全体の半分以上
となっている。また，外国籍の住民のほかに，日本社会の多文化化の
長い歴史の結果，帰化及び国籍取得，あるいは国際結婚及びそれにお
ける出産によって，日本文化以外のルーツをもつ日本国籍者，すなわ
ち「○○系日本人」も大勢いる。

　このような少数文化の人々がソーシャルワーク及び社会福祉サービ
スを必要とする確率は，多数文化の日本人よりも高い。なぜならば，
少数文化の人々は，自分の文化と異なる日本社会において，様々な生
活課題を日本人よりも抱えやすいからである。実際に，上記のような
外国系の住民と，アイヌに代表される先住民族は，平均を上回る非正
規雇用率，失業率，生活保護受給率，家庭内暴力被害率，そして平均
より低い学歴，雇用率，高校及び大学在学・進学率などの社会問題に
直面している。

☐ 多文化主義に関する専門的な基準

　多様な文化をもつ人々へのソーシャルワークの必要性については，
国内外とも各種の専門的な基準書において規定されている。そこでは，
専門職の倫理的な責任として位置づけられている。

　「ソーシャルワーク専門職のグローバル定義」には，多様性尊重の
原理が明記され，ソーシャルワークの基盤として地域・民族固有の知
が謳われている。本定義の注釈において，文化の多様性に関するソー
シャルワークの任務について詳しく定められている。また，グローバ
ル定義のこのような考え方は，そのアジア太平洋展開と日本展開も継
承しており，関連内容を含む。

　同じく，「ソーシャルワークにおける倫理原則のグローバル声明」
にも該当する箇所が多く含まれているが，差別や格差のない社会正義
の促進に関する原則の関連性は特に強い。そして，日本における「ソ
ーシャルワーカーの倫理綱領」の文化的な多様性に関する内容は次の
とおりである。ソーシャルワークの原理を取り上げている冒頭の部分
では，人間の尊厳，社会正義，多様性の尊重，全人的存在に関する4
項目に具体的な関連記載がある。また，実際の倫理基準では，クライ
エントに対する倫理責任の受容，差別や虐待の禁止，権利擁護の4項

目の内容が直接的に当てはまる。次に，組織・職場に対する倫理責任のなかでは，組織内アドボカシーの促進の記述が該当する。続いて，社会に対する倫理責任は，3項目（ソーシャル・インクルージョン，社会への働きかけ，グローバル社会への働きかけ）とも関連性が強い。これらの倫理基準については，「社会福祉士の行動規範」のなかでさらに詳細に規定されている。[13]

② 形成と内容

□ 文化の違いをとらえる「二重視点」モデル

➡二重視点

クライエントの家族などの直接的な社会環境と，より広い全体的な社会環境，またそれぞれにおける文化を区別して考えるソーシャルワークの実践モデル。

二重視点は，多文化主義の社会におけるソーシャルワークの枠組み，また文化的に多様な人々の特有のニーズと，彼らがおかれている社会的な状況を理解するための実践モデルである。本モデルは，「全体的な社会システムとクライエントの直接的な家族及びコミュニティ・システムにおける価値観・態度・行動を同時に認識し，理解し，比較し続ける意図的で，体系的なプロセス」として定義されている。[14]

二重視点は，ソーシャルワークにおいて文化の多様性についてシステム論的にとらえる視点を提供するために，「環境のなかの個人」というソーシャルワーク固有の実践モデルを発展させている。この実践モデルによれば，ソーシャルワーカーは人と環境の両方，特にそれらの相互作用に働きかける。なお，ワーカーもクライエントの環境の一部に位置づけられている（**図11-1**）。

そして，二重視点は，クライエントを取り巻く環境を二つに分けて考える（**図11-2**）。二重視点では，クライエントの環境をとらえる際に，直接的な社会環境を意味する「直接環境」と，より広い社会環境を意味する「一般社会」の二つを区別している。「直接環境」は，私的な付き合いの範囲（家族，友人など）を示す。「一般社会」は，このような親密な関わりを超えたより公的な関係（教育・雇用の場，様々な社会制度及びサービスなど）を指している。ソーシャルワーカーは，何らかの社会サービスを提供する者として，後者の「一般社会」の一部となる。

二重視点は，文化を問わず，どのクライエントについても適用できる。ただし，多数文化のクライエントは，ほとんどの場合において両環境の間に文化の調和がとれている。その反面，少数文化のクライエントについては，本モデルに沿って両環境の間に生じる不調和の可能

図11-1　ソーシャルワークの実践
　　　　モデル

図11-2　ソーシャルワークの実践
　　　　モデルにおける二重視点

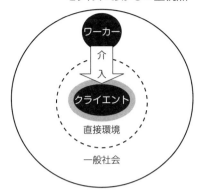

出所：Norton, D. G. （1978） *The Dual
Perspective: Inclusion of Ethnic
Minority Content in the Social Work
Curriculum*, Council on Social Work
Education をもとに筆者作成.

出所：図11-1と同じ.

性を考えなければならない。

□ 「二重視点」モデルが示唆するもの

　第一に，**図11-3**は，個別の要素としての文化の違いに焦点をあて
ている。少数文化のクライエント及びその直接環境の文化（図内のタ
テジマ部分）は，ワーカー及び一般社会の文化（図内のヨコジマ部分）
と異なる。したがって，少数文化のクライエントの考え方や価値観，
そしてそれらに基づく行動様式や習慣もワーカーと一般社会の文化と
異なる。たとえば，マナーや人付き合いに関するルールが異なる場合
もあれば，クライエントが属する少数文化特有の強みと弱みもある。
強みは，宗教施設などのように，少数文化の人々ならではの独特な社
会資源が含まれる。また，弱みは，多数文化の人々の言語などを想定
してつくられている，一般社会の制度やサービスの使いにくさなどを
意味する。

　多数文化（図内のヨコジマ部分）のワーカーにとっては，少数文化
（図内のタテジマ部分）のクライエントの直接環境について推測するこ
とが難しい。そのため，多数文化のワーカーが少数文化について学習
することと同時に，クライエントと同じ少数文化の当事者ワーカーを
配置することも重要である。

　第二に，**図11-4**は，文化間のパワー（権力）格差によって少数文化
のクライエントが直面しやすい差別や抑圧のような構造的な問題を示
している。クライエント及びその直接環境の文化とワーカー及び一般
社会の文化は，単に違うだけでなく，社会全体においては，少数文化

図11-3　二重視点でとらえる文化の違い　　図11-4　二重視点でとらえる権力構造

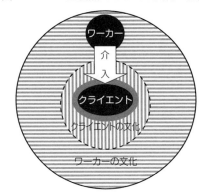

出所：図11-1と同じ.

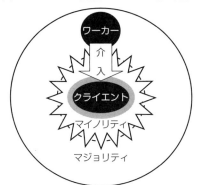

出所：図11-1と同じ.

（マイノリティ）と多数文化（マジョリティ）という力関係にある。そのため，両者の接触においては，クライエントに不利益をもたらす摩擦が生じやすい（図内の稲妻線）。これは，個人の偏見や先入観に基づく差別行為もあるが，それよりも構造的な不利益（被抑圧状態）を考慮する必要がある。

　たとえば，クライエントは社会のなかで自分の文化を尊重してもらえるかどうか。一般社会において様々なサービスを利用する際に，母語，宗教，食事などに対する配慮の有無が問題となる。また，少数文化のクライエントは各種サービスの利用制限などの制度的な排除，不当な扱いの対象になりやすいという問題もある。たとえば，国籍や在留資格の種類によってサービスの利用制限（直接的な排除）もあれば，利用に関する情報提供や利用申請において母語以外の不得意な言語を強いられることもサービスの実質的な利用を妨げ，不利益を被ることもある（間接的な排除）。

　なお，**図11-4**のように，多数文化の一般社会からアプローチするワーカーは，制度やサービス体系のなかで無意識的にもこのような差別・抑圧の構造や社会的な排除に加担していないか，自覚を促す必要がある。

☐ 対応能力に焦点をおく「文化的な力量」アプローチ

　二重視点モデルにおいて「文化の違い」という側面に働きかける主要な実践アプローチとして，**文化的な力量**がある。文化的な力量とは，ソーシャルワーカーが異文化間の実践場面において（たとえば文化の違うクライエントに対して），対人援助専門職としての役割を効果的に果たせるために必要な，対応能力の諸要素をまとめたアプローチである[15]。ラム（Lum, D.）は，文化的な力量について，包括的な多次元モデ

▶文化的な力量
文化的に多様なクライエントを支援できる実践力。

図11-5　文化的な力量の多次元モデル

社会的な文脈（文化的な力量の前提）：多様性・各種差別・抑圧

↓

文化的な力量枠組み

〔次元1〕各文化別と全文化共通の分類
〔次元2〕認識・知識・技術の要素別の分類
〔次元3〕ジェネラリスト（基礎）・アドバンスド（上級）
　　　　　のレベル別の分類

↓

努力目標（文化的な力量の目的）：社会的及び経済的な正義

出所：Lum, D.（2011）*Culturally Competent Practice: A Framework for Understanding Diverse Groups and Justice Issues*（4th ed.）, Brooks/Cole Cengage Learning をもとに筆者作成.

ルを提示しており，文化的に多様なクライエントを支援するために必要な援助要素を**図11-5**のような枠組みに沿って整理している。[16]

　この図が示すように，文化的な力量が必要になる前提としては，社会的な文脈，すなわち社会のなかに存在する文化的な多様性そのもの，また社会において少数文化の人々が受ける差別と抑圧がある。そして，ソーシャルワークにおける文化的な力量の努力目標は，少数文化と多数文化を問わず，社会的及び経済的な正義，格差や差別のない公平な社会の実現である。そのために求められる文化的な力量の各領域は，3次元構造になっている。

　〔次元1〕は，各文化別にクライエントに対応する内容（それぞれの文化の理解とそれらに応える専門力など）と，すべての文化，すなわち文化的な多様性そのものに対応する共通の一般的な内容を含む。

　〔次元2〕では，文化的な力量の諸要素が認識，知識，技術の3領域に分類される。文化的な認識は，ワーカーの自分の文化に対する文化的な自己認識（自己覚知）と，文化の異なるクライエントに対する文化的な他者認識（態度の自覚）を意味する。文化的な知識は，文化の多様性に関する知識体系の理解を含む。たとえば，基礎的な理論や概念，それぞれの少数文化の人々の歴史や抱えやすい社会問題などが含まれる。そして，文化的な技術は，後述するように，援助過程の各段階における文化的な対応を中心とする。

　最後に，〔次元3〕は，ジェネラリスト・レベルの基礎的な力量と，

アドバンスド・レベルの上級の力量に分けられている。前者は，ケースワークなどのミクロ実践に求められる力量要素を意味する。また，後者は，サービス体系の組織化とその運営管理などのメゾ・マクロ実践に必要な力量要素から成り立っている。

□ 差別構造に焦点をおく「反差別的な実践」アプローチ

二重視点モデルにおいて「権力構造」という側面に働きかける主要な実践アプローチとして，**反差別的な実践**がある。このような権力構造の問題の背景には，「差別的な結果をもたらし，もしくはある社会集団の構成員をほかの社会集団よりも優先させるように作動している社会・経済・教育・政治的な力と各種制度」として定義される**制度的な差別**がある。[17]

制度的な差別は，社会体制及び制度のなかに組み込まれている差別的なあり方を意味し，社会集団間で，特に少数文化の人々と多数文化の人々の間の格差を維持し，悪化させる。制度的な差別が存在すると，様々な不平等が社会的に問題視されないことにもつながる。そのため，制度的な差別は，善意・悪意の個人の意図によらず，無意識的に助長されてしまうという特徴がある。

たとえば，ある少数文化の人々が抱える問題は，世論のなかで気づかれず見逃される，あるいは気づかれても「仕方がない」や「当たり前」のものとして問われない，さらには「自業自得」や「自己責任」の考え方の下で当事者が責められる，また当事者を「劣っている者」とみなす優劣論によって正当化されるなどの場合がある。

トンプソン（Thompson, N.）は，このような差別のメカニズムを理解するために **PCS 分析**を提案している。[18] PCS 分析では，個人的（パーソナル）・文化的（カルチュラル）・構造的（ストラクチュラル）の頭文字をとって，それぞれのレベルで起きている差別のしくみを**図11-6**のように理解する。本モデルは，個人と社会構造をつなげる相互作用の場としての媒介的な機能をもつ文化の重要性をよく表している。

このモデルにおいて，P（個人）のレベルは，無意識的なものを含む個人的な偏見や差別意識を含む。C（文化）のレベルは，ある社会に存在する文化的なステレオタイプ（固定概念）や各文化間の序列思考を意味する。たとえば，帝国主義や植民地主義の歴史的な負の遺産の一環として，少数文化の人々に対するソーシャルワークにおける病理学的なアプローチや，このようなクライエントの文化的な特徴（様々な習慣や考え方）を欠陥としてとらえる傾向はここに分類される。そして，S（構造）のレベルは，社会階層化と権力格差の問題と限界

図11-6　差別メカニズムの PCS 分析

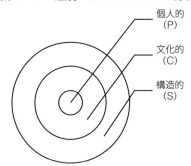

出所：Thompson, N. (2012) *Anti-Discriminatory Practice: Equality, Diversity and Social Justice* (5th ed.), Palgrave Macmillan をもとに筆者作成.

を示している。

　このような制度的な差別による個人的な差別行為と構造的な格差，また被抑圧状態などがソーシャルワークによって助長されてしまうことを避ける必要がある。そのために，単に差別をしない無差別的な実践を超えて，あらゆる差別とその悪影響に積極的に働きかける反差別的な実践の姿勢で臨む。トンプソンによれば，「反差別的な実践は，実践において直面するあらゆる差別と抑圧を緩和し，軽減し，撤廃するためのアプローチである」[19]。

  展開の実際

　ケースワークなどのミクロ実践における文化的な力量（本章第2節）の主要な要素は**表11-1**のとおりである。これらのなかで，文化的な技術領域の諸要素，すなわち異文化間の援助において必要になる実践原則を，援助過程の段階別にまとめていく。

クライエントと関係を構築する段階

　異文化間の関係構築において起きるクライエントの抵抗感への対処は，ミニ・マックスの原則（クライエントの抵抗感の最小化と動機づけの最大化）を活用する。具体的には，コミュニケーションの壁を越えるために，クライエントの文化に従ったマナーや礼儀作法に加え，クライエントの文化について質問することで関心を示す。そして，クライエント自身のほかに，必要に応じてクライエントの家族やクライエ

表 11-1　文化的な力量の主要素

文化的な認識
1. 文化に関する自分の人生経験の認識
2. 異なる文化との接触
3. 異なる文化に対する肯定的な経験と否定的な経験の認識
4. 自分の人種主義，偏見，差別の認識
文化的な知識
5. 文化的な多様性に関する用語の理解
6. 文化的に多様な社会集団に関する人口統計的な知識
7. 文化的な多様性に関するクリティカル・シンキングの習得
8. 抑圧の歴史と社会集団史の理解
9. 文化的に多様な価値に関する知識
文化的な技術
10. クライエントがもつ抵抗感への対処方法の理解
11. クライエントに関する背景情報の入手方法の理解
12. エスニック集団という概念の理解
13. 自己開示の活用
14. 肯定的でオープンなコミュニケーション・スタイルの活用
15. 問題の特定
16. 希望（want）あるいはニーズとしての問題のとらえ方
17. 各レベル（ミクロ・メゾ・マクロ）における問題のとらえ方
18. 問題の文脈（人種主義・偏見・差別）の説明
19. 問題の詳細の発掘
20. ストレス要因とストレングスのアセスメント
21. クライエントのすべての次元（身体的・心理的・社会的・文化的・スピリチュアル）のアセスメント
22. 文化的に受け入れやすい目標の設定
23. 各レベル（ミクロ・メゾ・マクロ）の介入計画の作成
24. 援助過程の評価

出所：Lum, D.（2007）*Culturally Competent Practice: A Framework for Understanding Diverse Groups and Justice Issues*（3rd ed.），Brooks/Cole Cengage Learning をもとに筆者作成.

ントが属する少数文化コミュニティのリーダーや宗教組織の聖職者などのキーパーソンともその文化からみて礼儀正しく，適切に関わる。

　また，事前に情報を収集し，クライエントが属する少数文化の人々が直面しやすい社会問題などの文化・経済・社会的な傾向と統計指標や，歴史などの特徴について理解を深める。たとえば，少数文化の人々の日常を観察し，少数文化コミュニティのキーパーソンに聞く。また，クライエントとクライエントが属する少数文化の人々との関わり方の度合いと，クライエントの多数文化への適応の度合いを見極める。

　コミュニケーションにおいては，サービス提供機関の組織的な環境からして，どの文化のクライエントも歓迎されているという印象を与えるようにする。具体的には，クライエントが属する少数文化に特有のアイテムやデザインのような物理的な環境，あるいは得意な言語を使えるための通訳者などの人員配置を含む。また，非言語的なコミュニケーションにおいては，文化によって著しく異なる身体的な接触

（握手など）と視線の合わせ方について特に注意し，クライエント自身，あるいは同じ少数文化に属する人に事前に確認する。

　通訳者を介して関わる場合でも，クライエント自身と関わるようにし，通訳者ではなく，クライエントの顔を見るなどして，フィードバックを求める。通訳者は，専門的な教育・研修を受けていることが望ましい。少数文化においては，コミュニティが小さく，同じ言語を話す通訳者とクライエントが普段から面識をもっている可能性もあるため，プライバシーの確保に留意する。たとえば，精神疾患や性的虐待のように，差別や排除，スティグマなどにつながりやすく，文化によって特別な意味があるデリケートな問題をクライエントが抱えている場合，要配慮個人情報として厳格に扱う。

　家族などの当事者を通訳にあてることは，負担になりやすいことから，避ける。たとえば，日本語を得意としないクライエントの通訳を，日本語がよりできるクライエントの子どもに依頼することは，適切ではない。子どもにとって，家族の深刻な問題に触れることが過剰な責任と，心理的な負担になる。また通訳のために学校を休むなど，学習権の侵害にもつながりやすい。

　なお，適切な通訳者を手配できなければ，あえて頼まないということも専門的な判断になる。そうならないように，ソーシャルワーカーは専門的な通訳システムの整備に向けて，日頃から政策提言などに取り組む。

☐ クライエントが抱える問題を特定する段階

　この段階では，少数文化のクライエントと一緒に問題を明らかにする。問題を明らかにすることが難しくなる文化的な背景には，クライアントが感じている恥やとまどいと，秘密保持などの問題がある。そのなかで，クライエントが問題を少しでも明らかにしたい思いを示すサインを見逃さないようにする（クライエントが発する曖昧な表現へ最大限の注意を払うなど）。クライエントのこのようなサインを読みながら，問題について仮説を立て，タイミングよくクライエントに確認する。

　また，問題を病理や欠陥として否定的にみるよりも，成長と学習の機会としてとらえるようにする。問題を叶えられていないウォンツ（希望）か，満たされていないニーズ（必要）として見直す。このように，クライエントと一緒に問題をより肯定的にとらえなおすことが，クライエントの成長の可能性を促進する支援，すなわちエンパワメントにつながる。つまり，問題そのものが，クライエント自身が自分の

もっているストレングスや資源を活用するための出発点となる。その
ために，ワーカーは，問題の否定的なとらえ方に対して，その代替と
なりえる解釈の可能性を示す。

　なお，クライエントが抱える問題の各レベルにおける側面について
は，以下のように整理する。

　① 問題のマクロ側面
　　一般社会の制度や多数文化の壁としての理解を促す（利用資格や
　　言語の違いによる各種サービスの利用しにくさ，社会のなかの制度的
　　な差別など）

　② 問題のメゾ側面
　　小集団やコミュニティの緊張関係としての理解を促す（属する少
　　数文化コミュニティにおけるクライエントの責任や役割の葛藤など）

　③ 問題のミクロ側面
　　上記による個人や家族への負担としての理解を促す（親子間で言
　　語利用などの多数文化への適応度の違いによる家族内の役割の逆転な
　　ど）

　クライエントが抱える問題が発生する社会的な文脈として，少数文
化の人々に対する偏見，差別，抑圧の影響を把握し，これらに関する
クライエントの具体的な人生経験について整理する。問題の詳細を明
らかにするために，少数文化の人々が抱えやすい諸問題の範囲（国際
移住による生活課題，文化適応によるストレスや葛藤など），また問題の
解明に時間が要することを理解したうえで，問題について以下のよう
な詳細情報を把握する。

- 問題はいつ起きやすいか
- 問題はどこで起きやすいか
- 問題が起きる際に関わっているのは誰か
- 問題を巡る主な課題は何か
- その他

❑ アセスメントを行う段階

　アセスメントにおける心理社会的な視点は，社会的な側面（環境か
らクライエントが受ける影響）と心理的な側面（環境から受ける影響に対
するクライエントの反応）から成り立っている。少数文化のクライエン
トの場合，前者に含まれる特有のストレス要因として，経済的な側面，
文化適応，差別などの問題がある。また，このようなストレス要因に
対するコーピング（対処）能力が不足している場合，後者のような心
理的な反応（精神症状，文化などを巡る様々な内面の葛藤など）が生じる。

　なお，コーピングに必要なストレングス（クライエントの能力や周囲にある資源）のなかでは，文化特有のものは次のとおりである。

- 内面の文化的なストレングス：宗教的な信仰，民族的な誇りなど
- 外面の文化的なストレングス：家族やコミュニティのネットワーク及びそれにおける様々な資源

　また，アセスメントにおいては，様々な疾病などの問題について，クライエントが属する少数文化ならではの独特な意味づけに関するワーカーの理解を深める。

　先述の身体・心理・社会・文化的なアセスメントに加えて，スピリチュアルなアセスメントでは，内面（信仰）と外面（宗教組織）を分け，これらがクライエントの今までの人生と現在の生活において果たしている役割について整理する。

🗌 介入を計画し実施する段階

　この段階では，文化的に受け入れやすい目標の設定と，ミクロ・メゾ・マクロの各レベルにおける介入計画の作成と実施に取り組む。援助目標の設定は，事前の合意形成を重視し，文化的な価値観などからみて，クライエントにとって受け入れ可能な目標に向けて，最終目標について早い時期に整理する。これは，クライエント自身の言葉による目標の言語化と，その優先順位の立て方を含む。そのなかで，クライエント自身に求められる行動の変化について，クライエントの具体的な意思を確認する。また，中間的な目標として，より細かい目的課題を一緒に設定する。

　援助契約に関しては，クライエント以外に，クライエントの周囲にいる様々な利害関係者（家族，少数文化コミュニティのリーダー，聖職者などのキーパーソン）も参加し，発言できる機会を設ける。契約そのものについては，多言語版や，必要に応じて文字のほかに図式を活用し，クライエントの文化に合う適切な方法（書面や口頭）で，クライエントにわかりやすく，具体的に言語化した約束を交わす。

　介入計画は，ここまででみてきた問題特定とアセスメントの段階と同様に，自分の人生のコントロールを失っているクライエントの状態（パワーレスネス）の解消を目的とする。各レベルで少数文化のクライエントのエンパワメントを促すために，以下のように体系的で，包括的な戦略を立てる。

①　ミクロ戦略

　個人及びコミュニティの様々な資源を自分のために活用できるように，クライエント自身のエンパワメントに取り組む。そのため

に，問題の社会的な要因である構造的な被抑圧状態への気づきを促しながら，問題の所在をクライエント本人から外在化し，成功体験を通じた自己肯定感の向上を図る。

② メゾ戦略

集団意識を育みながら，コミュニティへの参加を促し，ワーカーを含む協働を通じて，構造的な変革の必要性への気づきに向けたエンパワメントに取り組む。そして，集団的なソーシャルアクションを展開する。

③ マクロ戦略

組織・制度的な変革と，社会のなかでの権力と資源の再配分に向けて，権利獲得運動や権利擁護団体との連携による大規模のエンパワメントに取り組む。

☐ 援助を終え評価する段階

最後の段階では，次のような手順を踏む。援助を終えるにあたって，援助過程を通した問題の変化とクライエントの成長を振り返りながら，以前の段階で一緒に設定し，合意した目標の達成度を確認する。

そして，ソーシャルワーカーからクライエントへの定期的な電話などの安否確認が，徐々に減っていくようにフォローアップ計画を定める。

また，家族，友人，文化特有のインフォーマルなコミュニティ資源，他機関などと連携し，ワーカーとの援助関係の終結後も，クライエントが頼れる継続的なサポートネットワークを形成する。最後に，クライエントが属する少数文化からみて適切な別れ方（象徴的なジェスチャーや儀式など）に配慮したあいさつの機会をもつ。

☐ 地域実践に必要な文化的な力量

ケースワークなどの個人や家族を対象としたミクロ実践を超えて，地域におけるサービス体系の組織化というような，メゾ・マクロ実践に必要となる文化的な力量の技術は，以下のような要素を含む。[20]

- 少数文化コミュニティにとって効果的な社会サービスの地域における設計
- 少数文化コミュニティにとって利用しやすい社会サービスの地域におけるあり方の理解
- 地域において少数文化コミュニティのニーズを充足するために，実用的で（意義や有用性を感じる），肯定的な（スティグマを感じない）サービスのあり方の理解

- 少数文化の人々と同じ言語を話し，同じ文化をもつ当事者ワーカーを配置することの重要性の理解
- 機関やサービスの認知度向上のために少数文化コミュニティの拠点等へのアウトリーチ（宣伝や呼びかけ）の促進
- ほかの社会サービス機関との連携関係の構築
- 少数文化の人々に良い印象を与える肯定的な組織環境の整備
- 少数文化の人々の福祉に関する調査研究への貢献

❏ 制度的な差別の社会的な影響

　反差別的な実践は，制度的な差別による社会的な影響の理解を前提としている。制度的な差別は，多数文化の人々にとっても，少数文化の人々にとっても影響をもたらしている。[21]

　多数文化の人々は，制度的な差別の存在によって**特権**を得て，エンパワメントされる。これは，単なる集団属性（国籍や民族）に基づいた資源等へのアクセス（サービスの受給資格など）や社会的な規範と価値に関する発言権（自分の文化における「常識」の正当化）を意味する。

　一方，少数文化の人々は，制度的な差別によって，社会のなかで様々な資源とそれらへのアクセスの機会を奪われる。また，差別の内在化を通じて，少数文化の人々は社会的な力のほかに内なる力も失って，**ディスエンパワメント**（無力化）される。自分が属する少数文化について社会に存在する様々な偏見や先入観などの否定的なメッセージを当事者も信じることによって，心のなかで自分に対する差別が芽生え，自己肯定感が下がる。また，少数文化の人々が無理して多数文化に同化し，多数文化の人々と同じような考え方に従おうとして，自分たちに不利益を与える支配的な権力構造に自ら加担してしまう傾向もある。

➡**特権**
多数文化などの多数派の人々が，その文化などの多数集団に属するだけで，社会のなかで有利になること。

➡**ディスエンパワメント**
社会の権力構造によって，自己決定権や自分の人生をコントロールできる力（パワー）を奪われること。

❏ ビネットでみる反差別的な地域実践

　以下の**ビネット**は，多文化の分野における地域実践の観点から，代表的な問題とそれらへの反差別的な対応を示している。[22]

①　ビネットA

　A地域では，外国にルーツをもつ子どもの学力が問題になっている。教育委員会の調査では，一般家庭と比べて，家庭内の学習時間が短いことがわかった。その結果，学習時間を確保するように，保護者に働きかけるようにした。しかし，スクールソーシャルワーカーによる個別実践のなかで，日本語がわからず，宿題を確認したくても，確認できない保護者が多いことが発覚した。

➡**ビネット**
短い事例。

［解説］少数文化の家庭において，子どもよりも保護者の日本語能力が低いことが問題となっている。反差別的な実践に従事するスクールソーシャルワーカーは，保護者を日本語教室につなげると同時に，保護者に代わって誰かに子どもの宿題を確認してもらえるような学習支援体制の整備に向けて取り組む。

② ビネットB

B地域の老人ホームに，バブル期に来日した外国出身の高齢者が入居することになった。サービス向上のために，同じ国にルーツをもつ介護職員が配置され，関連する援助指針の策定や日々の対応を任された。しかし，生活相談員への相談から，施設の執行部が指針の策定に直接的に関わらないなか，その当事者職員が「敏感過ぎる」という批判を恐れて，あらゆる文化的な対応の提案をためらっていることが明らかになった。

［解説］施設内では，少数文化の入居者の問題の解決を，同じ文化のワーカーのみに押しつけているように読み取れる。反差別的な実践のなかで，生活相談員の働きかけによって，外国出身の入居者のことを，一方的に当事者職員に任せるのではなく，組織全体の課題として共有するように問題をとらえなおす必要がある。

③ ビネットC

C地域では，外国にルーツをもつ住民の貧困率が深刻な課題となっている。生活実態調査では，雇用あるいは職場内の差別を訴える報告も目立つ。対応策として，当事者同士で悩みを分かち合える**ピア相談**➡の体制整備を進めている。

➡ **ピア相談**
ある問題を抱える当事者が，同じ問題の当事者の相談を受けること。

［解説］調査で浮き彫りになったマクロ・レベルの構造的な差別問題に，ミクロ・レベルの相談体制が対応できていないようである。また，ピア相談を通じて，問題解決を結果的に当事者同士に任せてしまっているともいえる。反差別的な観点から，地域の労働市場における差別問題の解決に向けて，差別する企業側や同僚側にも働きかける社会変革の取り組みが期待される。

④ 課題と展望

□ 「文化」の概念的な理解

多文化主義に関するソーシャルワーク理論は，文化や集団属性を，社会的につくられている相対的なものとして考えている。つまり，誰がどの文化に属しているかは，社会と，そのなかで生まれ育った人々の見方によるもので，自然現象のように科学的な手法で断定することが困難である。そのため，多文化主義の実践アプローチにおいて，文化は，「共有された価値観・伝統・規範・慣習の特定可能な集合体であり，コミュニティにおいて人々がどのように考え，行動するかを左右する」ものとして定義される。つまり，文化は，それに属する人々が共有している世界観や生き方を意味する。

ソーシャルワークにおける文化の概念は，遺伝子や「血のつながり」などのようなカテゴリー化を重視する論じ方よりも，人と社会的な環境の相互作用のなかで発生する流動的なものとしてのとらえ方に焦点があたっている。したがって，文化は，たまたま社会化の過程において環境から伝達・学習されたものであるため，時間とともに変化し，意図的な学び直しや脱学習も可能である。現代の日本文化において，人付き合いに関するルールやマナーの，携帯電話（特にスマートフォン）の普及に伴う急速な変化を例に考えれば，文化の変わりやすい特徴をよく理解できる。

文化とは，先述のように社会的につくられた，相対的で，流動的なものである。とはいえ，同じ文化の人々の間で共有されているため，そのなかを生きる個人にとっては，一人の力だけではどうにもならない社会的な事実として存在する。そして従わなければならない考え方や行動のルールとして機能する。もちろん，属する文化の価値等の内在化のレベルには，個人差も存在し，文化の**内的な多様性**と呼ばれる。日本で全ての人が常に箸を使って和食を食べているわけでもない，ことなどが例としてあげられる。

また，ある文化への属性も，個人と社会環境の相互作用に強く影響を受ける。人々の価値観などを成す内面の文化（その文化への帰属意識）という個人的な要素に加え，周囲がその人々の文化的な属性をどのようにみているかという社会的な要素も関係する。これは，日本の場合，多文化主義とグローバリズムの時代において，誰を「日本人」

➡ 内的な多様性

文化などのある特徴を共有している社会集団内において，メンバー間で存在する違いや他の特徴の多様性。

表11-2 多様性の範囲と国内の適用例

多様性領域	多様性要素	日本の当事者の例
① 文化の多様性（狭義の文化）	出自，人種，肌の色，民族，部族，国籍，出身国，由来国，移民及び難民資格，文化，言語	被差別部落の人々，アイヌ民族，琉球民族，在日コリアン，外国籍者，帰化者及び国籍取得者，国際結婚で生まれた人々，超過滞在者及び非正規滞在者とその子ども，庇護希望者及び難民申請者
② 性の多様性	性別，ジェンダー，ジェンダー・アイデンティティ（性自認）及びジェンダー表現，性的指向・嗜好・関係，その他のセクシュアリティ	女性，「男らしさ」の期待に悩む男性，LGBTQ等のセクシュアル・マイノリティ
③ 生活機能の多様性	健康及び遺伝的状態，知的・身体・精神能力及び障がい，特別支援ニーズ，社会への貢献度	各種疾病及び障がいのある人々
④ 世代の多様性	年齢	子ども，若者，高齢者
⑤ 社会階層の多様性	社会経済的地位，特権，階級，貧困，周縁化，職業，組合属性，居住地，司法及び医療サービスへのアクセス可能性	ホームレス，生活保護受給者，生活困窮者及び低所得者，各種非正規労働者，ネットカフェ難民などの社会の底辺を生きる下層の人々
⑥ 思想の多様性	世界観，価値観，宗教及びスピリチュアル信仰，政治的信念，政治及び組織的属性，その他の信条	特定の宗教の信者，特定の政治団体の支持者，特定の迷信及び習慣を信じる人々
⑦ 家庭の多様性	家族形態，婚姻状態，人間関係	一人親家庭，同性カップル，未婚及び離婚歴の人々
⑧ 身体の多様性	体格，外見	ユニークフェイス及び体型の人々

出所：Virág, V. (2018)「対人援助実践における多様性（diversity）概念の範囲——ソーシャルワーク専門職に係る倫理文書等の国際比較」『保健の科学』60(9)，580-587.

としてみているかという問題に関係する。

たとえば，ある人が自分を「日本人」としてみていても，社会から「外人」や「ハーフ」とみられることもある。そして，それによって差別も受けやすい。そのため，「日本語が達者だから」や「日本文化になじんでいるから」という理由だけで，クライエントが文化的な力量や反差別的な実践のアプローチを必要としないことにはならない。

❏ ソーシャルワークにおける「多様性」の範囲

近年，ソーシャルワークにおいて，専門的にとらえられている多様性は，狭義の文化の範囲を超えている[25]。**表11-2**は，広義の多様性の範囲を示している。この表は，多様性要素を8領域に分類し，想定される日本の当事者（ソーシャルワークの対象者）の例を提示している。各要素は相互に排他的ではなく，しばしば重なり合うことがある。すなわち，一人のクライエントは複数の要素をもち合わせている場合もある。たとえば，①外国籍でありながら，②レズビアンの女性で，③難病をもち，④高齢で，⑤生活に困窮し，⑥新興宗教徒で，⑦同性パートナーと一緒に暮らす，⑧肥満体系のクライエントなどの場合である（丸つき数字は**表11-2**の数字に対応）。

　各領域における実践は，それぞれの多様性要素をもったクライエントが社会のなかで受けている差別（人種差別，同性愛差別など）の影響を軽減し，それらの撤廃に向けた反差別的な実践を含む。多様性要素そのものと同じように，あらゆる差別及びそれらの影響も重複し得る。

　日本社会の多様化が進むなか，今後これらの分野におけるソーシャルワークのさらなる発展への期待が高まっている。

○注

⑴　Lee, E. O. & McRoy, R.（2008）Multiculturalism, T. Mizrahi & L. E. Davis（eds.）, *The Encyclopedia of Social Work*（*20th ed.*）*Volume 3*, NASW Press, Oxford University Press, 277-282.

⑵　石河久美子（2012）『多文化ソーシャルワークの理論と実践――外国人支援者に求められるスキルと役割』明石書店，13.

⑶　Khinduka, S. K.（2008）Globalism, T. & Mizrahi, L. E. & Davis（eds.）, *The Encyclopedia of Social Work*（*20th ed.*）*Volume 2*, NASW Press, Oxford University Press, 275-279.

⑷　Virág, V.（2018）『多様性時代のソーシャルワーク――外国人等支援の専門職教育プログラム』中央法規出版，28.

⑸　法務省出入国在留管理庁（2021）「令和 3 年 6 月末現在における在留外国人数について」.

⑹　⑷と同じ，13.

⑺　同前書，15.

⑻　IASSW, IFSW（2014）*Global Definition of the Social Work Profession*, International Association of Schools of Social Work, International Federation of Social Workers.（＝2015，日本社会福祉教育学校連盟・社会福祉専門職団体協議会訳「ソーシャルワーク専門職のグローバル定義」国際ソーシャルワーク学校連盟・国際ソーシャルワーカー連盟）

⑼　APASWE, IFSW-AP（2016）*Amplification of the Global Definition for Asia Pacific Region*, Asian and Pacific Association for Social Work Education, International Federation of Social Workers Asia Pacific Region.（＝2016，日本社会福祉教育学校連盟・社会福祉専門職団体協議会訳「ソーシャルワーク専門職のグローバル定義のアジア太平洋地域における展開」アジア太平洋ソーシャルワーク教育連盟・国際ソーシャルワーカー連盟アジア太平洋地域）

⑽　日本社会福祉教育学校連盟・日本ソーシャルワーカー連盟（2017）「ソーシャルワーク専門職のグローバル定義の日本における展開」.

⑾　IASSW（2018）*Global Social Work Statement of Ethical Principles*（*IASSW*）, International Association of Schools of Social Work.（＝2018，日本ソーシャルワーク教育学校連盟訳「ソーシャルワークにおける倫理原則のグローバル声明（IASSW）」国際ソーシャルワーク学校連盟）

⑿　日本ソーシャルワーカー連盟（2020）「ソーシャルワーカーの倫理綱領」.

⒀　日本社会福祉士会（2021）「社会福祉士の行動規範」.

⒁　Norton, D. G.（1978）*The Dual Perspective: Inclusion of Ethnic Minority Content in the Social Work Curriculum*, Council on Social Work Education, 3.

⒂　Cross, T. L.（2008）Cultural Competence, Mizrahi, T. & Davis, L. E.（eds.）,

The Encyclopedia of Social Work（*20th ed.*）*Volume 1*, NASW Press, Oxford University Press, 487-491.

⒃ Lum, D.（2007）*Culturally Competent Practice: A Framework for Understanding Diverse Groups and Justice Issues*（3rd ed.）, Brooks/Cole Cengage Learning, 4.

⒄ NASW（2007）*Institutional Racism and the Social Work Profession: A Call to Action*, National Association of Social Workers, 5.

⒅ Thompson, N.（2012）*Anti-Discriminatory Practice: Equality, Diversity and Social Justice*（5th ed.）, Palgrave Macmillan, 32.

⒆ 同前書，48.

⒇ ⒃と同じ，122.

(21) ⒄と同じ，10.

(22) Virág, V.（2020）「メゾ・レベルにおいて多様性に対応できるソーシャルワーク：反差別的な地域実践に向けた文化的な力量」『地域福祉研究』48(8)，14-25.

(23) (4)と同じ，73.

(24) Marsiglia, F. F. & Kulis, S.（2014）*Diversity, Oppression, and Change: Culturally Grounded Social Work*（2nd ed.）, Lyceum, 25.

(25) Virág, V.（2018）「対人援助実践における多様性（diversity）概念の範囲：ソーシャルワーク専門職に係る倫理文書等の国際比較」『保健の科学』60(9)，580-587.

○参考文献

安保則夫・細見和志・武田丈ほか編（2005）『クロスボーダーからみる共生と福祉──生活空間にみる越境性』ミネルヴァ書房.

石河久美子（2012）『多文化ソーシャルワークの理論と実践──外国人支援者に求められるスキルと役割』明石書店.

Virág, V.（2018）『多様性時代のソーシャルワーク──外国人等支援の専門職教育プログラム』中央法規出版.

日本社会福祉士会編（2012）『滞日外国人支援の実践事例から学ぶ多文化ソーシャルワーク』中央法規出版.

第12章

ソーシャルワークにおける
総合的・包括的支援の実際

本章では，これからのソーシャルワークにますます求められる総合的・包括的な支援の考え方とその実際について取り上げる。

　私たちの生活は，日々の様々な人や場所との出会いや関係，すなわち多様な社会関係に開かれたものであり，総合的な営みである。そのような生活を営む過程で，個人が抱える何か一つの困難から別の新たな困難が派生することがあり，家族の誰かの困難が他の家族の困難をもたらすこともある。そして，その困難状況も個人や家族によって異なる現れ方をし，それぞれに多様さ，複雑さを帯び，複数の困難を同時に抱えるということも起こりうる。

　このような生活問題を抱える個人や家族への支援にあたり，生活全体への視点に基づく状況把握を基盤に，特定の分野や制度の枠内に留まらない分野横断的，制度横断的な対応，すなわち総合的かつ包括的な支援が求められる理由がここにある。

　さらに，個人や家族，世帯の生活全体を視野に入れた支援ということは，当然ながらそれらの人々が暮らす地域をも視野に入れたものとなる。個別支援と地域支援との連動の必要性もここにある。今日の生活問題の多様化，複雑化，複合化のなかで，総合的かつ包括的な生活支援としてのソーシャルワークとそのようなソーシャルワークが地域で展開できるしくみづくりが必要である。

　第1節では，総合的・包括的な支援がなぜ必要とされ，それはどのような考え方に基づくものなのかについて述べる。続く第2節では，地域における総合的・包括的な支援の実践例，すなわち個別支援と地域支援とが連動した取り組みの実際を取り上げて解説する。

 # 総合的・包括的な支援の考え方

☐ 多様化・複雑化した生活問題への対応

① 人々の生活問題への認識とソーシャルワーク

　ソーシャルワークは歴史的に，その時々の時代のなかで，人々が直面する社会生活上に起こる困難状況，すなわち様々な生活問題に対応しながら，安定した社会生活の維持や建て直しに向けた支援を行ってきた。そのようなソーシャルワークで重視されるのは，人々が抱える生活問題は，その背景に環境的あるいは社会構造的な要因をもつという認識である。

　たとえば，個人や家族の生活に生じる貧困問題の背景には，不景気

のなかでの会社の都合によるリストラや解雇があり，たとえ再就職を試みても正規雇用の仕事に就くことが困難な社会状況がある。あるいは，ようやく正規雇用で就職できたとしても，長時間労働や休日出勤を強いられ，休暇をとることもままならない職場であった場合，それでも正社員の職を手放せないなかで，心身ともに疲弊してしまうことになる。

　近年は，子どもの貧困や女性の貧困の問題が指摘されているが，たとえば幼い子どもをもつ母子家庭の母親が働くなかでも，派遣労働やパートタイムで働かざるを得ない状況や，育児と仕事の両立に対する職場の無理解，また男女の賃金格差などの社会的不利の状況，さらには母子家庭に対する地域の人々の偏見やステレオタイプの母親観など，母子家庭を取り巻く社会構造や親子を取り巻く周囲の環境が，働いても生活が楽にならないという状況を生み出している。

　このように，人々が抱える生活問題とは，個人の自己責任や努力の足りなさなどでは決してなく，いつ誰にでも起こりうる社会構造的な問題なのである。人々への直接的な支援と同時に，人々が経験する生きづらさや生活のしづらさをもたらす周囲の環境や社会状況の変化や改善なしには，生活問題の本質的な解決には至らないという認識が，ソーシャルワークには欠かせないのである。

②　今日の多様化・複雑化・複合化する生活問題

　今日の日本は，少子・高齢化の進行と人口減少の時代にあり，社会・経済状況や産業構造の変化，またそれに伴う就業構造や地域社会の変化や，さらには世帯構造や家族形態の多様化のなかにある。また，ICTの発達（本書第7章参照）や経済や情報など様々な側面でのグローバル化が進むなかで，人々の価値観やライフスタイルも多様化している。そのような社会状況のなかで，人々が抱える生活問題も，多様化・複雑化，また複合化や長期化する様相を呈している。

　たとえば，「介護や育児の社会化」が叫ばれて久しいにもかかわらず，介護や子育てをめぐって家族や親が抱える困難な状況は改善されず，虐待等の事件も後を絶たない。必要な支援やサービスにもつながらず，自宅という密室のなかで，日々疲弊する家族や親の姿がある。また，就学や就労をめぐっては，少子化のなかにあっても不登校児童生徒数は依然として減少傾向にはなく，就労につながらない若者のひきこもりの期間が長期化の状況にある。

　さらには，いわゆる「ごみ屋敷」と言われるような地域から排除されて社会的に孤立した状態にある人々や，「8050問題」と呼ばれる80歳代の高齢の親と50歳代の働いていない子どもの世帯が抱える生活問

題，高齢の親の介護と育児とを同時に担うダブルケアの問題，加えて今日では，18歳未満の子どもが祖父や祖母の介護，また病気や障害をもつ家族の世話を強いられるヤングケアラーの問題も指摘されている。「制度の狭間」ともいわれるように，現行の制度のなかだけでは対応できないこのような生活問題の発現が，総合的・包括的な支援としてのソーシャルワークが求められる背景にある。

☐ 今日的な地域生活課題への対応と地域福祉の推進

① 法に規定された地域生活課題や地域社会との関係への対応

社会福祉法の第4条第3項には，地域福祉の推進に向けて，「地域生活課題」の解決を図ることが記されている。ここでいう「地域生活課題」とは，条文によれば「地域住民及びその世帯が抱える福祉，介護，介護予防，保健医療，住まい，就労及び教育に関する課題」のほか，「福祉サービスを必要とする地域住民の地域社会からの孤立」や地域住民が「あらゆる分野の活動に参加する機会が確保される上での各般の課題」とされている。個人だけでなく世帯全体を視野に入れるとともに，既存の社会福祉の法制度の枠内に留まらない多様な生活課題への対応が，地域における総合的・包括的な支援としてのソーシャルワークに求められている。

また，生活困窮者自立支援法第2条では，生活困窮者に対する支援について，就労および心身の状況に加えて，「地域社会からの孤立の状況」に応じた支援の必要性が記されている。そして第3条でも，生活困窮者の定義として，就労および心身の状況に加えて，「地域社会との関係性その他の事情」によって困窮状態にある者とされている。

つまり，個人の生活困窮状態を把握するには，その人の心身の状況や経済的状況だけでなく，その人が暮らす地域社会との関係への視点が欠かせないということである。すなわち，人々が生活困窮に陥るということを，地域の問題として，地域の側からとらえなければならないのである。

今日の地域福祉の推進に求められるのは，個人や世帯が抱える生活問題を地域の課題ととらえること，特定の住民に限った問題としてではなく，地域住民全体で共有し，地域でその解決を図るべき課題として取り組むことなのである。

② 地域福祉推進のための住民との連携・協働

地域福祉を推進していくための考え方として，地域の主体すなわち地域福祉の推進主体は，あくまでもそこで暮らす住民であり，ソーシャルワーカー等の専門職ではないという認識が重要である。求められ

るのは，自分たちが暮らす地域の福祉課題に，地域住民自身が気づいていく仕掛けや場づくり，それに対して創意工夫しながら取り組める条件整備などの支援である。生活問題を抱える人々への支援や地域の課題解決の過程に，地域住民が積極的に参加し，協働できるようなしくみをつくることが必要である。

　ここでいう「協働」とは，関係者が皆同じことをやるということではない。地域福祉の理念や地域づくりの方向性は共有しながらも，専門職には専門職の役割があり，地域住民には地域住民にしかできないことがたくさんある。それぞれの役割の違いがあるなかでこそ，連携が意味をもち，互いの役割分担に基づく協働が成り立つという理解が重要である。地域における総合的・包括的な支援とは，専門職による一方的な支援では決してなく，支援が必要な当事者を含めた地域住民の参加を得て実現するものでなければならない。

　ソーシャルワークの重要な概念の一つに「エンパワメント」があるが，地域福祉推進のためのソーシャルワークとは，まさに地域住民のエンパワメントの実践であるともいえる。住民が，自分たちの地域がもつ良さや強さ，魅力や可能性に気づき，それを地域課題の解決や住みよい地域づくりのために活かしていける場や機会そして環境を，地域住民と協働で築くソーシャルワークの展開である。

　そして，地域住民が主体となって地域福祉推進の体制やしくみができることによって，課題の早期発見や支援が必要な人への早期対応が可能になる。つまり，人々の抱える問題の長期化や深刻化に対する予防の機能も期待でき，誰もが安心して暮らし続けていける場としての地域づくりにつながるのである。

☐ 分野・領域を横断する支援の展開

① 生活の全体を見据えた支援の展開

　多様化・複雑化そして複合化，長期化している今日の生活問題に対しては，何か一つの制度による対応やどこかの施設や機関，事業所の単独での対応では，問題の解決は困難を極めることになる。そもそも人々が経験する生活問題は，それが心身の状態のことであっても，社会的あるいは経済的なことであっても，家族や地域，学校や職場などの様々な人や場所，すなわち日々関わる社会環境や地域との関係のなかで生じるものである。したがって，支援者の目に見える問題の部分をその関係から切り離して，その問題が当てはまるであろう制度やサービスだけで対応しようとすることには，自ずと限界がある。

　また，たとえば一つの家族のなかで複数の問題を抱えている場合，

それらの問題は，家族関係や親子・きょうだい関係に根差したものであり，さらに互いに影響を与え合っているため，何かの問題を一つだけ切り離して対応しようとしても，そのことがかえって全体に悪い影響を与えてしまうことにもなり得る。ソーシャルワークが，人々が営む日常生活の現実に接近しようとすればするほど，生活の全体，すなわちその当事者の家族関係や社会関係，地域との関係へと拡がる視座が求められ，その支援は，総合的で包括的なものにならざるを得ないのである。

　そして，生活の全体を見据えた支援を行うなかでは，現在では対象となる法制度やサービスが存在しないような，新たな生活問題に遭遇することにもなる。今日の「生活困窮」という言葉でとらえられる様々な生活問題がまさにそれである。ソーシャルワークの使命として，たとえそれが既存の法制度に当てはまらないものであっても，当事者が抱える生活問題の現実に焦点をあてて，その人と状況に関わり続ける，総合的・包括的かつ継続的な支援のあり方が求められているのである。

②　分野・制度横断的な支援のためのつながりやネットワーク

　人々の生活の全体を見据えた総合的・包括的な支援とは，言い換えれば，分野横断的・制度横断的な支援に他ならない。今日のソーシャルワークは，たとえば児童福祉，障害者福祉，高齢者福祉などの社会福祉分野や領域の複数にまたがる，あるいは社会福祉の枠組みを超えた生活問題に対応していかなければならない。そして，そのような支援を実践するためには，社会福祉の異なる分野で働くソーシャルワーカー同士や，医療や心理，教育や司法，さらには労働分野などで働く専門職と社会福祉の各分野のソーシャルワーカーとが，公・民を問わずに連携・協働することが必要である。地域で活動する専門職が，分野・領域横断的につながることは，「制度の狭間」を埋めるとともに，地域のセーフティネットの強化にもつながる。

　さらに，このような地域における分野・制度横断的な支援を推進していくためには，地域の社会資源を新たに開発するという取り組みも必要である。これは，必ずしも新しい施設やサービスをつくることを意味しない。地域には，そこで暮らす住民はもちろん，自治会等の団体や組織，または薬局や理美容室，商店街や銀行，スーパーマーケット，郵便局や新聞販売所，食堂やレストラン，電気やガス関連の営業所，コンビニエンスストアや地域によっては銭湯に至るまで様々な場所があり，様々な人がいる。これらのいわば地域の財産ともいえる人や場所とのつながりやネットワークを形成することも，大切な社会資

源の開発である。

　このことからも，地域における総合的・包括的な支援としてのソーシャルワークとは，地域とそこで暮らす人々，そして地域にある多様な場所がもつ潜在的な力を見出し，相互のつながりから生まれる様々な可能性を開発する営みであるということができる。

　続く第2節では，個別支援と地域支援とが連動した，そして分野・制度横断的な支援の実践例を紹介しながら，総合的・包括的な支援のあり方についてさらに考察を深めていきたい。

2　総合的・包括的な支援の実際

　第1節でみたとおり，総合的・包括的な支援とは，生活全体への視点に基づき個別支援と地域支援が連動した，分野・制度横断的な支援のことをいう。こうした支援を展開していくためには，「専門職同士の協働」に加え，「地域社会との協働」が必要になり，さらにそうした実践を支える「体制の整備」が求められる。このような観点から，本節では，まず「地域社会との協働」について，次に「専門職同士の協働」とこうした実践を可能にするような「体制の整備」について，実際の総合的・包括的な支援の展開例を踏まえながらみていくことにする。

◯ 地域社会と協働した個別支援の実際
　地域社会と協働した支援の実際を考えていくうえで，まず下の事例を読んでみよう。
［事例1］地域社会と協働した個別支援の実際
　地域包括支援センターから，一人暮らしの70代男性，Cさんの訪問依頼が地域福祉コーディネーターに入った。Cさんは，持病による体調不良で入退院を繰り返し，体調に不安があるため長時間の歩行や同じ姿勢で過ごすこと，一人で外出することが困難な状況である。Cさんに家の近くにある居場所に行くことを提案したが，「歩けないから行けない」の一点張りであった。そこで，この居場所で活動している人に，見守りボランティアとしてCさん宅への訪問をお願いし，Cさんに何かあるたびに，見守りボランティアと地域福祉コーディネーターとで情報共有を行ってきた。ある日，見守りボランティアから「Cさん宅の電気がつかない。家具を組み立てることも大変そうだ」とい

う連絡が入り，居場所のスタッフが「お助けボランティア」として訪問し，修理することをお願いした。これを契機にCさんと地域の居場所の間につながりが生まれ，居場所のスタッフは「地域の居場所にきてお話しよう」と，居場所にCさんを誘った。そうするうちに，Cさんはイベントがあるときなどに居場所にやってくるようになる。

　数か月後，Cさんはデイサービスにも通うようになるが，デイサービス利用中のトラブルから，今後も通い続けることを迷っている様子が見られ，無理に通い続けるしかないのかとの相談があった。無理に通い続けなければならないことはなく，地域の居場所に行く回数を増やしてはどうか，と提案をしたところCさんはデイサービスの利用を中断し，地域の居場所に定期的に来るようになった。そこで知り合いが増え，居場所に来る回数も増えていった。最近では，居場所でのボランティア活動も頼まれるようになり，地域の居場所がCさんを見守る場であると同時に，Cさんにとっては自分が活躍する場にもなっている[1]。

　この事例をみると，地域福祉コーディネーター（専門職）が，地域社会と協働して本人を支える実践を展開していることが見て取れる。この地域には，「居場所」という拠点があって，そこでは「見守りボランティア」や「お助けボランティア」といった活動も展開されており，その活動を「地域福祉コーディネーター」と呼ばれるソーシャルワーカーが支えている。体も弱り，地域社会から孤立していたCさんは，地域福祉コーディネーターが関わることによって，社会関係を回復し，居場所に参加するようになることで自身の役割を発揮する場を地域に見いだしていることがわかるだろう。

☐ 地域の活動を支援するコミュニティワーク（地域支援）の実際

　ところで，このような個人に対する支援が可能になるのは，事例を一読するだけでも様々な条件が必要なことに気づくだろう。地域福祉コーディネーターは，見守りボランティアやお助けボランティアがいなければ，Cさんの思いに早い段階で気がつくことも，介護保険ではカバーできないCさんのニーズに対応することもできなかっただろう。デイサービスと本人との相性が悪くても，提案できる場所がなければ，サービスの継続を説得することになってしまっていたかもしれない。

　このように，地域社会と協働した実践を展開するためには，前もって，あるいは平行してこうした活動を「つくりだしていく」実践が必要になる。こうした実践は，コミュニティワークもしくは近年では，地域支援と呼ばれている実践である。

［事例2］コミュニティワーク（地域支援）の実際

　地域福祉コーディネーターに，持ち主の親戚が居住していたが5年間空き家になっていた一軒家を利用し，誰もが利用できる居場所をつくりたい，という物件のオーナーと近隣の町会からの相談があった。地域福祉コーディネーターは，様々な人が関われるように，近隣の複数の町会や民生委員，個人や団体のボランティアなど，様々な団体・個人から構成される「運営委員会」によって運営する方法を提案し，現在は，常設型の居場所として，誰でもふらっと立ち寄れる時間帯や，参加者の意向ではじまった手芸の会，食事会，脳トレ健康麻雀など地縁型やテーマ型の活動主体が居場所を拠点に様々な展開している。地域福祉コーディネーターは，立ち上げ期には協力者への呼びかけや実行委員会の運営をサポートするとともに，その体制強化を支援していった。また，複数の団体や関係者の調整や居場所を拠点に新たに生まれる活動の立ち上げに関する事前調整といった支援も行っている。その結果，中心的なメンバーを中心に，小さなことでも手助けを求めている人向けに「すけっと隊」が結成されたり，子ども食堂の取り組みなども開始された。そして，こうした場があることで，活動者が地域のちょっと気になる人の情報などをコーディネーターに伝えてくれるようにもなっている。

　このように二つの事例で取り上げた地域では，地域福祉コーディネーターが，地域での様々な居場所づくりを展開するなかで，その居場所が一人ひとりの課題を発見する場になったり，暮らしを支える場にもなっている。つまり，［事例1］のような個別支援が展開された背景には，こうした地域での「居場所づくり」を進めてきたコミュニティワーク（地域支援）の蓄積があり，地域社会と協働した支援が可能になっているという点に留意する必要がある。このように，個人に対する支援と地域に対する支援は，循環する関係としてとらえることができる。

　以上のような個別支援と地域支援の関係を，木と森のたとえを使って説明すれば，ソーシャルワーカーは，一本一本の「木」をケアすること（個人に対する支援）とそれを支える土台となる「森」を整えていくこと（地域社会に対する支援）の両者を意識していく必要があるということができるだろう。もちろん，こうした二つの支援は，一人のソーシャルワーカーがすべて行わなければならないということではない。様々な分野で活動しているソーシャルワーカーや地域の多様な活動者が，地域課題や思いを共有して，地域で必要とされる活動を生み出し，それが課題の早期発見や対応につながることで，多様な人が協働した

支援につながる。そして，その経験が活動の見直しや新たな活動の展開につながっていくという循環をつくりだしていくことが重要なのである。

☐ 分野や制度を超えた専門職同士の協働の実際

ここまでは，個人に対する支援と地域社会に対する支援を一体的に展開していくソーシャルワーク実践について事例をもとに検討したが，以下では分野や制度を超えた多機関協働による支援とそれを支えるための体制について検討する。

［事例3］複合的な課題を抱えた世帯の実際

母子世帯のAさん（45歳女性）は，現在，ひとり親の職業訓練の給付を活用して，介護福祉士の取得を目指している。息子のBくん（17歳）は，中学校1年生から不登校となり，定時制高校に入学したものの，1年で退学している。また，Bくんは発達障害と診断されている。Aさんは息子に就労してほしいと思っているが，Bくんはゲームばかりしていて，注意する母親を怒鳴ったりすることもあり，どう接したらよいか悩んでいるという。一方，同居するAさんの母親Cさん（76歳）も，以前は子育てや家事を手伝っていたが，最近認知症の症状が出はじめ，日常的な家事などを行うことが難しくなっている。Aさんは，母親の介護が必要になると就職も難しいのではないかと，これまでひとり親の職業訓練の給付などを通じて相談相手になってきた市役所の子ども福祉課の職員に訴えた。

事例のようなケースでは，世帯に関わる関係機関は多岐にわたる。ひとり親世帯の就業支援では，市役所の子ども福祉課がAさんを支援しているが，Bくんへの支援では，障害福祉課やひきこもり支援の担当課の関わりが求められるだろう。また，Cさんの介護問題には，地域包括支援センターや居宅介護支援専門員等の支援が必要になると考えられる。そして，世帯の経済的な状況によっては，生活困窮者自立支援制度の自立相談支援機関の関わりも必要になってくるかもしれない。さらに，事例からは明らかではないが，世帯と地域社会との関係や前項でみたような地域社会の社会資源の状況についても考慮する必要がある。

☐ 分野や制度を超えた専門職同士の協働を可能にするための
　体制整備の実際

第1節でみたとおり，［事例3］のように生活課題が複合化している場合には，分野や制度を横断する支援が求められる。しかし，それ

ぞれに関与するソーシャルワーカーは，こうした支援の必要性を認識していても，そのような実践を行うことは容易ではない場合も多い。なぜなら，属性別に制度化されてきた日本の福祉制度のもとでは，ソーシャルワーカーもこうした制度の枠内で仕事をすることが求められ，分野を超えて協働するしくみや体制が整えられていないからである。事例でいえば，世帯全体の状況をとらえて支援を検討する必要があるにもかかわらず，それぞれの相談支援機関が一つひとつの課題を切り取って，決められた制度の枠でしか対応できないと世帯全体の支援にはつながらない。

　このような複合的な課題や制度のはざまの課題に対応するような体制を整備していくため，2017年に改正された社会福祉法では，市町村が包括的な支援体制を構築することが法制化され（社会福祉法第106条の3），2020年の社会福祉法改正では，こうした体制を整備するための事業として重層的支援体制整備事業が創設された（社会福祉法第106条の4）。簡潔にいえば，包括的な支援体制とは，「住民に身近な圏域」において，地域住民等が主体的に地域生活課題を把握し，解決を試みることができる環境を整備するとともに，発見された課題を専門職が受けとめ，必要な場合に多機関が協働して解決していくことができる体制をつくっていくことである。ここでは，実際の市町村の事例から，多機関協働を可能にする体制整備について考えてみよう。

［事例4］包括的な相談支援体制の整備の実際

　福井県坂井市では，多機関協働の体制を構築していくにあたって，生活困窮者自立支援制度を所管する福祉総合相談室を中心に，市役所内の高齢者，障害者福祉を担当する部局を事務局としたワーキンググループを組織し，多機関協働のしくみづくりを検討した。

　検討の中で明らかになったのは，①どの分野においても相談件数が増加し，相談内容が多様化，複合化していること，②その機関の「対象者」ではない世帯構成員も別な課題を抱えており，別な機関の「対象者」となっていること，③それに関連し，世帯全体での課題把握が困難であること，④対象者ごとのインテークやアセスメントの方法や視点が異なること，⑤各相談員が情報共有や多機関との調整が図れず，課題を抱え込んでしまう傾向があること，⑥分野ごとの調整会議が活用しきれていないこと，⑦多機関の協働は進めたいが，ルールが不明確であること，⑧行政のバックアップが十分でないことだった。こうした各分野に共通した課題を踏まえ，坂井市では，多様な分野で相談支援に従事する専門職をメンバーに，複合課題の事例検討を繰り返し行い，必要なしくみを検討していった。

図 12-1 坂井市の相談支援体制の概念図

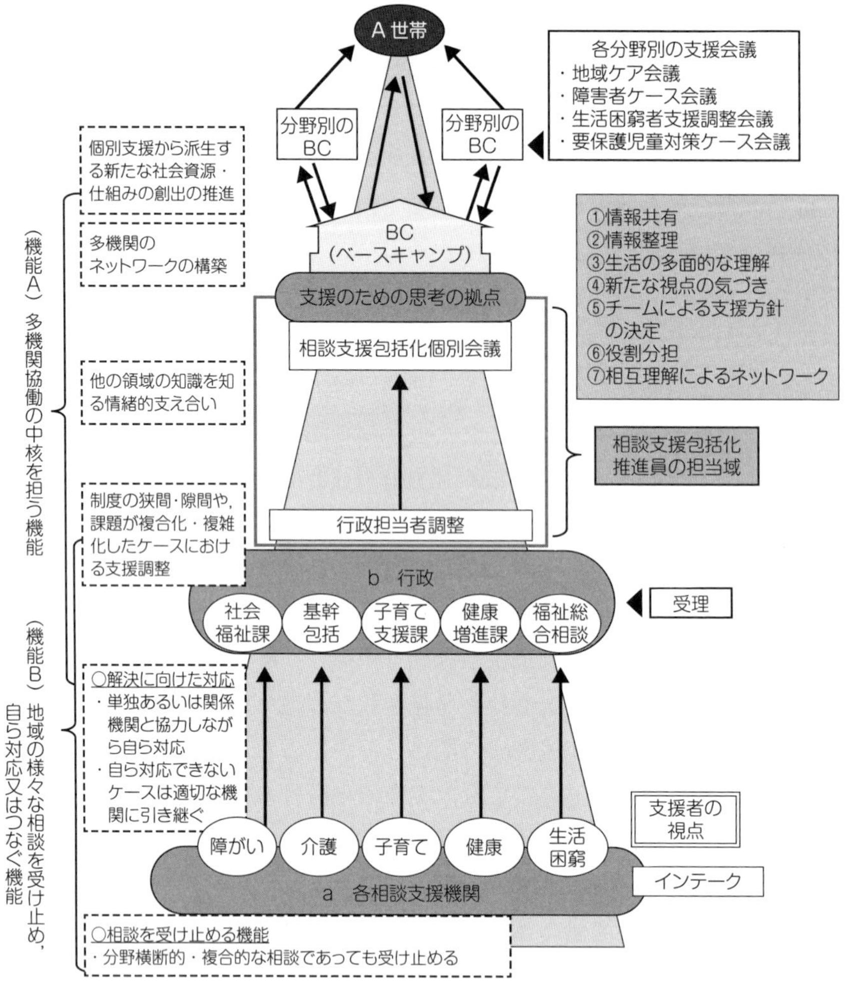

A世帯

各分野別の支援会議
・地域ケア会議
・障害者ケース会議
・生活困窮者支援調整会議
・要保護児童対策ケース会議

分野別のBC　分野別のBC

個別支援から派生する新たな社会資源・仕組みの創出の推進

多機関のネットワークの構築

BC（ベースキャンプ）

支援のための思考の拠点

相談支援包括化個別会議

①情報共有
②情報整理
③生活の多面的な理解
④新たな視点の気づき
⑤チームによる支援方針の決定
⑥役割分担
⑦相互理解によるネットワーク

他の領域の知識を知る情緒的支え合い

（機能A）多機関協働の中核を担う機能

制度の狭間・隙間や，課題が複合化・複雑化したケースにおける支援調整

相談支援包括化推進員の担当域

行政担当者調整

b　行政

社会福祉課　基幹包括　子育て支援課　健康増進課　福祉総合相談

受理

（機能B）地域の様々な相談を受け止め，自ら対応又はつなぐ機能

○解決に向けた対応
・単独あるいは関係機関と協力しながら自ら対応
・自ら対応できないケースは適切な機関に引き継ぐ

障がい　介護　子育て　健康　生活困窮

支援者の視点

a　各相談支援機関

インテーク

○相談を受け止める機能
・分野横断的・複合的な相談であっても受け止める

出所：坂井市資料による.

　このような検討を踏まえて，坂井市では多機関協働の体制を**図12-1**のように整理した。まず，各相談支援機関は，それぞれの専門性を活かし，相談を受け止め，自ら対応することが前提である（図中a）。しかし，①相談者本人が複数の課題を抱えているケース，②相談者本人が属する世帯に，課題を抱える者が複数人存在するケース，③既存のサービスの活用が困難なケースについては，行政担当課と相談支援機関が協議し（**図12-1**のaからb），行政担当課が「紹介（連携）シート」を記入して，相談支援包括化推進員と呼ばれるソーシャルワーカーにつなぐ。紹介（連携）シートを受け付けた相談支援包括化推進員は，相談支援包括化個別会議の開催を決定し，会議メンバーを決定，招集する。相談支援包括化個別会議は，原則として1回の開催で，①情報共有，②課題の整理，③支援方針の決定，④支援の役割分担，⑤

進捗管理の主担当を決定する。各相談支援機関は，ケースの主担当となった機関に対して支援経過を報告し，相談支援包括化推進員は支援経過をモニタリングしつつ，必要に応じて主担当と再度相談支援包括化個別会議が必要かどうかを検討していく，という流れになっている。

　このように，坂井市では，分野や制度を超えた専門職同士の協働が必要な場合の新たな会議体（事例では「相談支援包括化個別会議」）を創設し，その運営をコーディネートする専門職（坂井市では「相談支援包括化推進員」）を配置する，包括的な相談支援体制の整備を進めてきた。[3]

　このように，包括的な相談支援体制の構築にあたっては，分野や制度を超えた支援を一人ひとりのソーシャルワーカーの努力に任せるのではなく，多機関協働の体制を確立していくことが必要になる。こうした体制が確立していくことで，どの相談機関であってもいったんは課題を受けとめて，協働が必要な場合は，多機関が協議する会議のなかで課題を解きほぐし，役割分担を検討していくことができるようになる。こうした体制は，それぞれの市町村のこれまでの取り組みの蓄積に応じて多様な展開が想定され，独自に構築していくことが必要である。たとえば，坂井市では，各相談支援機関が受けとめた課題を調整する会議体を設け，その調整を行う専門職はケースを直接担当しない。しかし，市町村によっては総合相談窓口を設けて，複合的な課題を中心になって解決する専門職を配置する場合もある。どのような体制をとるにしても，坂井市の事例のように関係者が協議し，顔の見える関係のなかでその市町村の相談支援の課題を共有して，必要な相談支援体制を考えていくことが重要だといえるだろう。

　今後は，各市町村において，このようなソーシャルワークを実践できるしくみとしての包括的な支援体制を構築していくことが重要であり，ソーシャルワーカーとしてこうした体制づくりや多機関協働に関与していくことも重要になる。

〇注
(1)　この事例は，浦田愛（2018）「地域の居場所づくりにおける地域支援の実践と課題」『社会福祉研究』第133号，58，に基づいて作成した。
(2)　この事例は，事例1と同じく，文京区社会福祉協議会の取り組みを，浦田愛（2018）「地域の居場所づくりにおける地域支援の実践と課題」『社会福祉研究』第133号，53-61；藤本愛・浦田愛・小林良二（2021）「多機能な居場所の形成とコーディネーターの役割——文京区社会福祉協議会の地域福祉・生活支援コーディネーターの実践から」『地域福祉実践研究』第12号，53-63，に基づいて作成したものである。
(3)　坂井市の事例の詳細は，永田祐（2021）『包括的な支援体制のガバナンス——実践と政策をつなぐ市町村福祉行政の展開』有斐閣，を参照。

◯参考文献 ─────

[第1節]

五石敬路・岩間伸之・西岡正次・有田朗編著（2017）『生活困窮者支援で社会を変える』法律文化社.

井出英策・柏木一惠・加藤忠相・中島康晴（2019）『ソーシャルワーカー──「身近」を革命する人たち』ちくま新書.

菊池馨実（2019）『社会保障再考──〈地域〉で支える』岩波新書.

空閑浩人（2018）「地域を基盤としたソーシャルワークへの期待──ソーシャルワークが求められる時代のなかで」『月刊福祉』101(5)，40-45.

空閑浩人編著『ソーシャルワーカー論──「かかわり続ける専門職」のアイデンティティー』ミネルヴァ書房.

厚生労働省社会保障審議会福祉部会福祉人材確保専門委員会（2018）「ソーシャルワーク専門職である社会福祉士に求められる役割等について（平成30年3月27日）」.

厚生労働省（2019）「地域共生社会に向けた包括的支援と多様な参加・協働の推進に関する検討会（地域共生社会推進検討会）最終とりまとめ（令和元年12月26日）」.

宮本太郎編著（2017）『転げ落ちない社会──困窮と孤立を防ぐ制度戦略』勁草書房.

鶴幸一郎・藤田孝典・石川久展・高橋正幸『福祉は誰のために──ソーシャルワークの未来図』へるす出版.

[第2節]

浦田愛（2018）「地域の居場所づくりにおける地域支援の実践と課題」『社会福祉研究』第133号，53-61.

永田祐（2021）『包括的な支援体制のガバナンス──実践と政策をつなぐ市町村福祉行政の展開』有斐閣.

藤本愛・浦田愛・小林良二（2021）「多機能な居場所の形成とコーディネーターの役割──文京区社会福祉協議会の地域福祉・生活支援コーディネーターの実践から」『地域福祉実践研究』第12号，53-63.

■終　章■
ソーシャルワークの動向と課題

□ ソーシャルワーカーへの社会からの期待に応える

　超高齢社会の到来により，医療や介護を必要とする人がますます増えてきている。そこでは，完治しない慢性期の病気や障害をもつ者が多くなっている。さらには，自宅での終末期ケアを求める人々も増えてきている。こうした人々に対しては，治すといった治療よりも，むしろ質の高い生活を支援することがより求められている。こうした人々に対して質の高い生活を支える上で，ソーシャルワーカーに求められる役割は大きく，社会の側も，そうした支援のできるソーシャルワーカーを強く期待している。

　一方，人々やその家族の問題が複雑化・重度化してきており，同時に地域社会の近隣関係が希薄化していくなかで，子どもから高齢者に至る全てのライフサイクルで，家族や地域社会がもっている育児や介護の機能も極めて低下し，人々は家族や地域社会のなかで孤立化している。そのため，従来のインフォーマルな支援と同時に，新たにフォーマルサービスを必要としている人々が急増している。こうした人々を，地域社会で安心して生活できるよう，人々や家族のニーズに応えた社会資源と結び付け，必要な場合には新たに社会資源を開発する支援をしていくのがソーシャルワーカーであり，このソーシャルワーク専門職が様々な領域で配置されることが求められている。子どもの分野では，児童相談所や小・中学校等といった学校現場，障害者分野では，障害者支援施設や相談支援事業所，貧困関係では福祉事務所や生活困窮者自立支援機関で，高齢者分野では，居宅介護支援事業所，地域包括支援センター，介護老人福祉施設・介護老人保健施設等が拠点になるといえるが，それらの分野でソーシャルワークの必要性がある。さらには，一般には，病院等でも，退院していく人々に対して，ソーシャルワーク支援が求められている。

　さらに，地域社会の関係が希薄化してくることで，引きこもりを含めた社会的紐帯の弱い人々が増加している。内閣府の調査（2015年）では15〜39歳の引きこもりが54万人，2019年の同じ調査では40〜64歳の中高年の引きこもりが61万人で，合わせて100万人以上が引きこもっている。さらに，OECDの調査では，「友人，同僚，その他の人」との交流が「全くない」あるいは「ほとんどない」と回答した人の割合が，日本は15.3％で，OECD加盟国20か国中最も高い割合となっており，社会的孤立が進んでいる。[(1)]こうした社会的紐帯の弱い人々に対する個別支援と彼らが社会との関係をもてる地域づくりに対して，ソーシャルワーカーに期待される部分は大きい。

　また，人口減少社会のもとで，中国や東南アジアを中心に在留外国

人が約270万人と急増してきている。こうした人々と地域の人々との間で文化の違いから，地域の中で葛藤が生じている場合もある。そのため，お互いが理解し合い，多文化共生社会を構築していくためには，ソーシャルワーカーが新たな地域づくりに関わっていくことが求められている。

☐ ソーシャルワークの理論枠組みの強化

　ソーシャルワーク理論の独自性についてみると，1980年代までの特徴は「人と環境との相互関連性」に焦点をあてることを強調することで，クライエントの生活を支援することにあった。これは，人と環境の関係である生態学に合わせて，生態学的（エコロジカル）・アプローチを発展させたり，生活モデルアプローチを導入することで，ソーシャルワーク理論の基礎を強化していった時期である。

　1990年代に入り，ソーシャルワークは利用者，家族，集団，組織，地域社会等が有するストレングスをとらえ，それを支援に活用していくことで，ソーシャルワーク理論の独自性を一層発揮するようになってきた。このストレングスには，それぞれがもっている意欲，能力，抱負，嗜好といったものから，社会資源であるインフォーマルサポートや公的なサービスもストレングスとされる。こうしたストレングスを把握し，これらを支援計画に活用することで，一方ではソーシャルワーカーの人々に対する尊厳が保持され，個人，家族，集団，組織，地域社会等とソーシャルワーカーの対等な関係作りを容易にすることが示されてきた。

　他方では，ストレングスが活用されることでもって，人々はエンパワメントしていくことが示されてきた。さらには，人々のストレングスを支援に活用することで，ソーシャルワーカーのアドボカシー（弁護的）機能が一層発揮できるようになってきた。ソーシャルワークにストレングスの考え方を実践的に導入することにより，ソーシャルワークは，人と環境との相互関連性への焦点を超えて，さらなる独自性を築き上げてきたといえる。

　ストレングスに類似した概念として，最近では，回復力や甦生力を意味するレジリエンス（resilience）や，精神保健の領域ではリカバリー（recovery）といった用語も使われるようになってきている。以上のことは，ソーシャルワークが医学モデルから生活モデルへの転換を理論的に発展させてきたことと説明することにもなる。医学モデルの特徴は「治療」的意味合いが強く，個人に責任が置かれ，課題を因果論的にとらえ，マイナス面を改善・維持していく志向が強い。逆に，

ソーシャルワークがとらえる生活モデルは，「発展・成長」的意味合いが強く，個人と社会の両者に責任の所在があり，課題を人と環境の相互関連性の結果としてとらえ，プラス面を高めていく志向が強い。結果として，生活モデルは，人々が力をつけ，エンパワメントしていくことを目指している。

　さらには，個々人の人権が守られない状況や，差別や格差社会という視点から，ソーシャルワークの理論として，ストレングス・アプローチに加えて，利用者の有している人権を擁護するアプローチや，社会的正義を進めていくアプローチも活用されてきている。

　以上のような動向は，WHOの障害に対するとらえ方の変化とも軌を一にしている。WHOでは，1980年に国際障害分類（ICIDH）を示したが，これは，障害を因果論的にとらえ，「疾病や変調」が「機能障害」を起こし，さらにそれが「能力障害」を起こし，ひいては「社会的不利」をもたらすとし，因果論的に障害をとらえ，障害を解決していく方向を示した。2002年にWHOは新たに国際生活機能分類（ICF）を提唱した。ここでは，「心身の機能・構造」，「活動」，「参加」の生活機能と，さらには「個人因子」と「環境因子」の背景因子が相互に関連して「健康」を構成しており，この関連性から生活障害が生じるとした。ICFの特徴は，人々をマイナス面だけでなく，プラス面も含めた中立的な用語で説明していることと，さらに相互の連関性のもとで生活障害が生じるとしたことである。この特徴は，ソーシャルワークが理論化してきた方向でもあり，ソーシャルワーク理論の動向と軌を一にするといえる。

☐ ジェネラリスト・ソーシャルワークの確立

　本書の「ソーシャルワークの理論と方法」という科目名やその内容も，社会福祉士や精神保健福祉士のカリキュラム改正で大きく変化してきた。社会福祉士を例にとれば，1987年に社会福祉士制度が創設された時には，「社会福祉援助技術論」とされていた。そのシラバスでは，個人や家族への援助である個別援助（ケースワーク）と集団や団体を援助する集団援助（グループワーク），地域社会を援助する地域援助（コミュニティワーク）といった，対象ごとに分けて，ソーシャルワークを教授することに特徴があった。

　そのあと2009年に示されたカリキュラム改正で，「相談援助の理論と方法」と科目名が変更になり，個人，家族，集団，組織，地域社会に対して共通する基本となるソーシャルワークでもって支援するとの考えをもとに，シラバスの内容を抜本的に変更した。これはジェネラ

リスト・ソーシャルワークと呼ばれるもので，個人や家族を対象とするミクロ・ソーシャルワーク，集団を対象とするメゾ・ソーシャルワーク，組織や地域社会を対象としたマクロ・ソーシャルワークということで，個人，家族，集団，組織，地域社会との関わるなかで，エンゲージメント，アセスメント，介入，モニタリング・評価を行うことで，計画的に変化していくことを支援する方法として教育していくことになった。

　当然，ここからミクロ・ソーシャルワークである個人や家族への支援から明らかになった集団・団体，さらには地域社会の課題をメゾ・ソーシャルリークやマクロ・ソーシャルワークでもって解決していくことになる。また逆に，マクロ・ソーシャルワークでの支援で明らかになった課題を，ミクロ・ソーシャルワークやメゾ・ソーシャルワークでもって，解決していく場合もある。このように，ソーシャルワークは個人，家族，集団，組織，地域社会という対象に対して，一体的に関わることになる。

　このようなソーシャルワークがジェネラリスト・ソーシャルワークと呼ばれており，アメリカをはじめ多くの国々のソーシャルワーカー養成教育の枠組みとなっている。なお，ジェネラリスト・ソーシャルワークの特徴として，ティムバーレーク（Timberlake, E. M.）らは，以下の4点を挙げている。[2]

①　知識，価値，技能から導き出される専門性
②　個人と環境との関係である生態学的システムの概念枠組み
③　個人，家族，集団，組織，地域社会の全体的な（holistic）アセスメント
④　ストレングスを基礎にした問題解決に向けた介入

　これらの特徴は，2019年の日本の社会福祉士のカリキュラム改正にも引き継がれ，科目名は「相談援助の理論と方法」から「ソーシャルワークの理論と方法」に変更になり，科目名とシラバスの内容が一致することになった。以上の社会福祉士の科目名の変化は精神保健福祉士も同様の経過をたどっており，この科目は，一部を除いて両資格の「共通科目」として位置づけられている。

　さらに，ソーシャルワーク過程において，個人，家族，集団，組織，地域社会での生活課題に基づき支援計画を作成し，実施することが示され，計画でもって，生活を改善していく（planned change）という考えが浸透してきた。これにより，個人，家族，集団，組織，地域社会が主体となって支援計画を作り，実施していく支援をすることで，それぞれの生活が改善や維持されていくことになる。

しかしながら，こうした支援計画でもって生活が改善していくという考え方はミクロ・ソーシャルワークでの個人や家族を支援していく場合には定着してきているが，集団・組織や地域社会への支援においては十分に展開されておらず，いかにそうした方法を定着させていくかの課題がある。単に個人や家族に対しての支援計画の作成・実施だけでなく，集団・組織や地域社会に対する支援計画を作成・実施することが重要となっている。

❑ 多領域に対応できるソーシャルワーカーの養成

　社会福祉士の養成教育においてはジェネラリスト・ソーシャルワーカーの養成を主としているが，現実にソーシャルワーカーが仕事をする職域は多様である。従来からの職域である，社会福祉施設，介護保険施設での入所者に対する支援を一層推進していくことが求められている。これは，レジデンシャル・ソーシャルワークと呼ばれる領域であり，社会福祉施設では相談援助職として配置されているが，その機能と方法を明確にすることでもって，ソーシャルワーカーの水準を高めていく必要がある。

　一方，コミュニティケアが叫ばれ，人々が地域社会で生活ができるよう支援していくソーシャルワーカーの養成が不可欠である。こうしたソーシャルワーカーが活躍している職域としては，生活困窮者等に対する福祉事務所や生活困窮者自立支援事業所，介護保険法による居宅介護支援事業者や地域包括支援センター，障害者総合支援法による基幹相談支援事業所や相談支援事業所，児童相談所，市町村等や，地域にある社会福祉協議会や保健・医療機関でのソーシャルワーカーを養成していくことが求められている。

　また，従来型の職域に加えて，新たな領域でもソーシャルワーカーが求められている。その第一の領域が，更生保護といった司法領域である。ここでは，社会処遇といった刑務所や少年院を退所した人々に対する地域生活定着支援センターでの支援や，院内処遇と呼ばれる刑務所や少年院といった受刑中での社会復帰支援である。こうした社会処遇や院内処遇にソーシャルワーカーが雇用されている。また，教育領域では，スクールソーシャルワーカーという名称で，ソーシャルワーカーが小・中学校を基盤にして仕事をしている。また，ハローワークと呼ばれる公共職業安定所においても，ソーシャルワーカーが採用されるようになっている。こうした新たな職域で働く人には，それぞれの領域での多くの知識が求められている。

　社会福祉士養成の主たる狙いはジェネラリスト・ソーシャルワーカ

ーの養成にあるが，社会福祉士養成カリキュラムには，分野別での支援やサービスに関する科目が含まれていることから，高齢者，障害者，児童，司法領域，就労領域に関心のあるソーシャルワーカーを養成している側面がある。こうしたソーシャルワーカーをスペシフィック・ソーシャルワーカーということになるが，こうした領域での実践能力を一層高めるためには，社会福祉士の養成教育だけでなく，大学院での教育や，仕事をはじめてから以降の職能団体や職域団体による継続教育が重要である。また，ソーシャルワーカー自身が専門職として自己研鑽していくことも不可欠である。

　同時に，こうしたスペシフィック・ソーシャルワーカーがそれぞれの該当する機関で業務を担っていくと，たとえば，家族に複数の生活課題を有している場合や，制度的に対応することが難しい在留外国人等の「制度の狭間」にある人々へのソーシャルワークが抜け落ちてしまう可能性がある。そのため，そうした人々に対してもソーシャルワークの視点から対応することが求められている。これは地域共生社会での包括的支援体制での課題であり，自らの守備範囲を超えた人々の生活課題に対しても，ソーシャルワーカーは支援をしていく視点が必要である。

☐ 利用者の権利を擁護する

　ソーシャルワークは，時には「ピープルファースト」とも呼ばれるように利用者主体が原則であり，このことは利用者の権利を擁護していくことでもある。ソーシャルワーカーの権利擁護とは，利用者に対して，利用者の権利である意思決定を支援する側面と，利用者の意思決定を実現できるよう環境の整備を図る側面がある。

　なお利用者の権利として，自己決定ではなく意思決定が使われることが多くなってきた。これは，2006年に国連総会で採択され，日本が2014年に批准した「障害者権利条約」で「supported decision making」が「支援を受けた意思決定」と訳されたことから使われるようになってきた。ここには，自己決定が難しい利用者であっても，利用者の意思を理解し，それを支援していくことの重要性から，意思決定支援が使われるようになってきた。[3]

　前者の利用者の意思決定支援としては，ソーシャルワーカーは自ら意思を決定することが十分でない人を支援していく際に，意思決定支援過程として，①本人が意思を形成することの支援（意思形成支援），②本人が意思を表明することの支援（意思表明支援），③本人の意思を実現することの支援（意思実現支援）を進めていくことが基本である。[4]

このように，利用者が自らの意思を表明することを支援し，ソーシャルワーカーにとっては不合理でも，他者の権利を侵害しない限りにおいては，利用者の意思を尊重することが重要である。

　ただ，本人が自ら意思決定することがどうしても困難な場合には，最後の手段として，本人にとっての最善の利益を判断せざるを得ない場合がある。その場合には，ソーシャルワーカーは本人をよく知る関係者と共に，本人の日常生活の場面やサービス提供場面における表情や感情，行動に関する記録などの情報に加え，これまでの生活史，人間関係等様々な情報を把握し，根拠を明確にしながら，本人の意思及び選好を推定することになる。[5]

　後者の利用者の意思決定を可能にする環境の整備については，ソーシャルワークにおいてアドボケート機能と呼ばれ，利用者の権利を擁護していく業務である。これには，2000（平成12）年にできた成年後見制度や，1999（平成11）年にできた日常生活自立支援事業を活用することで，意思表示が十分でない利用者の財産の保持，身上の監護，日常生活の擁護が可能になってきた。両方の制度は，利用者の権利擁護を促進していく重要な資源であり，意思表示が十分でない利用者について，こうした資源を活用できるよう支援していくこともソーシャルワーカーの重要な役割である。ただし，ソーシャルワーカーは成年後見人制度での成年後見人，保佐人，補助人，さらには日常生活自立支援事業での専門員や生活支援員を代理決定人というよりも，あくまでも利用者の意思決定を支援する重要な社会資源として位置づけ，利用者の意思決定支援を進めていくことが重要である。

　さらには，利用者の生活ニーズが充足しない場合には，地域の団体・機関に働きかけることで，個人や家族を擁護したり，集団・組織や地域社会の課題解決のために権利擁護の支援を行うことである。前者の個人や家族に対するケース・アドボケートや後者の集団・組織や地域社会に対するクラス・アドボケートについて学習することが重要である。特に，個人に対するケース・アドボケートについては実践されているが，集団・組織や地域社会に対するクラス・アドボケートについての実践が十分でないという調査結果があり，今後の展開が期待されている。[6]

❑ ソーシャルワークに対する評価と社会的承認

　ソーシャルワークにおいては，事後評価といわれるエバリュエーションが重要な意味をもつ。これにより，ソーシャルワークが有効に機能していることが明らかになれば，社会からの需要も高まることにな

る。そのためには，ソーシャルワークにもプラン（plan）→ドゥ do）
→チェック（check）→アクション（action）のPDCAサイクルが不可
欠である。

　従来のソーシャルワークでは，クライエントの生活を「計画して改
善していく（planed change）」志向が弱く，さらには，その計画をもと
にクライエントの生活が改善されたり，維持していることを評価して
いく視点が弱かった。結果として，ソーシャルワークの仕事を，利用
者だけでなく政策立案者や国民全体といった社会全体から社会的承認
を得ていくという努力が弱かったといえる。

　そのため，今後のソーシャルワークにおいては，個人や家族だけで
なく，集団・組織や地域社会に視点をあてる場合でも，クライエント
と一緒に作成される計画が文章化され，それを実施し，さらにその結
果を評価していることが意味をもつことになる。ソーシャルワーカー
はリサーチマインドをもって，自らや自らの機関の支援内容を自己評
価することで，自己点検していくことが求められる。同時に，そうし
た評価結果を開示することで，ソーシャルワークを可視化でき，社会
から承認を得ていくことにつながっていく。

　保健・医療・福祉が連携して業務を実施していく時代にあって，ソー
シャルワークは他の専門職にはない独自性を明らかにすることが求
められている。具体的には，利用者の主体的な立場から，生活ニーズ
を充足させていくことでの独自性を明確にし，かつそれを実行できる
能力が必要とされ，それらを社会に開示していくことが求められてい
る。

☐ 国内外でのソーシャルワーカーの連携

　日本ではソーシャルワークについて社会福祉士や精神保健福祉士と
いう国家資格があるが，アジアでは，韓国では1983年に国家資格とし
ての社会福祉士制度ができ，1級から3級までがある。精神保健社会
福祉士という資格はあるが，これは社会福祉士1級取得者で，精神保
健社会事業学会が主催する研修課程履修者を，学会が認定するもので
ある。中国では，2006年に社会工作師という名称の国家資格であるソー
シャルワーカーの制度ができ，活動をはじめている。台湾について
は，1997年に「社会工作師法」が成立し，国家資格として社会工作師
を養成している。

　一方，北米やヨーロッパの国々では，ソーシャルワーカー認証団体
がソーシャルワーク養成校を認証（アクレデーション）し，その修了生
をソーシャルワーカーとして認定するしくみになっている。たとえば，

アメリカでは，修士課程（MSW→）や学部課程（BSW→）に対して，一定の基準に従って養成教育をしている大学院や大学をソーシャルワーク教育協議会（Council of Social Work Education）が認証している。

このようにソーシャルワーカーの資格は，試験の合格者に国家資格として付与される場合と，認証機関がソーシャルワーク養成校を認証し，卒業生や修了者に対してソーシャルワーカーとして認定する場合に分かれている。

一方，グローバル化の時代にあっては，国家を超えてのソーシャルワーカーの業務もあり，また発展途上国といった海外でのソーシャルワーカーも必要不可欠である。そのためには，世界での資格制度の標準化や，共通するコア・カリキュラムを示し，資格の互換性についての検討が急がれている。

○注 ───────

(1) OECD（2005）*Society at Glance: 2005 edition*, 8.

(2) Timberlake, E. M., Zajicek-Faber, M. L. & Christine Sabatino, C. A.（2008）*Generalist Social Work Practice: Strengths-Based Problem-Solving Approach*, Pearson Education, Inc., 4.

(3) 柴田洋弥（2012）「知的障害者等の意思決定支援について」『発達障害研究』34(3)，262.

(4) 厚生労働省（2018）「認知症の人の日常生活・社会生活における意思決定支援ガイドライン」.

(5) 厚生労働省社会・援護局障害保健福祉部（2017）「障害福祉サービス等の提供に係る意思決定支援ガイドライン（案）」.

(6) 日本ソーシャルワーク教育学校連盟（2017）「地域における包括的な相談支援体制を担う社会福祉士養成のあり方及び人材活用のあり方に関する調査研究事業」厚生労働省・平成28年度生活困窮者就労準備支援事業費等補助金（社会福祉推進事業分）.

○参考文献 ───────

副田あけみ（2005）『社会福祉援助技術論──ジェネラリスト・アプローチの視点から』誠信書房.

さくいん

監修者 （50音順）

岩崎　晋也（法政大学現代福祉学部教授）
いわさき　しんや

白澤　政和（国際医療福祉大学大学院教授）
しらさわ　まさかず

和気　純子（東京都立大学人文社会学部教授）
わけ　じゅんこ

執筆者紹介 （所属：分担，執筆順，＊印は編著者）

＊空閑　浩人（編著者紹介参照：第1章，第5章第3節，第12章第1節）
くが　ひろと

福島喜代子（ルーテル学院大学総合人間学部教授：第2章）
ふくしまきよこ

稗田　里香（武蔵野大学人間科学部教授：第3章）
ひえだ　りか

髙良　麻子（法政大学現代福祉学部教授：第4章）
こうら　あさこ

松岡　克尚（関西学院大学人間福祉学部教授：第5章第1節）
まつおか　かつひさ

武田　　丈（関西学院大学人間福祉学部教授：第5章第2節）
たけだ　じょう

＊和気　純子（編著者紹介参照：第6章，第8章）
わけ　じゅんこ

石川　久展（元・関西学院大学人間福祉学部教授：第7章（共著））
いしかわ　ひさのり

＊白澤　政和（編著者紹介参照：第7章（共著），終章）
しらさわ　まさかず

山本　克彦（日本福祉大学福祉経営学部教授：第9章）
やまもと　かつひこ

市瀬　晶子（関西学院大学人間福祉学部准教授：第10章）
いちのせ　あきこ

Virág Viktor（日本社会事業大学社会福祉学部准教授：第11章）
ヴィラーグ　ヴィクトル

永田　　祐（同志社大学社会学部教授：第12章第2節）
ながた　ゆう

編著者紹介 (50音順)

空閑　浩人（くが・ひろと）

2000年　同志社大学大学院文学研究科社会福祉学専攻博士後期課程満期退学。
現　在　同志社大学社会学部教授。博士（社会福祉学）。社会福祉士。
主　著　『ソーシャルワークにおける「生活場モデル」の構築』（2014）ミネルヴァ書房。

白澤　政和（しらさわ・まさかず）

1974年　大阪市立大学大学院家政学研究科社会福祉学専攻修士課程修了。
現　在　国際医療福祉大学大学院医療福祉学研究科教授。博士（社会学）。
主　著　『ケアマネジメントの本質』（2018）中央法規出版。

和気　純子（わけ・じゅんこ）

1996年　東洋大学大学院社会学研究科社会福祉学専攻博士後期課程修了。
現　在　東京都立大学人文社会学部教授。博士（社会福祉学）。
主　著　『高齢者を介護する家族――エンパワーメント・アプローチの展開にむけて』（1998）
　　　　川島書店。

新・MINERVA社会福祉士養成テキストブック⑥
ソーシャルワークの理論と方法Ⅱ

2022年 6 月 1 日　初版第 1 刷発行　　　　　　〈検印省略〉
2023年12月30日　初版第 2 刷発行
　　　　　　　　　　　　　　　　　　　　　定価はカバーに
　　　　　　　　　　　　　　　　　　　　　表示しています

監 修 者　岩崎晋也
　　　　　白澤政和
　　　　　和気純子

編 著 者　空閑浩人
　　　　　白澤政和
　　　　　和気純子

発 行 者　杉田啓三
印 刷 者　田中雅博

発行所　株式会社　ミネルヴァ書房
　　　　607-8494　京都市山科区日ノ岡堤谷町 1
　　　　電話代表　(075)581-5191
　　　　振替口座　01020-0-8076

ISBN978-4-623-09096-9
Printed in Japan

岩崎晋也・白澤政和・和気純子 監修

新・MINERVA 社会福祉士養成テキストブック

全18巻
Ｂ５判・各巻220〜280頁
順次刊行予定

① 社会福祉の原理と政策
岩崎晋也・金子光一・木原活信 編著

② 権利擁護を支える法制度
秋元美世・西田和弘・平野隆之 編著

③ 社会保障
木下武徳・嵯峨嘉子・所道彦 編著

④ ソーシャルワークの基盤と専門職
空閑浩人・白澤政和・和気純子 編著

⑤ ソーシャルワークの理論と方法Ⅰ
空閑浩人・白澤政和・和気純子 編著

⑥ ソーシャルワークの理論と方法Ⅱ
空閑浩人・白澤政和・和気純子 編著

⑦ 社会福祉調査の基礎
潮谷有二・杉澤秀博・武田丈 編著

⑧ 福祉サービスの組織と経営
千葉正展・早瀬昇 編著

⑨ 地域福祉と包括的支援体制
川島ゆり子・小松理佐子・原田正樹・藤井博志 編著

⑩ 高齢者福祉
大和三重・岡田進一・斉藤雅茂 編著

⑪ 障害者福祉
岩崎香・小澤温・與那嶺司 編著

⑫ 児童・家庭福祉
林浩康・山本真実・湯澤直美 編著

⑬ 貧困に対する支援
岩永理恵・後藤広史・山田壮志郎 編著

⑭ 保健医療と福祉
小原眞知子・今野広紀・竹本与志人 編著

⑮ 刑事司法と福祉
蛯原正敏・清水義悳・羽間京子 編著

⑯ 医学概論
黒田研二・鶴岡浩樹 編著

⑰ 心理学と心理的支援
加藤伸司・松田修 編著

⑱ 社会学と社会システム
高野和良・武川正吾・田渕六郎 編著

＊編著者名50音順

—ミネルヴァ書房—
https://www.minervashobo.co.jp/